U0713575

广东医学院创新强校工程项目

知识传承与创新文库

"微时代"
高校学生工作的
行与思

谭秋浩◎主编

光明日报出版社

图书在版编目（CIP）数据

"微时代"高校学生工作的行与思 / 谭秋浩主编．
－－北京：光明日报出版社，2016.1
ISBN 978－7－5112－9964－2

Ⅰ.①微… Ⅱ.①谭… Ⅲ.①高等学校—学生工作—研究 Ⅳ.①G645.5

中国版本图书馆 CIP 数据核字（2016）第 019443 号

"微时代"高校学生工作的行与思

主　　编：谭秋浩	
责任编辑：曹美娜	责任校对：张明明
封面设计：中联学林	责任印制：曹　净

出版发行：光明日报出版社
地　　址：北京市东城区珠市口东大街 5 号，100062
电　　话：010－67078251（咨询），67078870（发行），67019571（邮购）
传　　真：010－67078227，67078255
网　　址：http://book.gmw.cn
E － mail：gmcbs@ gmw.cn　caomeina@ gmw.cn
法律顾问：北京德恒律师事务所龚柳方律师
印　　刷：北京天正元印务有限公司
装　　订：北京天正元印务有限公司
本书如有破损、缺页、装订错误，请与本社联系调换

开　　本：710×1000　1/16
字　　数：254 千字　　　　　　印　张：15.5
版　　次：2016 年 3 月第 1 版　　印　次：2016 年 3 月第 1 次印刷
书　　号：ISBN 978－7－5112－9964－2
定　　价：46.00 元

版权所有　　翻印必究

编委会名单

主　　任：符学三
主　　编：谭秋浩
副主编：王辉群　盛文楷　胡勉强
编　　委：聂　彤　陈炳权　陈晓光　唐湘涓　梁志勇
　　　　　廖少玲　吴　汪　黄育宽　陈　敏　丁喜生
　　　　　王广宁　陈　明　张　静　吴春丽　李鹤展
　　　　　李　鸣　罗　敏　匡思蕾　冯香婷　骆　然
　　　　　李茂祝　温少恒　戴滨彬　梁云峰

序　言

　　学生工作是高等学校教育活动的重要环节，是高校人才培养质量的有效保障。学生工作内涵广泛，传授知识、精修专业、思政教育、提升素养等都是其题中之意。尽管我国高校的学生工作积累了不少宝贵经验，但在时代发展变迁的影响下，高等教育改革不断深入，教育行为和教育模式正在发生广泛而深刻的变革，高校学生工作也应当准确把握时代发展的新特征并及时回应时代发展的新要求，找出新方法，解决新问题。

　　近几年来，随着信息化技术支撑下的新兴微网络平台的广泛普及和快速发展，现代社会俨然进入了一个崭新"微时代"。我们每天更新的微博，使用着的微信，创造着的微话题，发起了的微公益等等无不宣告着"微时代"的来临。新兴"微"事物的出现，拓宽了青年的视野和生活、学习空间，为青年社会化提供了广阔的天地，深受广大青年大学生的关注与喜爱，并潜移默化地改变着大学生的思想观念和行为方式。微时代为青年的教育提供了强大的技术载体，其强大的吸引力为青年思想教育提供了更多的方式和途径，同时，也给大学生思想政治教育工作提出了严峻挑战：思想教育不实现微时代转型就会落伍，从教育主体来看，教育者与受教育者的困惑处于同一起点；从教育客体来看，虚拟社会化影响下的大学生价值多元化，真善美与假恶丑的界线被模糊；从教育功能而言，教育的导向功能因实效性差受到质疑；教育环境，负面教育因微时代而急剧放大，正面教育的功效被商业化媒体所抑制。可见，如何在"微时代"提高学生工作的实效性，是广大高校学生工作者面临的重要课题。

　　当前，关于大学生思想政治教育和日常事务管理服务工作如何更好地适应"微时代"发展的研究已有许多成果，对于如何在"微时代"有效开展高校学生工作，许多高校也有一些比较成熟的做法。但真正将"微时代"的大学生思想政治教育和日常事务管理服务工作的理论研究和实践探索结合得较为紧密的不多。鉴于此，编者组织了一批长期在学生工作一线、对大学生工作比较熟悉且有思考的高校辅导员们，一方面，结合自身的日常实际工作把高校一线学生工作的经验、教训、创新等进行理论思考，另一方面，以典型案例的形式具体阐述遇到的问题及解决思路，将这些论文和案例汇总为《"微时代"高校学生工作的行与思》一书。本书结构严谨、内容丰富，具有很强的针对性和指导意义，分为上、下篇，上篇是理论探索部分，主要包括思想政治教育、生命文化教育、学生事务管理、辅导员队伍建设等内容；下篇是案例分析部分，主要包括特殊学生教育、心理与情感疏导、学业帮扶、班风舍风建设等方面内容。

本书凝聚了广东医学院学生工作一线人员多年来积累的实践经验和理论精华，是他们汗水和智慧的结晶，其中部分文稿已在国内刊物公开发表，对有效开展大学生思想政治教育和日常事务管理服务工作是一种探索和尝试，也具有重要的指导作用。本书可以作为高校大学生思想政治教育工作者，特别是新上岗的学生政治辅导员、班主任、思想政治教育教育人员开展工作过程中的参考用书。

编者

于松山湖畔

目 录
CONTENTS

上篇:"微时代"高校学生工作的理论探讨 …………………………… 1

第一部分 "微时代"给高校学生工作带来的影响 3
- 微信环境下高校舆情的监控与引导 3
- 构建大学生常见问题解决网络平台的设想 8
- 网络视野下医学实习生党建工作的创新与实践 15
- 基于场域理论视角:网络环境下高校党建创新研究 20
- 大学生思想动态信息收集途径探讨 25

第二部分 "微时代"大学生思想政治教育 30
- 浅谈大学生思想政治教育接受机制的应用研究 30
- 对医学院校新办专业学生专业思想教育的思考 35
- 大学生优秀传统礼仪教育的现实困境及路径选择 39
- 论塑造大学生道德人格的途径 46
- "实习生e支部"的构建浅析 49
- 试论医学院校的学风建设 54

第三部分 "微时代"大学生生命文化教育 58
- 大学生生命观现状及教育对策思考 58
- 医学生生命教育实施路径研究 67
- 医学生生命教育方式的选择 73
- 生命文化的育人功能及路径探析 76
- 多校区校园文化建设的困境与出路 82

第四部分 "微时代"大学生事务管理 87

大学生心理危机现状及干预研究 87

心理契约:探索高校留级生管理的新思路 92

大学生朋辈心理辅导模式探析 96

浅析大学生网络成瘾的防治对策 100

医学生职业决策自我效能感现状研究及对策分析 105

高校领导干部联系班级制度的育人模式探索 112

第五部分 "微时代"学生工作队伍建设 116

以学生工作模块化成果化促进高校辅导员队伍建设 116

辅导员在大学生就业法律指导中的责任担当 120

网络环境下高校辅导员的信息素质及其培养策略 125

赏识教育:高校辅导员工作的重要法宝 132

下篇:"微时代"高校学生工作案例 …………………… 139

第六部分 特殊学生教育 141

遗失的"学生干部光环" 141

从自弃到优秀毕业的自强之路 146

象牙塔里的认知错误 150

0.3cm 破损带来的伤害 154

用激励和关爱"扶贫" 158

奖助学金的"诱惑" 161

第七部分 情感疏导 165

让孤独的心灵重焕生机 165

用"心"为学生撑起一片蓝天 169

持续的关怀,让她走出了心理的困境 173

选择适当的时机和方式进行危机干预 178

"大学冷漠症" 181

大学生情感突发事件案例的探析 184

第八部分 学业帮扶 188

留级学生转化教育中的共性与个性思考 188

关于留级生管理工作的思考 192

用心灌溉 指引成长 195

优秀VS平庸究竟谁说了算　199
非医学专业学生的专业思想教育案例思考　204

第九部分　班风舍风建设　207

优化班级管理　创设良好班风　207
从"落后班"到"先进班"的华丽转身　213
一个优秀班级的成长之路　218
学习公约　刚柔相济　223
"后妈"角色的扮演与转变　227
破茧而出,成就美丽　232

上篇 01
"微时代"高校学生工作的理论探讨

第一部分

"微时代"给高校学生工作带来的影响

微信环境下高校舆情的监控与引导

谭秋浩　钟家华

摘　要　微信环境下,加强对舆情的监控与引导有助于高校学生工作管理者及时掌控敏感信息和全面了解学生的思想动态,有助于提升思想政治教育工作的针对性和有效性。本文旨在分析微信环境下高校舆情的特点及存在挑战的基础上,提出切实有效的应对措施。

关键词　微信;高校;舆情;监控与引导

微信作为时下最流行的即时通信工具,迅速影响和改变着人们的生活。大学生是新媒体的使用者和实践者。基于微信费用低、实用性强并有一定的娱乐性,满足了大学生拓宽社交范围,丰富社交生活的心理需求,微信被越来越多大学生使用。可以说,微信已成为高校舆情的最新"角斗场"。因此,高校管理者应顺应时代发展,充分利用微信这一有效载体和工具,迅速占领这一新兴的舆论阵地,加强微信公众平台建设,了解、掌控微信环境下学生的思想、舆论动态,并给予及时、合理的引导。

一、微信舆情的特点

微信是一种私人化的社交工具,个人私密性比较强。这是它与微博的不同之处。学生微信发布的信息虽是相对封闭,但并非密不透风,会在一定区域如校内传播很快,甚至扩散到社会,造成集中、深远的影响。微信的特性与传播方式不仅有利于舆论的产生,而且已经成为舆论传播的重要渠道。

(一)微信舆论易生成

微信的信息传播容易操作,速度快,成本低,因此,选用微信进行信息传播的可能性就越大。高校学生的微信朋友圈主要是朋辈、同学这类强关系网络,微信舆论扩散比较集中、密度大。他们通过微信就国家大事、校园事件及与自己学习、生活相关的事务发表自己的意见和看法,并通过评论功能进行交流,这使得微信舆论的影响力更集中,效力更大。从这个角度来说,微信易于成为舆论发生、发展的热土。不仅如此,微信在舆论的影响更深入,其舆论影响更多表现为潜舆论和深层次情感层面,因而其舆论影响力不容小视。种种迹象表明,微信将成为舆论引导和舆情监测的新"阵地"。

(二)舆论监控更困难

哪些信息发布在微信朋友圈,由微信使用者本人决定。但微信朋友圈的人数没上限,若朋友圈人数达到相当数量,其大众传播加人际传播的属性与微博无异。只不过其粉丝数量和转发数量是隐藏的,信息的分享更加隐蔽而已。无数个"朋友圈"传播、交叉重叠,又构成了网络舆论和公共空间。另外,微信的传播虽具有私密性,但内容可被他人复制、转发,因而又具有公共属性。一条微信可能会在短时间内在校内以至全社会得以广泛传播。因此,微信内容可以成为货真价实的公众言论或社会舆论。但这种舆论又不同于传统意义的舆论,它没有可测量的"行迹",微信舆论更像一只"看不见的手",对于高校舆论监控引导工作来说,最大的困难莫过于,在微信环境下,舆论在哪、舆论主体是谁、舆论焦点是什么。若无法确切把握微信这一新媒介,舆论危机发生时,我们将难以控制舆论带来的负面影响。

(三)谣言传播难阻断

微信因其独特的传播方式,使得微信传播呈现交叉融合、无中心的特点。一些别有用心之人会借助微信平台向公众传播谣言、暴力、恐怖、欺诈、色情等违法违规信息,企图左右舆论;高校学生在面对虚假、违法信息时,若缺乏辨别能力,则可能会不自觉转发,从而可能引发突发性舆情危机事件。另外,学生群体的微信朋友圈大多有共同兴趣、相似价值取向,导致信息传播的过程中极易出现"群体极化"现象。当微信舆论传播到了特定阶段,就难以利用传统模式引导和阻断。这也是微信环境下谣言难以完全管制的原因所在。

二、高校微信舆论存在的问题

在微信的冲击下,高校都能有意识地调整舆论应对的策略和方法。但新媒体的新功能和新技术更新换代太快,高校跟不上步伐,容易出现"老办法不管用,新办法不会用"的尴尬局面。因此,高校在微信舆情监测、舆论引导方面仍存在很多问题。

(一)舆情监控机构缺位

目前,部分高校微信舆情监控存在着责任主体不明确,监控机构缺位的情况。在高校实际工作中,学生工作部负责学生的思想政治教育和安全教育,信息中心负责校园网的建设和信息安全,宣传部负责关注校园舆情动态,保卫处负责校园安全保卫工作。由此可见,高校微信舆情的监控和引导与各个部门均有牵扯,但却没有一个独立的部门处理这项工作。这在很大程度上影响了对微信舆情的搜集检测、分析研判,导致相关工作出现滞后,在突发事件或舆论危机时不能及时有效地应对。

(二)舆情监测团队空缺

大多数高校都有相应部门对论坛、微博等新媒体的舆情进行监控与引导,但却没有系统专业的团队人员专门负责微信舆情的监控与引导,更别提专业技术研究团队作支撑了。现阶段,高校微信舆情的监控与引导呈现出零碎、随意和非系统的态势。因此,有必要建立系统的舆情监控队伍,并加大对队伍的培训,从而让舆情监控工作可跟上时代发展。

(三)管理服务功能欠缺

高校基本都已建立本校的微信公众平台,通过这一平台传递校园资讯、发布通知信息。但由于学生的关注度不高,尚未形成较为成熟的互动交流平台,无法充分发挥微信公众号对校园舆情的引导功能,其影响力和辐射面还有待拓宽。此外,校园微信公众号的服务功能还可进一步开发,如在学生事务办理、师生科研互动、线上学业辅导、微课课程等,这些都有利于聚集人气,增强微信平台的育人功能与思想引领作用。

(四)媒介素养有待提升

国家互联网信息办公室于2014年8月7日发布《即时通信工具公众信息服务发展管理暂行规定》指出:服务提供者从事公众信息服务需资质;保护隐私;实名注册,遵守"七条底线";公众号需审核备案;时政新闻发布设限;明确违规如何处罚。《暂时规定》也被网民简称为"微信十条"。"微信十条"出台的内在原因与大众的媒介素养有着直接的关系。简而言之,媒介素养就是民众能面对媒介各种信息有自己的思考和判断。

在微信这个庞大的舆论场中,媒介素养较低的学生,可能每天都在阅读、转发大量虚假的、不真实的信息。因此,高校学生媒介素养的教育不可或缺且迫在眉睫。只有提升学生的媒介素养,才能提高他们对信息的判断辨别能力,才不会轻易被谣言、虚假消息等所蒙蔽。

三、微信舆情监控和引导的应对策略

(一)设立对应机构　实现团队作战

组建联动协调机构是高校网络微信舆情监控与引导工作的组织保障。从加强舆情监控的统一组织领导角度考虑,采取某一职能部门主管的方式有助于加强领导,但在处理复杂或突发舆情事件时,无法快速高效应对。因此,要建立一支学校党委领导下分工明确、管理科学的以党办、校(院)办、宣传部、学工部、信息中心、保卫处为主导,以二级学院及与微信舆情相关的职能部门,如教务处、资产管理处、后勤中心、团委等协作,以辅导员、学生党员、学生干部、微信"意见领袖"为中坚力量的舆情掌控队伍,建立科学、高效的校园微信舆情工作体系。在应对网络舆情突发事件时,各个部门应通力合作,形成联动,相互协调,整合资源,快速响应,化解危机。

(二)构建研判机制　实施舆情监测

一要重视微信舆情的采集,建立信息员制度,通过"学校——学院——班级"三级舆情收集机制,做到舆情随时上报,保证舆情渠道的畅通,切实把握当前学校舆情的发展态势,采取相应的防范措施,防患于未然;二要加强筛查过滤,切实提高舆情信息的敏感性,仔细排查,认真分析,对于不利于校园和社会稳定的负面、虚假舆情,果断、及时上报,准确掌握信息源。

(三)加强平台建设　完善服务功能

结合大学生的思想特点,加强对微信舆情的引导和干预。一要加强网络教育工作的力度,发挥党团组织、全体教师在网络中的引导作用,加强大学生网络文明和网络道德教育,引导大学生积极传播健康信息,自觉抵制有害信息。二要努力扩大校园网络覆盖,积极建设学校主流文化,在建设微信平台思想性和知识性的同时,真正了解学生的心理状况和需求,抓住学生的兴趣点,贴近学生,贴近生活。

高校要主动占领网络宣传与教育阵地,把握微信的特性,通过加强微信公众号的建设,使这一平台成为弘扬主旋律、宣传科学理论、传播先进文化、塑造美好心灵的重要阵地,成为推动素质教育的重要平台,师生沟通交流的桥梁和获取知识信息的宝库。此外,还可以将学生党团建设、班级事务管理等常规工作放到网络平台上开展,在传统的面对面交流谈心基础上增加网上交流与互动,也可以结合学校、班级实际开展各种主题教育活动。

(四)强化道德教育 提高媒介素养

提高媒介素养首要的是不断提高大学生的信息辨识、分析和甄别的能力。大学生媒介素养教育的提升过程应当是家庭、社会与学校三方共同努力的过程,在现阶段,由于社会和家庭尚不具备充分的条件,学校在这方面应当利用校园内优势的教育资源和优良的教育环境、先进的思路与手段,承担更多的责任。

第一,高校可在思政课程中加入相关章节,让每一位学生都能有意识地提升自身的媒介素养;第二,组织相关活动,如举办知识竞赛,通过一些大学生喜闻乐见的形式,寓教于乐,让学生在更轻松、更易于接受的情况之下接受媒介素养教育;第三,积极引入国外媒介素养教育的先进经验,通过先进理论与实践方法相结合的方式,对高校学生网络媒介素养教育的跨越式发展发挥作用。

微信作为新兴媒介平台在舆情传播上将扮演着越来越重要的角色,是网络舆情风向标的组成之一。对高校而言,微信舆情监控与引导的根本是对微信平台信息的预警和监管,以防因放松警惕而导致深陷微信舆情危机泥潭。因此,高校学生工作管理者要抓住微信给我们带来的机遇,占领微信阵地,创新学生管理模式,切实做好学生教育管理工作。

参考文献:

[1]李明德,蒙胜军,张宏邦.微博舆情传播模式研究——基于过程的分析[J].情报杂志,2014(2).

[2]郑燕.网民的自由与边界——关于微博公共领域中言论自由的反思[J].社会科学研究,2012(1).

[3]赵健.新媒体环境下学生工作的原则与边界[J].高校辅导员,2012(1).

[4]杨敏.微信对大学生思想政治教育的挑战及应对策略[J].思想政治教育,2012(6).

[5]马杰伟,张潇潇.媒体现代(传播学与社会学的对话)[M].上海:复旦大学出版社,2011.

构建大学生常见问题解决网络平台的设想

林路生

摘 要 自中央16号文件颁布以来,高校辅导员工作方面受到高度的重视。工作在第一线的辅导员在处置学生具体问题的实际工作当中累积了不少宝贵的经验。但以1个辅导员负责200以上学生的做法易造成以辅导员为中心和闭合型工作模式。这种模式使得广大一线辅导员的好经验和成功做法因缺少交互而局限于一域,难成为全国辅导员阵线可共享的资源。另外,工作模式于独力面对学生大量问题的辅导员而言是工作实效不高而时间和精力大量耗散;另一方面,想所有的学生问题仅从1个辅导员处得到最佳的处置不大现实。为此,笔者从辅导员和学生之间的基本联接点——问题与问题的解决入手,提出构建大学生常见问题解决为中心的网络平台设想。

关键词 大学生常见问题;网络平台;辅导员

当前我们正面临网络信息全球化而国际局势复杂多变的新形势。应对新形势,工作在一线的辅导员如何高效处置以协助大学生解决其成长的实际问题,在此基础上渗透思想政治教育保障全面发展社会主义接班人的培养,是目前急需研究解决的重要课题。

一、大学生常见问题解决为中心的网络平台的提出及研究的意义

(一)大学生常见问题的界定及其特点

"问题"在《现代汉语词典》的解释是:1. 要求回答或解释的题目;2. 须要研究讨论并加以解决的矛盾、疑难;3. 关键;重要之点;4. 事故或麻烦。[1]在统计学中,习惯将发生概率 $P \leqslant 0.05$ 或 $P \leqslant 0.01$ 的事件称为小概率事件。[2]本文由此而将大学生群体在校期间所遇到的,其发生概率 $P > 0.05$ 的所有问题规定为大学生常见问题。在基数为2000万[3]的大学生群体当中,其问题必然存在高度的相似性、大量的重复性和表现的多样性。其高度的相似性是将问题进行归类研究的基础;其高度的相似性使得某类问题处置成功后可以广为共享,供同遇类似问题者学习和借鉴;其表现的多样性需要工作在一线的辅导员根据实际情况进行个体化的协助解决。

(二)大学生的问题是辅导员和学生之间的基本联接点

根据马克思主义关于矛盾的哲学观点看,大学生的问题都是其发展过程中各种矛盾的具体表现形式。大学生成长的过程实际上是遇到要解决的问题和解决问题的集合。大学生是在解决实际问题中获得相应的能力和素质的。能解决多少实际问题和将问题解决到何种程度大致反映出大学生能力和素质。在入大学以前,大学生自身已经有不少的问题处置能力的累积,这为其应对大学期间各种更为复杂多样的问题提供方法和经验。但仍有不少学生在解决某一具体问题上有困难,当其解决的意愿很强烈就会寻求外界帮助。"郁闷"一词实质是当代大学生在面对具体问题时自身无法以解决,又得不到外界协助而发自内心的呼喊。《普通高等学校辅导员队伍建设规定》提到:"辅导员是开展大学生思想政治教育的骨干力量,是高校学生日常思想政治教育和管理工作的组织者、实施者和指导者。辅导员应当努力成为学生的人生导师和健康成长的知心朋友。"[4]实际上就是要求一线辅导员在学生遇到问题时予协助有效解决的同时渗透思想政治教育。由此可见,大学生的问题是辅导员和学生之间的联接点和相互关系的纽带:大学生借助辅导员的协助得到全面发展,而辅导员通过协助学生问题的解决获得思想政治教育的切入点。大学生需要协助解决的问题大致构成了日常学生工作事务。

(三)构建大学生常见问题解决为中心的网络平台现实意义

自中央 16 号文件颁布以来,高校辅导员工作受到高度的重视。工作在第一线的辅导员在日常协助学生处理具体问题的实际工作当中累积了不少宝贵的经验。但这些好的经验和做法却往往局限于一域,难成为全国思想政治阵线共有的经验。大学生常见问题重复发生的概率极高,即使同一辅导员也往往因在不同的时空重复处置不同学生类似的问题而耗费大量时间和精力。就当前而言,单个辅导员所辖的学生至少在 200 以上。倘若每天每个学生都有一件事需要辅导员协助处理,那么辅导员必定被学生的常见问题耗散了所有的精力和时间,成为事务型的"学生保姆",而难达到 16 号文件对辅导员的角色要求。从全国范围看,所有的辅导员若都彼此孤立地重复处置一个同样的问题,而彼此之间毫无交流就是对宝贵人力资源的巨大浪费。同时,大量而高度重复的工作对辅导员而言,几乎无一例外的结果是时间和精力的耗竭,对于更高更深层次学生问题的解决实际上是有心无力了。因而,借助计算机网络技术现代化手段,构建一个基于大学生常见问题解决,可累积、多方平等交互、开放、免费和便捷,同时渗透思想政治教育的平台势在必行。

二、大学生常见问题解决网络平台建设构想

(一)总体构想

1. 构建原则　以积极、交互、平等、开放、免费和共享为基本原则。在当前复杂多变的世界形势之下,大学生和辅导员均受到各种消极甚至有害的信息的严重影响;反而得到积极和正面的导向信息不多。因而,正面和积极向上的大学生常见问题解决方案和建议是本网络平台的根本宗旨。突破当前辅导员单独面对200以上学生的局面必定要构建多方交互的平台。通过该平台学生可以突破时空的限制获得无限多个辅导员的协助,同时还可以吸纳已经成功解决类似问题学生参与协助当前遇到问题的学生。充分整合了辅导员系统中优质的资源,甚至还可以吸纳所有可从正面和积极角度协助该问题解决的各类热心人士以达成多方积极交互的巨型网络平台。有问题的学生可以通过该平台自由平等地借鉴各种正面和积极的问题解决方案和建议,并自主的做出抉择。该网络平台对所有人开放,任何人都可以自由免费地获取该平台累积的全部信息,并且可以就大学生的常见问题提出自己正面和积极的解决方案和建议。

2. 以文字作为本平台交互界面的载体　文字是目前最适合作为本平台交互界面的信息载体。该平台先使用汉语作为界面交互信息载体,待发展到一定程度将使用多种语言的文字符号作为交互信息载体以吸纳更优质的资源以协助大学生问题的解决。

(二)基本思路、步骤及功能

1. 基本思路与步骤　"大学生问题的提出——问题的分析——问题的解决及其反馈——问题及积极问题解决方案的累积与拓展"是本平台的基本思路。需要协助解决问题的学生通过该平台完整表述自身的问题;由辅导员为基础无限多的人对其问题进行分析并给出相应的积极解决方案和建议;问题提出者从众多的积极正面的方案中取舍后予实施,并把问题解决的信息反馈给该网络平台累积起来供其他人借鉴参考;待问题收集和积累至一定程度后,可进行整理归类和更深入的研究。

2. 基本功能　(1)收集功能:收集大学生提出的问题和问题的解决方案;(2)筛选过滤功能:主要过滤消极的有害信息;(3)快速搜索功能:网络平台内任何经筛选后的信息均可被快速搜索到;(4)储存、累积和更新功能:经计算机网络将所有提出的问题和问题解决的所有方案累积在该平台的数据库内,可随时随地调用,同时还可以对之前问题解决方案行进一步的完善和补充。

(三)该网络平台整体示意图、平台运作基本流程及具体功能设置

1. 大学生常见问题解决网络平台示意图

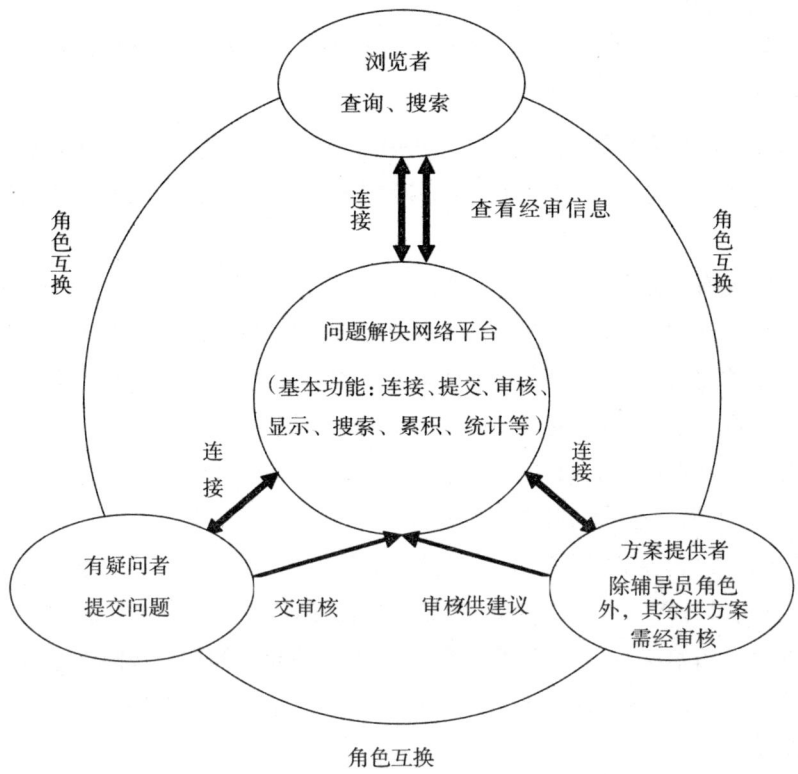

2. 平台运作基本流程图

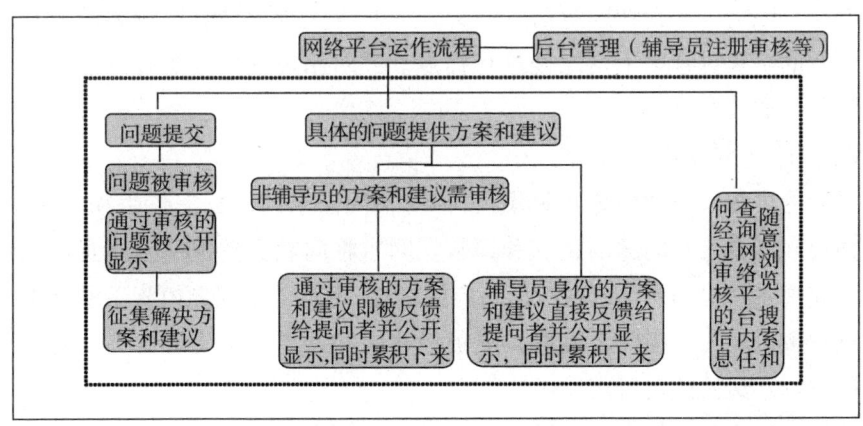

3. 具体功能设置及不同角色的操作   大学生常见问题解决网络平台的具体

功能包括:登录,注册,提问,问题审核,问题显示,提交问题解决方案,问题解决方案筛选,问题解决方案的显示,搜索,后台管理(注册辅导员管理等)。

(1)不同角色登录权限与操作

①任意浏览者登录平台后均可以浏览、搜索本站任何已经通过审核的问题和问题的解决方案。

②需要解决问题的学生登录平台——首次登录需要简单注册,如果满足注册要求系统即予自动通过,该学生获得账号和密码以便将来追踪其问题的解决方案的提供情况。

③已经拥有本站账号和密码者登录后即可以按照平台所提供的格式提问、浏览已经提出的问题、跟踪所提出问题的解决方案的提供情况。如有需要可以对问题作进一步的完善。但提问题和对问题进一步的完善均需要本站的审核才能显示给所有的浏览者,否则只有具备辅导员权限方可看到。

④要获取平台提供的辅导员权限必须具备辅导员真实身份,在进行详尽的注册,由平台管理员通过核定后方予授权。

⑤以本平台辅导员权限和义务有权审核学生提出的问题,若非不良信息即予公开显示;同时有义务对已通过审核的问题所做的回应。具辅导员权限者对问题的回应即时显示给所有浏览者(含问题提出者)。同时,辅导员权限者之间可以进行交流,并可以屏蔽不给任意浏览者看到。具备辅导员身份者务必对自身在本站的行为负责任。

⑥以管理者权限登录本站即直接进入后台,对注册辅导员申请等进行审核通过、发布站内公告、删除不良信息、简单统计、上传共享资料等。

⑦专家权限为本平台特别邀请的教育、心理、医学等领域有影响力的专家对问题及问题的解决过程中不足之处进行提点。或对站内辅导员发有提点作用的帖子。权限类似辅导员。

(2)提问

①提问的模板　也即信息收集模板,针对不同需求制作分完整版和简化版。主要方便提问者自己对问题的认识和理解。同时将问题完整提呈给愿意提供解决方案和建议者。提问者可以在线填写问题模板,也可以将问题模板下载到电脑桌面细细斟酌后填写。提问者发送按模板描述的问题后如果发现有需要补充的地方可以继续在线修改后再次发送。

②审核　本平台实施三重审核。即对提交问题和对已提交的问题进行修改均由辅导员权限审核;对非辅导员权限提供的问题解决方案和建议由辅导员进行

审核;对辅导员权限的行为由管理者权限进行审核。此举主要目的是过滤不良信息,确保平台内的信息积极向上。

(3)回应已通过审核的问题　所有人均可按照一定模板提供问题解决方案或者进一步要求提问者提供某一有利问题解决的信息。但非辅导员身份者所有提交的信息都必须经过辅导员权限者审核方予通过。

(4)累积成"问题—问题解决方案"数据库　借助计算机和网络的强大功能逐步将积极解决方案及相应行为和结果汇集成库。随时提供遇到类似问题的大学生参考解决,借助网络即可妥善解决自身常见问题。辅导员等可以借助该平台对大学生常见问题有更深的认识和把握,也可对某些还没很好解决的常见问题进一步完善以提升自身工作能力和实效。思想政治教育研究者可以从本平台得到更多的实证。

(5)搜索　可以通过关键词和问题主诉等多种方式进行平台内搜索。

(6)统计　对平台的访问数量,具备辅导员权限人数,提问人数,问题数,未解决问题数,已经解决问题数等基本情况进行统计显示。

(三)在问题收集和积累至一定程度后,可进行整理归类、对某一问题进行深入的研究。

三、结语

16号文件要求"全社会都要关心大学生的健康成长,支持大学生思想政治教育工作。各类网站要牢牢把握正确导向,主动承担社会责任,积极开发教育资源,开展形式多样的网络思想政治教育活动。要动员社会各方力量,完善资助困难大学生的机制,帮助大学生解决实际困难。学校要探索建立与大学生家庭联系沟通的机制,相互配合对学生进行思想政治教育。"[5]构建大学生常见问题解决为中心的网络平台充分调动所有可能的资源协助解决其成长过程中的问题,使其得到更全面的发展。同时,该网络平台有效帮助辅导员摆脱大量重复的繁杂事务,达到高效协助解决所管学生常见问题的同时有足够的时间和精力投身到更深层次的思想政治教育工作当中去。

参考文献:

[1]中国社会科学院语言研究所词典编辑室.现代汉语词典.(修订本)[M].北京.商务印书馆.2001:1322.

[2]马斌荣.医学统计学[M].北京:人民卫生出版,2009:6.

[3]教育部.高等教育学生数变动情况[EB/OL],(2009-12-23)[2010-07-29]. http://www.moe.gov.cn/edoas/website18/42/info1261558107325142.htm.

[4]中国政府网.中华人民共和国教育部令(第24号)普通高等学校辅导员队伍建设规定[EB/OL].(2006-06-23)[2010-07-28]. http://www.gov.cn/gongbao/content/2007/content_705523.htm.

[5]中共中央国务院发出《关于进一步加强和改进大学生思想政治教育的意见》[N].人民日报,2004-10-15(1).

网络视野下医学实习生党建工作的创新与实践

——以广东医学院"红信通"为例

吴春丽

摘　要　在医学实习生的党建工作中,往往面临着党员个体和党组织的双重困境。占领网络新阵地,充分利用网络新载体,能有效解决医学实习生党建工作中存在的问题。本文从"红信通"实际工作出发,分析网络党建的特点,探讨有效开展医学实习生党员教育管理的有效途径,确保医学实习生党建工作顺利开展。

关键词　网络;医学实习生;红信通;党建

加强医学实习生党员的教育管理,不仅是高校党建工作的重要课题,而且是增强毕业生党员党性修养的重要途径,是培养建设有中国特色社会主义建设者和接班人的客观要求。

一、医学实习生党建工作的现实困境

通常,医学生都会有长达一年之久的实习任务。在这一年期间,医学实习生党建工作和传统的学校党建教育模式大大不同,这也给医学实习生党建工作带来一系列挑战。

（一）党员个体:角色转换和行为认知的矛盾

医学实习生党员一般党龄不长,党的理论知识不扎实,对党的认识不深刻,在实习期间思想不稳定,个人的价值观也还在塑造期。进入实习后,除了学习专业技能以外,还要面临实习医生和求职者双重角色的转换。作为实习医生,学生将更加直接接触复杂的社会环境,受到不同价值观的冲击,特别是在医患关系紧张的大环境下,医德医风败坏和信任危机让他们无所适从。作为求职者,面临就业难的形势,大部分实习生党员心理压力增大,目标不明晰,理想信念动摇,容易将个人在求职过程中遇到的挫折和社会的发展对立起来,甚至对入党产生怀疑。如果没有正确思想和价值观的引导,势必影响学生的党性修养、职业认知、医学伦理道德观的养成和个人人生观价值观的形成。

（二）党组织:组织建设和教育管理的矛盾

学生党员在校期间能较好地完成支部生活、交流学习、民主评议等,但是到了实习阶段,党支部变得"支离破碎",这就给党员的教育管理带来一系列难题。第一,党员分散在不同的实习点,点多、面广、离校远,常规的支部活动受时间和空间限制无法开展。同时,党员日常表现和思想状况学校难以把握,培养考察难以实施;第二,医学生的实习工作量大,有些甚至要经常上夜班,获取信息的时间和精力有限,无暇顾及个人的理论知识的学习;第三,实习单位和学校对实习生党员组织关系没有理顺。实习单位往往只重视医学专业技能的培训,忽视对党员的思想教育,学校和实习单位缺乏有效的沟通和协商机制,实习生党员在参加实习单位的支部活动时往往陷入"尴尬"的境地。甚至部分实习单位基层党组织本身都不健全,党建工作实效性欠缺。

二、占领网络阵地,开展医学实习生党建工作的可行性反思

医学实习生党建中个体和组织存在的矛盾无法用在校期间学生党建工作的方式来解决,这就要求思想政治教育工作者要及时调整思路,切实解决医学实习生党员教育和管理中存在的一系列矛盾和问题。《关于进一步加强和改进大学生思想政治教育的意见》中提出的"主动占领网络思想政治教育新阵地"就是最好的突破口。

(一)网络的方便快捷能突破时间空间的限制,大大提高党建工作效率

网络具有方便、快捷等特点。充分利用网络,可以及时做好信息传递、上传下达、交流学习等工作,不仅大大节省了人力、物力和财力,而且解决了在不同地域实习的党员教育,搭建了不同实习点党员之间、学校与实习点、老师和学生沟通的桥梁,极大提高了党建工作的效率。

(二)丰富网络信息资源能提升党建工作的针对性和实效性

网络拥有强大的党建信息资源,如:党建网、共产党员网等。通过网络来加强党员政治理论的学习,内容更加丰富,形式更加灵活,党员可以针对自己的薄弱环节和兴趣点有针对性展开自我教育,效果更加显著,个性化学习和教育需求能得到更大程度的满足。同时,支部书记可以借助党建网站做好先进思想的引导,增强思想教育的针对性。

(三)网络的交流性互动性能增强党组织的凝聚力和战斗力

实习生党员分布在不同的单位,往往感受不到党组织的存在,缺乏归属感,个人的责任感和使命感也随之减弱。网络提托多种载体,如:QQ、飞信、微博、微信等,能提供一个更加和谐、更加开放、更加民主的交流互动平台。通过交流互动,不仅加强了党员之间的联系,而且使实习生党员无时无刻不感受到党组织存在和

关怀,增强了党组织的凝聚力和战斗力。

(四)网络的普及和时尚性能提高党建工作的科学化水平

在现代社会,网络不仅越来越普及,而且成为倍受年轻人欢迎的一种时尚。充分利用网络为党建工作服务,符合青年学生的思想特点,是化被动为主动的有效途径。提升学生的党建科学化水平就是要从青年学生的特点和关注点出发,更新党建的内容、创新党建的形式、探索党建的方法,将网络的思想性、知识性、趣味性、服务性有机结合起来,提高了党员学习的积极性和主动性,保持了党员的先进性,提升了党建工作的成效和科学化水平。

三、以"红信通"为例,创新医学实习生党建工作的路径探析

(一)"红信通"简介

2011年,广东医学院医学检验学院2009级学生党支部在创新基层党建活动中,利用飞信创建了"红信通"。该平台运行以来,共向支部成员发送信息5.2万余条,内容涵盖:基层党建、当年今日、每日简讯、党建研究、国际视野、民生热点、台湾消息、社会热点、人物长廊、哲思小语、时政论坛、知识普及、生活服务台、校园动态等。通过发送"红信通",大大提高了支部党员学习政治理论知识的热情,增强了支部成员了服务意识、群众观念,提升了支部成员综合素养和党性修养。

(二)"红信通"的特点

1. 思想性和创新性有机结合。思想性是网络党建的核心。在开展"红信通"过程中,我们始终把握社会主流,紧跟时代潮流,根据党中央的部署决策,开展主题教育活动学习和讨论,引导学生党员结合实习工作的实际,多维度看待社会热点问题,领悟为人民服务的党的宗旨,坚定共产主义理想信念。在实际工作中,我们还注重学习形式的创新。如:通过QQ群邮件开展主题讨论,支部党员就可以互相学习、互相对照,提升个人的思想觉悟。

2. 开放性和系统性有机结合。网络本身就是一个开放的系统和工具,随着技术的更新,新的载体和媒介也不断涌现。我们开展"红信通"活动除了每天的手机飞信以外,我们也以开放的态度,适时开设了红信箱、微博、微信等,更好地为广大党员和群众服务。同时,我们强调各个载体在内容保持一致,统一规划,确保"红信通"内容丰富,却不失系统性。

3. 常态化和灵活性有机结合。自"红信通"活动开展以来,支部成员坚持常态化管理,在学期末召开民主生活会专题讨论下一学期的工作分工和学习计划,使其成为我们支部生活和支部工作的一部分。在活动实施过程中,支部会根据学

习内容灵活变通,开展符合当前形势和学生的关注点的学习,在学习形式上,也举办一些学生喜闻乐见的活动,如:参观、党员访谈、知识竞赛、党支部小讲堂等,以此来增强思想教育的渗透性,提升党支部的凝聚力和活力。

(三)"红信通"给医学实习生党建的启示

1. 抓好实习前党员的思想教育是基础。学生实习一年期间的培养和考察不容忽视,实习前的党员思想教育更为重要,只有打好党员在校期间思想教育的基础,才能更好地正确引导学生党员价值观,做到教育不脱节,管理不断线。一方面,要求学生作为党员,要强化学生的党员意识,强调组织纪律,增强组织观念,明确党员的权利和义务,自觉学习政治理论知识,加强与学校党组织的联系,积极参与实习单位的党组织活动,接受党组织的培养和考察。另一方面,要求学生作为医学实习生,要增强责任感和使命感,将救死扶伤、珍爱生命、关心病患的口号践行到工作中去,用实际行动发挥带头模范作用,彰显党员的先进性。

2. 发挥学生党员的主体作用是关键。始终坚持党员主体地位既是党的全部活动赖以进行的基本前提和出发点,同时也是党的建设的基本目标之一。在医学实习生党建工作中,学生党员的主体性地位得不到体现和尊重,就会缺乏党内主人翁意识,工作中欠缺主动性和积极性。确保党员的主体性地位,一是要大力培育与提高学生党员主体意识和综合素养。学校可以通过理想信念教育、责任意识教育、民主纪律教育,使学生党员自觉认知党员角色,认同党的路线、方针和政策,关心党组织事务。二是要营造学生党员主体地位实现的良好环境。在实习期间,通过开展群众路线教育实践活动,搭建党员交流平台,引导学生党员向实习单位优秀党员看齐,自觉参与到实习党员的教育管理中去。

3. 加强学校与实习单位的联动机制是保障。学校应加强与实习单位的联系,资源共享,合作共管,共同重视,这样,才能形成实习生党员教育双向互动的局面。一方面,学校除了要求实习单位传授医学技能和知识以外,还要委托实习医院对学生党员进行教育、管理和培养。对正式党员达到3人的,可在实习单位成立党支部,由带教党员教师任支部书记,选拔纪律严、作风正、素质高的学生作为支委。按照在校期间的要求有序开展支部生活。另一方面,学校要给予实习医院大力支持,安排党务工作经验丰富的老师密切与实习点联系,做好党务指导、管理指导和学习督促的工作。

4. 党员教育管理信息网络化建设是有效抓手。网络信息化是新形势下加强和改进高校党建工作的需要。"红信通"虽然取得了一定的成效,但是也存在着一些弊端,如:信息量和空间有限、经费不足等。学校可以依托学校的网上党校,整合资源,拓展网络的功能和空间,建立流动党员基本信息库并与实习医院形成党员信息管理网络,传送党员教育资料,开展党员的远程教育等。

参考文献:

[1]胡承槐.论胡锦涛"始终坚持党员主体地位"命题的理论意义和实践指导性[J].中共浙江省委党校学报,2007,(06):24-29.

[2]何静.网络载体下创新学生党建的实践与思考[J].湘潮,2013,(03):17-18.

[3]黄庆桥、白杰.优化高校学生党建工作网络化的路径探析[J].思想理论教育,2007,(03):59-62.

基于场域理论视角:网络环境下高校党建创新研究

陈秋余

摘 要 新形势下场域理论对加强网络党建工作具有较大的启发性。迅速发展的互联网成为与现实教育场域互为对照与补充的隐性教育场域。隐性教育场域下高校要把握主导方向,形成教育合力,形塑场域惯习,激发工作活力,提高网络党建工作水平。

关键词 高校;互联网;党建工作;场域;隐性教育

当今信息时代,网络的普及为党建工作提供现代化的手段和崭新的渠道,拓展了新的空间和领域。高校将党建工作置于网络环境下研究,已成为党建工作适应时代发展、创新工作方式、占领网上舆论制高点的必然要求。场域理论对新形势下高校加强网络党建工作具有很大的启发性。笔者拟运用布迪厄的场域理论研究成果,以一个全新的理论维度和诠释视角对网络环境下高校党建工作创新予以研究,以飨同仁。

一、高校开展网络党建工作的重要性

党的十七届四中全会明确指出:"现在信息网络化程度越来越高,对党的建设提出挑战,也带来机遇。"互联网的快速兴起和蓬勃发展,不仅带给高校党建工作观念科学化、工作内容现代化、工作手段技术化等全新的拓展,也使高校党建工作面临思想文化多样化、工作对象差异性等多方面的挑战。由此可见,加强网络党建工作迫在眉睫。高校网络党建工作是以网络环境为载体,网络信息技术为支撑,在信息传播、信息沟通交流、工作方式和工作领域进行创新、拓展和延伸的一项工程。它与高校传统的党建工作相互交错、相互渗透并互为补充。[1]高校开展网络党建工作是保持党的先进性的重要任务,是落实科学发展观,提高党建工作层次与水平的重要途径。高校开展网络党建工作有利于大力宣传马克思主义,巩固主流意识形态地位,增强党组织的吸引力和战斗力;有利于加强党员教育和管理,提高党员综合素质;有利于加强党的基础建设。可见,高校开展网络党建工作势在必行。

二、互联网：隐性的教育场域

场域作为一个重要范畴，是由法国社会学家布迪厄提出并广泛使用的。他认为，一个场域可以被定义为在各种位置之间存在的客观关系的一个网络或构型。社会中存在着譬如物理场域、经济场域、社会场域等各种各样的场域。这些场域都具有各自的内在逻辑，构成具有某种必然性客观关系和行为结构的一种关系网络。[2]教育场域便是其中之一。所谓教育场域，就其作为一种客观性社会存在而言，它是指在教育者、受教育者及其他教育参与者之间所形成的一种以知识信息的生产、传承、传播和消费为依托，以人的发展和提升为旨归的客观关系网络。[3]这种关系网络是多元关系的整合与各种力量的重组，是教育者和受教育者实现互动群动效应以及他们内部需要与外部环境间相互作用所形成的张力的总和，是从各个层次出发对教育的各种因素和力量进行整合形成的教育合力。对于互联网这个新兴社会场域，有的学者将之与教育场域进行多方面的比较研究后发现，网络社会作为一种社会生存新空间，具有非物质性、随地性、隐蔽性、交互性等与教育场域特征紧密相关的特征。由此可见，迅速发展的互联网具有教育意义与价值，成为与现实教育场域互为对照与补充的隐性教育场域。

三、隐性教育场域理论对高校网络党建工作的启迪

首先，隐性教育场域具有三大特征。第一，多维立体空间网络呈现全方位空间、全程性时间、全体性对象、隐蔽途径等特征。在教育场里，场会发出一种人们看不见、摸不着但又可以感知的信息波，使得在场的全体受教育对象时时处处、潜移默化地受其效应影响，并且持续时间越长，与该场主导方向的一致性就越明显。第二，教育场中各环节及载体相互联系，相互影响，从而产生多种功能，凸显不同的"场放大效应"。第三，教育场具有主体间的动态性。场中的教育活动总是围绕教育者和受教育者展开并随着时代的发展和各因素的改变不断地演化、发展，实现自身动态发展。高校党建工作应充分利用隐性教育场域特征，遵循场域内在规律，以创新、灵活的工作手段和措施增强思想政治教育的全程性、及时性、生动性、交互性，促使网络党建工作全面落实，不断提升网络党建工作科学化水平。

其次，教育场域是有着特定运作规则和逻辑的空间，也是充满竞争的空间。场域中的行动者（包括教育者和受教育者）彼此竞争以确立对在场域内能发挥有效作用的资本的垄断。在与一个场域的关系中，只有一种资本能存在并且发挥作用，因为它拥有的资本数量或组合不同而处于不同的位置，同时通过不同的策略来保证或改善它在场域中的位置,并坚持对自身最有利的等级化原则。[4]在布迪厄看来,资本不仅是行动者在实践中所使用的工具,还是一种支配或谋取权力的资源和场域中的运动能量。高校将党建工作置身于隐性教育场域,就是要利用党建工作的有效资本包括政治资本、权力资本、网络载体技术资本和文化资本等来巩固和改善党建在场域中的主导和支配地位,构建内容生动、信息丰富、形式活泼的党建网络,坚持正确的舆论导向,宣传健康向上的主流意识形态和网络文化,提高党建的覆盖面和实效性。再次,场域中行动者的惯习是一个开放的性情倾向系统,不断地随经验而变,从而在这些经验的影响下不断地强化,或者调整自己的结构。它是稳定持久的,但不是永远不变的。[5]这种性情倾向系统是个体活动客观环境无意识的主观内化,包括认知建构、生活方式等。它与场域紧密结合,被场域所形塑,也影响着场域的形成与发展。同样,隐性教育场域中受教育者的惯习随着网络党建工作实践的开展,在场域中建构认知,改变自己,逐渐形成适合场域的一整套性情倾向,并通过内化形成正确的价值观和行为方式。同时受教育者主动进行网络党建实践,以积极向上的惯习增强场域影响力,从而使位于场域中的党建工作更科学更有效地推进。

四、隐性教育场域下高校创新党建工作的举措

一要把握网络党建工作主导方向,保持党的先进性。当前互联网已成为国内外政治较量、思想博弈的主战场。西方一些发达国家及敌对分子利用自身拥有的权力资本和网络先进设备、技术优势,企图确立起在网络空间的意识形态主导地位,处心积虑地在网上进行西化、分化等意识形态的渗透和反动思想宣传,严重干扰高校师生形成正确的世界观、人生观和价值观。

事实上,网络这个隐性教育场域,马克思主义不去占领,非马克思主义甚至反马克思主义的东西必然会去占领。因此,高校必须抢占网络党建阵地,加强党的理论建设,大力宣传主流意识形态和社会主义核心价值观念,扩大党的工作覆盖面,坚持场域社会主义主流意识形态的主导方向,使得进入教育场的各要素紧紧围绕着这个主导方向而运转,始终保持党的先进性。

二要形成网络党建工作教育合力,凸显场放大效应。要树立整体意识,注重全员共建,整合有效资源,加强网络党建,在隐性教育场域发挥场域的整体效应。高校党委要高度重视网络党建工作,将其纳入重要议事日程并加大对网络党建基础设施和技术的经费支持力度,将其纳入目标管理责任制和党员领导干部考核内容,将其纳入思想理论研究系统工程,为实践提供理论指导,建立并培养以专职人员为骨干、专兼职人员相结合的网络党建工作队伍。同时要带头学习和贯彻党的路线方针政策,切实做到思想到位、领导到位、工作到位、支持到位,使全校上下形成有利于网络党建工作的共识和氛围,形成互相依赖、互相制约、互相作用、相互激励的工作局面,凸显不同的场放大效应。

三要形塑网络党建工作场域惯习,促进科学发展。场域是一个动态的网络运行体。每个人都是这个场域的建构者(受教育者),有着自己的历史和认知建构方式。其惯习被场域所形塑着,同时也影响着场域的发展和变化。因此,加强建构者的思想引导和学习培养,就要重视他们在场域内的主体地位,及时根据受教育者的思想状况及场域内各因素的变化来调整对其进行思想引导和学习培养的方式,使得在场的受教育者潜移默化地受场的效应影响后,增强对党的归属感和信任感,形成积极健康的主流意识形态和良好行为模式的惯习。同时,要引导党支部和党员利用博客、微博、论坛等媒体技术宣传党的方针政策,加强党的理论知识的学习和交流。另外,还要挖掘和树立践行社会主义核心价值观的网络党建榜样并大力宣传表彰,用身边人、身边事影响场域中其他受教育者的思想行为,营造党建工作浓厚氛围,从而发挥场的效应。

四要激发网络党建工作活力,永葆教育场域动态平衡。党的十七届四中全会指出:"世界在变化,形势在发展,中国特色社会主义实践在深入,不断学习、善于学习,努力掌握和运用一切科学的新思想、新知识、新经验,是党始终走在时代前列引领中国发展进步的决定性因素。"[6]教育场域是一个运动、发展的系统,其构成要素时刻发生着变化。实践证明,高校网络党建工作只有反映社会发展和时代前进的特征,并据此做出及时调整,才能紧跟时代步伐,与时俱进。因此,高校网络党建工作要形成顺应时代潮流的新思路。首先,网络党建工作的内容要体现时代性与针对性,尤其要注意结合国际形势动态、国家方针政策、时事热点问题,抓住纪念日和重大节日,反映社会发展的新要求,以增强网络党建的针对性。其次,新兴媒体网络技术的不断升级,对网络党建工作提出更高层次的要求。因此,要充分掌握网络党建的基本理论知识,灵活运用新兴的网络媒体和技术,明确党建工作总体指导思想,着力打造积极健康的党建网络文化,使党建工作始终处于舆论阵地的最高点,永葆隐性教育场域的动态平衡,不断推进网络党建工作现代化。

参考文献：

[1]张丹.网络环境下高校党建工作的研究[D].重庆:西南大学,2010:7-8.

[2]布迪厄,华康德.实践与反思[M].北京:中央编译出版社,1998:133-134.

[3]刘生全.论教育场域[J].北京大学教育评论,2006(1):78-90.

[4]韩魏.关于网络的场域分析[J].福建论坛(社科教育版),2010(10):23-24.

[5]王晓庆.学生思想政治教育社会化分析——基于布迪厄场域、惯习理论的探析[J].现代教育科学,2008(2):131-133.

[6]中共中央关于加强和改进新形势下党的建设若干重大问题的决定[N].人民日报,2009-09-28(1).

大学生思想动态信息收集途径探讨

黄晓丽　关继夫

摘　要　把握大学生思想动态的关键在于其思想动态信息的收集,可以通过面谈法、问卷调查法、家长访谈法、热点分析法、观察法等途径收集,同时注意动态跟踪管理、构建信息收集体系、关注弱势学生群体,提高总结、分析、预测能力。

关键词　大学生;思想动态;信息收集

在新时期社会思潮的影响下,大学生的思想观念发生了剧烈的冲突与变化,思想观念出现多元化,意识形态领域出现新情况。因此,全面准确地把握大学生思想动态,对开展大学生思想政治教育工作起着重要的作用,关系到大学生的健康成长和国家的未来。把握大学生思想动态的关键在于思想动态信息收集。

一、大学生思想动态信息收集的途径

(一)面谈法收集

面谈法即面对面接触交谈,是与学生沟通交流的主要手段,也是掌握学生思想动态信息的重要渠道。思想教育工作者必须扎根于学生工作一线,积极开展面谈工作,注意点面结合。通过面谈,一方面可以了解学生的个性与共性,确定工作的重点和难点,及时解决学生在思想、学习、生活中的实际问题,使思想教育工作落到实处;另一方面可以根据学生特点和存在问题,有的放矢地实施教育管理,促进其健康成长,引导其在思想上不断成熟、人格上不断完善。教师要注意与学生进行平等深入的交谈,尊重学生,以良师益友的角色走近他们,这样才能取得学生信任,让学生打开心扉,了解他们的思想认知,并在其思想、生活、学习中遇到困难时给予支持与帮助,构建和谐的师生关系[1]。

(二)问卷调查法收集

问卷调查法也是掌握大学生思想动态的常用方法,通过问卷调查可以全面、迅速、快捷地掌握学生的思想动态和倾向,是大容量、宽领域、高效率、定量化了解大学生思想动态的途径及方法[2]。开展问卷调查时,首先要明确研究目的,按照调查意图设计方案,把要研究的问题设计成一系列可以测量的变量和指标。其次调查问卷设计要科学,即调研所列问题能反映校园热点,触及大学生思想深处,同时所提供的答案要能包含该问题的各方面回答。最后注意抽样对象要具有代表性,实施随机抽样要兼顾持不同态度和见解的学生,只有调查对象具有代表性,问卷结果才具科学性和准确性。此外,研究者掌需要掌握科学的资料分析方法,如描述统计和推断统计,单变量、双变量统计分析的基本方法等。

(三)家长访谈法收集

高校思想教育工作者要重视家庭对学生的影响。家长对于孩子的性情、爱好、优点、缺点比较了解,在与孩子的交流中,往往会不自觉地流露出很多个人看法或意见,包括对教学管理、学习生活等各方面的评价。通过电话、信件、信息和家访等形式与家长建立联系,一方面有助于把握学生的思想动态,引导家长正确理解学校的教育管理模式,了解子女在校表现,配合学校做好其思想教育工作;另一方面通过与家长的沟通,学校也可以对学生家庭、成长环境、教育背景等有更深入的了解,从而更加准确地把握学生思想动态的根源,认清学生特点,促进学生全面发展,开展高效率的学生思想教育工作。

(四)热点分析法收集

大学生的思想动态是社会的"晴雨表",他们所关心的热点问题既能准确反映其思想政治状况,又能较全面地反映整个社会的认知倾向、思想潮流。热点问题的形成和发展是社会因素干扰或影响的结果,是社会热点在大学生中的反映和体现[3]。如日本、台湾问题,考研就业等。通过调查和分析大学生关注的热点,不但可了解和掌握其思想状况及发展态势,而且还能准确地知道社会因素对大学生的影响情况,掌握特点和规律,从而在大学生思想教育工作中发挥更大作用。

(五)观察法收集

高校思想教育工作者要深入学生生活,与学生交朋友,增进相互的情感交流,这是了解大学生思想状况及变化、发展动态的最直接、最根本的途径和方法。如班级和宿舍是大学生群体最基本的单位,班风与宿舍氛围能直接反映出大学生的思想状况。班级文化建设、管理工作的开展情况,学生自我管理情况以及学生寝室的布置和装饰,无不反映出学生的思想觉悟、集体观念、自我意识与价值取向。教育工作者在大学生的学习和生活中,要眼观六路、耳听八方,以此捕捉其思想动态。这种方式的优点是可以较为迅速、及时地得到信息,缺点是获得的信息多是表面的、粗糙的、零碎的,这就要求思想教育工作者有见微知著、透过现象看本质的观察力。

(六)校园文化活动收集

校园文化活动时代性强,贴近学生,具有开放性、参与性和实践性特点。校园文化活动是大学生发展特长、施展才华、锻炼能力的重要阵地,也是展现和交流观念思想的主要平台。要通过举办各种校园文化活动,与学生多接触,观察其言行,收集其思想动态信息。关注大学生社团动向,各种社团的出现表明大学生在情感、志向、理想、追求、观念上的差异。大学生社团具有相对稳定性,一群拥有共同志趣、思想观念的大学生,由于志同道合,敢于也愿意表达自己的思想和情感。也要关注大学生非正式群体,如同乡会。这些群体的活动情况和思想动态对全面掌握大学生思想动态有着很大的帮助。

(七)网络信息收集

中国互联网络信息中心(CNNIC)2013年发布的第31次中国互联网络发展状况统计报告显示,我国目前有5.6亿网民和4.2亿手机网民,其中大学生占绝大多数。抽样调研发现,95%以上的大学生每天会上网获取信息并与他人交流。当代大学生喜欢通过网络与人交流,抒发情感、发表感想、获取信息和知识。可见,互联网所展现的不仅仅是现代科学技术,更展示了某种观念、思想以及文化,其潜移默化地影响着大学生的成长环境、学习方式、获取信息和知识的渠道,进而改变大学生的思维方式与生活状态。通过学生网络交流平台,可以更深入地走进学生的思想和生活中。可以利用网络交互平台、贴吧、论坛等主动占据甚至创建网络阵地,通过飞信、QQ群、微博、微信等新媒体接触学生、贴近学生,实现超信息量、立体式、交互式、全天候信息交流。通过掌握学生上网时间、上网目的等有针对性地帮助大学生解决实际困难[4]。

上述方式优劣并存、瑕瑜互见。因此,要根据具体情况单独使用或综合使用,以达到准确了解和掌握大学生思想动态的目的。

二、注意事项

(一)动态跟踪和管理要以辩证唯物主义观点看待大学生的思想状态。

大学生的思想活动具有易变性、复杂性、反复性,是一个动态变化的过程。我们要定期和不定期开展大学生思想动态调研,针对学生关注的热点问题和突发问题进行信息采集,拓宽大学生思想动态信息搜集渠道。建立大学生思想动态信息档案,分类归档,主要记录学生基本信息、思想动态类型、原因以及干预效果反馈等,通过分析大学生群体的政治态度、思想意识、行为倾向、心理状态等,从少数苗头性问题中发现倾向性问题,见微知著。同时,要将宏观视角与微观视角结合起来,做到及时疏导,形成思想动态收集和教育的全方位、立体化格局,实现高效率的思想政治教育[5]。

(二)构建信息收集体系

信息收集涉及面较广,需要明确分工,规范程序,建立定期分析制度;学校各级领导、辅导员、教师、学生干部、学生党员要多层面联合起来,构建一个完整通畅的信息收集体系,做到渠道畅通、信息准确、反馈迅速、反应及时。除了辅导员是第一线的信息收集人之外,要重视发挥朋辈作用,培养朋辈信息员。朋辈之间有着相同或相近的价值观、生活方式和人生经历,他们之间没有代沟,防御性低,互动性强,因此收集信息具有较高真实性和隐秘性。通过多种形式开展大学生思想动态信息收集工作,往往能起到事半功倍的效果。通过建立完整通畅的信息收集体系,各部门相互配合、上下联动,有收集、有分析、有结论、有对策。

(三)关注弱势学生群体

大学生中有不少学生处于弱势地位,我们称之为弱势群体,如心理问题学生、贫困生、学困生。由于社会、学校、家庭和个人等原因导致其能力或机会相对缺乏,在经济状况、身心健康、社会地位、竞争能力等方面处于不利境地,从而使其学习、生活状态与大学生主流生存状态不符,更容易出现思想和心理问题。需要将这些学生作为重点关注和帮扶的对象,建立档案。从新生入校开始对学生进行排查摸底,锁定重点关注对象,从班级心理委员、辅导员和专业教师3个层面,分别进行动态信息跟踪,关注其思想动态和心理健康状况,做到早关注、早教育、早跟踪、早辅导,建立快速反应机制及长效联系制度,同时做好个性化分析、重点帮扶及诊疗工作。

(四)提高总结、分析、预测能力

我们收集到的信息往往是庞杂冗杂的,这就需要对信息进行再处理工作:(1)对不同类型的信息进行分类,对其中紧急而又关系重大的问题优先处理,提出大学生思想动态常见问题的解决办法;(2)对收到的信息进行处理时,要善于运用现代统计技术和数据分析技术,在多维度统计分析的基础上,对信息进行定量分析和定性分析,辨别信息中所反映问题的性质、影响范围和深度,以及扩展趋势等。从信息中寻找规律并进行前瞻性、预测性判断。对于信息中所反映出的积极因素要进一步总结、宣扬,对于消极因素则给予更多关注,及时消除;同时通过归因分析,寻找问题生成、发展、演进的内在规律,迅速做出反应,进行及时有效的监控[6]。

参考文献:

[1]欧阳希.辅导员谈心工作方法初探[J].佳木斯教育学院学报,2013(6):153-154.

[2]水廷. 社会调查教程[M].4版. 北京:中国人民大学出版社,2007.

[3]李德才,黄大庆. 了解学生思想动态的十种方法[J]. 青年研究,1996(2):48-49.

[4]吴勇. 浅析把握大学生思想动态信息的途径和方法[J]. 中小企业管理与科技,2011(9):142.

[5]李军红. 大学生思想动态研判机制的构建[J]. 教育评论,2011(2):67-69.

[6]邢繁辉,李晓蕙. 高校大学生思想动态研判与响应机制构建[J]. 西南民族大学学报:人文社会科学版,2014(9):190-192.

第二部分

"微时代"大学生思想政治教育

浅谈大学生思想政治教育接受机制的应用研究

陈 霞

摘 要 在实际工作中,我们一直把思想政治教育工作看作是教育者对受教育者的施教过程,往往忽视甚至摒弃学生的需求和接受性。加强和改进高校思想政治教育的关键在于提高大学生对思想政治的认同和接受,并自觉地将教育内容内化成为自身品格来指导实践活动。

关键词 大学生;思想政治教育;接受机制

一、大学生思想政治教育接受的现状

中央16号文件中指出,"当代大学生思想政治状况的主流是积极、健康和向上的。他们热爱党、热爱祖国、热爱社会主义,坚决拥护党的路线方针政策,高度认同邓小平理论和'三个代表'重要思想"这是对我国当代大学生思想政治状况的全面把握和准确评价。但是由于我国的快速发展,各种西方思潮不断涌进,多元文化的交流碰撞,使大学生出现了拜金主义、功利主义利己主义,加之社会收入分配差距拉大、腐败现象的滋生、严峻的就业形势使大学生对思想政治教育表现出不同的接受态度。

据有关数据显示,大部分学生对高校的思想政治教育的内容产生认同,并将其内化成为自己的思想素质;也有部分大学生虽然口头上认同,但没有做到知行合一,更没有良好的行为习惯,不能内化成自身的思想道德素质,这部分学生面临集体利益和个人利益相冲突时,而更多只考虑个人利益;更有

少部分的大学生面对思想政治教育持抵触态度,认为思想政治教育是为了满足国家需求而设置,与自身利益关系不大,不能解决自己的学习、生活、就业等现实问题。

二、大学生思想政治教育接受机制的含义

高校思想政治教育接受机制是指在教育的施行过程中,作为高校及相关教育者为了实现教育目标,通过一系列的教育活动使大学生接受其传导的信息,并将信息内化成为其自身的思想和行为,及其各要素相互作用、相互制约的关联方法。其基本要素包括:教育主体、接受主体、接受客体、接受媒介和接受环境。

教育主体,即思想政治教育的承担和实施者。教育者的素质在教育过程中起到了关键的作用,只有具备坚定的政治信念、敏锐的政治感和较高的政治觉悟等思想政治素质高的教育主体,才能对受教育者进行理想、信念教育和行为规范教育,帮助大学生形成于社会相符的道德观念。

接受主体即接受者,即大学生。在心理和意识特性上,大学生即具有一般同龄人的共性,自我意识和独立意识较强、富有朝气和幻想、思想心理发展逐步向成熟过渡、思辨能力明显增强,但是生活阅历不足,社会经验缺乏,这样他们很容易受外界影响,思想易偏激易走向极端。

接受客体即教育的内容。思想政治教育的内容对大学生产生多大的影响,能否内化成为接受者内在的信念,很大程度上取决于教育内容的生命力。这种生命力来源于两个方面:一是反映现实的深度及与现实的契合程度,二是与接受者内在认知结构和观念的契合程度。在工作中,我们会发现与成长成才等内容会引起学生的广泛兴趣,如职业规划、心理健康教育、入党等。

接受媒介即教育主体与接受主体的中介联系。只要是教育主体能通过一定的事物把教育内容传递给接受主体,那么这种事物就是接受中介,它包括有形的和无形的、精神的和物质的、语言的和行动的、静态的和动态的。在实际工作中,我们时常把中介联系狭义的定义为思想政治教育的方法和载体。

接受环境,即接受过程中各种环境的综合。包括宏观环境和微观环境。

三、大学生思想政治教育接受机制的运行过程

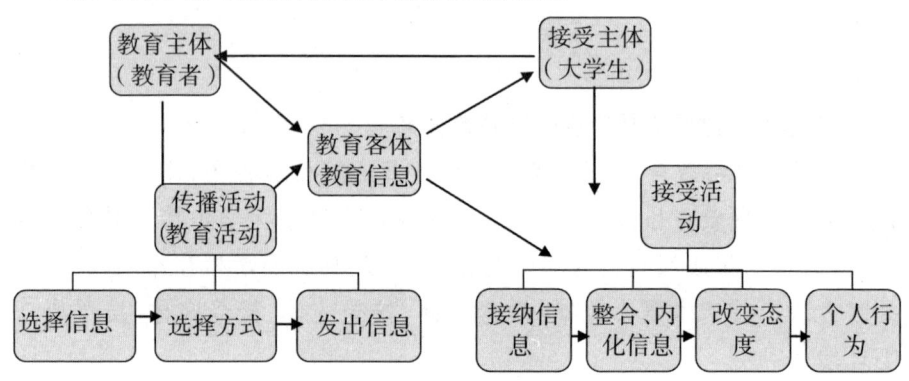

大学生思想政治教育接受机制的运行图

如上图所示,接受机制是一个动态的开放性系统,信息交换极为频繁,各要素相互联系、相互制约。大学生思想政治教育接受机制还必须是处于一定的接受环境下正常运行的,这个环境包括社会大环境、学校环境。

大学生思想政治教育接受机制的正常运作,还包含一个重要子机制,动力机制。动力机制,即接受主体的自我需求,它决定着接受的目标和方向,直接影响接受过程的效率,主体的需求意识越强,动机越单纯,接受活动则越积极、认真和持久。笔者在实际工作会发现,大学新生对于"如何适应大学生活"特别关注,毕业班的学生对于"面试技巧,职业规划"关注更多。

四、如何在大学生思想政治教育中运用接受机制

(一)规划长远,提高思想政治教育者的自身素质

部分高校思想政治理论教师只是为了完成教学任务,教育内容明显落后于社会发展,滞后于国内、国际形势的发展和变化。授课内容往往照本宣科、陈旧空洞,严重脱离社会生活和学生的思想实际,尤其是对困扰大学生思想、心理的问题,大学生所关心的成长困惑无法给予解答时,学生就会产生思想政治教育就是讲空话、讲口号,对自己没有实际运用,他们就会逐步失去学习的兴趣和动力。在高校,辅导员是学生管理的直接者,他们的言行直接影响着学生,然而辅导员由于日常事务过多,常常忽视了自身素质的提高,对当前国内外形势和学生特点缺乏分析。

首先,教育者要广泛涉猎思想政治教育信息,学习相关教育学、心理学。尤其

是在网络普及的大环境下,大学生可以通过这种开放性的平台,了解社会上一些热点和敏感性话题,然而消极信息会影响他们的社会认知。因此,教育者需要足够的信息量来消除他们对这种问题的困惑,这样才能使大学生对思想政治教育工作的认同;其次,建立教学监督制度和继续教育保障制度,例如,高校里可以开展建立"两课"精品课程,并且加强教学督导促进教学的良性发展;高校可以建立继续教育的保障机制,给予经费的支持,使教育者不断更新知识结构,相关部门和教育者还可共同努力,创造参与培训、交流的机会。

(二)进行换位思考,促进学生主动性

大学生思想政治教育接受机制的运行图所示,大学生接受教育信息后进行整合内化是需要学生发挥学习的主动性,而达到这个目标就需要教育者重视大学生的自我需求,切实做到"以生为本",设身处地站在大学生的角度考虑问题,增强思想政治教育的实效性和针对性。根据动力机制学生的需求,了解学生需要了解什么,从学生的需求着手,把思想政治教育内容渗透到学生日常事务管理中,用非思想政治教育的方式传输实质性的思想教育内容。根据学生的特点,分专业、年级、性别、层次具体问题具体分析。

(三)转变观念,创新思想政治教育的工作方式

笔者在实际工作中,会发现思想政治教育往往只局限于说教、课堂枯燥的传授或者开展简单的学习会,这样教育只是单纯的停留在简单的认知的层面,学生并没有经过思考内化成自己知识,教育的时效性很低。

思想政治教育信息往往事枯燥乏味的,可以通过多媒体、图片等直观形式进行教育,更符合接受主体的心理,在思想政治教育信息有效接受的基础上,可以通过社会实践等体验式的教育,比如下到工厂、企业、农村、乡镇开展调查研究,在实践来认识社会、了解社会。

思想政治教育信息还可以通过协作性来进行传授。接受主体之间"相互作用和影响,利用小组讨论、相互评价、相互鼓励、互帮互助等合作互助的方式",这样的一种方式能够充分激发学生接受信息的热情。比如我们可以开展辩论赛,演讲比赛等方式,激发学生独立思考问题,增强思辨能力,以此来强化学生对思想政治教育信息的理解。

(四)营造良好的思想政治教育环境

在社会的大环境中,社会应大力弘扬正气、正气、提倡真善美,反对假恶丑,坚决抵制拜金主义、利己主义、功利主义。信息时代,良莠不齐的信息直接或间接的影响人价值观,社会应该加强网络信息的监督和管理,防止不良信息的传播。学

校可以营造良好的校风、学风,优化育人环境,结合专业特色开展丰富多彩、寓教于乐的校园文化活动,营造充满科学精神、人文精神的氛围。高校的思想政治教育工作,可以立足基层组织,营造良好的教育环境。例如,从班级、党支部、学生社团、宿舍等基层单位做起,如开展红色文化进宿舍,通过学生自己亲手制作关于国家大事或者"雷锋精神"相关信息等宿舍海报来进行思想政治教育;在新生适应教育方面,可以班级为单位开设心理健康课程。

(五)遵循规律,循序渐进运用接受机制

在大学生思想政治教育接受机制中,各个环节都是紧紧相扣,各要素相互联系,相互制约。只有各要素都发挥作用,合理运用动力机制,大学生才能主动性消化思想政治教育信息,提高思想政治教育工作的时效性。其中,我们还要注重教育主体与接受体之间的互动,重视大学生对思想政治工作的反馈意见,以此来调整教育方式内容。

参考文献:

[1]刘云章,等.德育接受学[M].南昌:江西教育出版社,1995:5.

[2]张耀灿,郑永廷.现代思想政治教育学[M].北京:人民出版社,2001:135.

[3]关于进一步加强和改进大学生思想政治教育的意见[N].人民日报2004-10-15.

[4]杨金廷,陈美英."两课"教育教学接受机制的构建与优化[J],辽宁_[程技术大学学报(社会科学版)],2002(7):98.

[5]刘先义.接受理论:教育研究的新领域[J].教育理论与实践,1998(2):1-6.

[6]黄世虎.论思想政治教育的接受机制[J].求实,2001(5):59-61.

[7]路杨.论思想政治教育的接受机制[J].江汉论坛,2004(10):38~40.

[8]张建伟,陈琦.简论建构性学习和教学[J].

对医学院校新办专业学生专业思想教育的思考

陈文烨

摘　要　专业思想不稳定是新办专业建设过程中普遍存在的学生思想工作问题,也是影响新专业建设的重要因素之一。本文以广东医学院法医学专业为例,通过分析新办专业学生专业思想不稳定的原因,探讨专业思想教育的对策。

关键词　新办专业;专业思想教育

近年来随着我国高等教育的不断发展以及高校整体结构的不断完善,新专业的开办已经是医学院校等单科院校不断发展和增强综合性的必然途径。但是新办专业学生因为对新专业缺乏了解、认可度不足、就业前景不明朗等多方面的原因也带来了专业思想不稳定等专业建设中的难题。广东医学院法医学专业(五年制)于2005年正式开始招生,与原有的临床医学、医学检验等专业相比是典型的新办专业,在建设过程中也遇到了专业思想不稳定等新办专业所普遍遇到的问题。在分析研究该专业学生专业思想不稳定原因的基础上探讨适用新办专业的专业思想教育普遍方法。

一、新办专业开展专业思想教育的重要意义

专业思想是大学生对所学专业的总体认知、认可和适应,具体来说包括对所学专业的认知情况、满意度、心理适应、学习动机、专业成长规划等。专业思想教育一直是高校新生教育的一个重要组成部分,是引导学生正确认识专业、热爱专业、学好专业的重要手段。特别是对于新办专业的学生来说,成功的专业思想教育可以让学生更快地了解所读专业的基本情况,使他们进一步稳定专业思想,树立专业信心。同时,开展好新办专业的专业思想教育还可以让学生更安心、更积极的心态投入到专业的学习当中,为稳定学生思想状态、减少学生特殊问题的发生奠定良好的基础。

二、新办专业学生专业思想不稳定的原因分析

我校法医学专业在刚开办的初期,学生普遍存在对所学的法医学专业认知不到位,甚至是存在认知偏离的情况;对专业的满意度不高,有些学生甚至对该专业

完全没有兴趣;对专业的适应能力不强等情况。这些情况几乎也是所有新办专业学生专业思想淡薄、动摇、不成熟、不稳定的普遍表现,探究其原因主要体现在以下几个方面。

(一)所读专业非理想中的专业。新办专业一般都不是该学校的热门专业,因此大部分的学生都是通过调剂录取进来的,被录取到的专业并不是他们的第一志愿专业,有些甚至都没有填报这个专业。我校法医学专业2005年至2007年间招录的学生中就没有第一志愿填报法医学专业,2008年至2012年间招录的学生中第一志愿填报法医学的人数都在5人之内。这种情况就直接导致学生在新办专业的学习期间对专业的兴趣不足,缺乏耐心对新专业进行了解,甚至对所读专业出现厌恶情绪,想方设法调整到其他专业。

(二)缺乏对新办专业的认识与了解。所读专业不是第一志愿专业,也导致了在入学前学生对所读专业了解还停留在肤浅的层面,甚至还存在偏颇、错误的认识。新办专业的学生不知道所读专业要学些什么内容、学到什么程度,也不知道将来可以从事什么样的工作。我校法医学专业新生在入校的时候,大部分的新生对法医学专业的了解仅局限在字面上或者影视上的了解,很多新生认为法医的工作就是人体解剖的工作。这些情况就是新办专业获取专业信息的渠道明显不足;专业的学生人数较少,从高年级同学或者是毕业生那里获得的信息有限等因素有关。

(三)专业认可度不足产生自卑心理。一般来说新办专业在高校中属于新生事物,专业的建设刚刚起步,师资力量不足、缺乏大师专家、学生人数较少、已毕业校友影响力还不足等多方面的原因,无论本专业学生还是其他专业的学生对这些专业的认可度都不足。当提起所读专业的时候经常得不到同学和家长的理解和认可,这些就直接增加了新办专业学生的自卑感。以我校法医学专业为例,大部分学生都是冲着临床医学专业报考我校的,但由于高考分数未达到分数线被调剂到法医学专业,学生一时间无法接受,部分学生变得消极、无心学习,与学校其他名牌专业相比较就产生了自卑心理,甚至是自暴自弃。

(四)专业学习压力较大,学业成绩不理想。医学院校开办的新专业往往是凸显该专业领域的特点,在课程设计上经常是几个学科进行交叉。我校法医学专业在教学计划中就开设了基础医学、临床医学、法医学等多个交叉学科的课程。有些新办专业的多学科课程跨度很大,学生在进行专业知识学习的时候无疑需要投入更多的时间、精力才能够顺利完成学业。同时,新办专业学生的知识基础较薄弱,学习不同学科的方法掌握不好等原因也导致部分学生学业成绩不理想,学生专业思想更加不稳定。

（五）就业前景不明朗，就业压力大。新办专业在就业前景上普遍存在两种情况，一种是专业性很强就业面很窄，一种是专业范围太泛学生很难准确进行自身就业定位。我校法医学专业的就业前景就属于第一种情况，由于法医学专业的专业性过强，社会上需求这类型人才的行业不多，主要集中在公安系统、司法鉴定系统等有限的行业中。就业前景的不明朗，新办专业的学生就业压力就不断增强，使得学生对专业缺乏信心。

三、新办专业学生专业思想教育的对策探究

新办专业学生专业思想不稳定情况确实是普遍存在，并且是务必抓紧采取有效措施进行改善的。增强医学院校新办专业学生专业思想教育的效果，应该把专业思想教育贯穿于新办专业学生整个大学学习过程中。笔者认为应该抓住学生大学学习过程中的几个关键时机，有计划、分步骤、有重点地开展专业思想教育工作。

（一）抓住新生入学的时机，重点树立新办专业信心。新生是满怀对大学生活的憧憬和对新办专业的迷茫与忐忑的心情踏进大学校园的，同时学生家长也是对新办专业充满了未知与探究，因此新生入学报到是树立专业信心的良好时机。新办专业可以利用校园各种宣传载体对专业进行重点宣传，特别应该注意的是在新生宣传的时候不能毫无重点"眉毛胡子一把抓"，而是应该抓住让学生和家长能够充分树立信心的方面进行宣传。我校法医学专业就抓住就业工作重点，将考取公安系统公务员和考上研究生的应届优秀毕业生进行宣传，从而让新生和家长树立对该专业的信心，反响良好。

（二）抓住新生教育的时机，重点做好新办专业宣传工作。新生教育是新办专业做全面宣传的良好时机，是新生快速了解所读专业、融入所读专业的时间段。新办专业的新生教育应该尽量延长时间，并且专业宣传工作不能局限于新生教育的课堂讲学。新办专业的宣传可以充分利用视频宣传、高年级学生经验交流会、座谈会、知识竞赛等多种方式进行，以达到新生全方位了解所读专业的目标。

（三）抓住专业学习的时机，重点开展新办专业技能大赛。新办专业的学生往往因为动手实践的机会不多、专业实践基地正在建设过程中等原因，专业技能相对较弱。新办专业应该根据自身的专业特点，打造专业技能大赛，通过第二课堂的活动提高学生的专业技能、提高学生的核心竞争力，缩小新办专业学生与老牌专业学生的差距。专业技能的增强也可以提高学生对所读专业的学习兴趣，树立

专业信心。

（四）抓住宣传先进的时机,重点提高新办专业认可度。校园网络、宣传橱窗、校报广播、竞赛活动等都是提高专业知名度的载体,知名度的提高的同时也带动新办专业认可度的提高。新办专业因为人数较少,自行举办大型活动的能力有限,获得先进、表现突出的典型不多,因此更应该利用好校园宣传的各种载体,把有限的先进与典型进行大力的宣传,让学生在校园中经常看到、听到、了解到新办专业,提高专业的认可度。

（五）抓住校企合作的时机,重点开拓新办专业的就业市场。新办专业应当注重挖掘企业单位,寻求更大方面的校企合作。新办专业可以通过邀请用人单位、实习单位到学校举办座谈会、宣讲会、现场招聘会等形式,扩大专业的知名度,提高企业单位对新办专业的认可度。更重要的是,架设一个企业与学生对接交流的平台,为学生开拓更广大的就业市场。

新办专业学生的专业思想教育工作是一个系统工程,不可能一蹴而就,应当根据专业实际情况循序渐进开展工作。因此,应当深入调研准确把握具体的新办专业学生的心理、思想、愿望等方面的情况,根据专业特点有针对性地、有系统性地、各方面通力合作共同开展好专业思想教育,才能够不断提高人才培养的质量,使新办专业的专业思想逐步稳定下来、学生更加健康全面成长。

参考文献：

[1]陈静.对新生专业思想教育的思考,北京电力高等专科学校学报,2011(12).

[2]黄月圆,肖湘君,龙亮.医学院校非医学专业学生专业思想教育现状分析与思考,药学教育,2012(28).

[3]陈菁.高校非主流专业学生专业思想教育探讨,新西部,2011(15).

大学生优秀传统礼仪教育的现实困境及路径选择

谭秋浩

摘　要　优秀传统礼仪教育对提高当代中国大学生的综合素养具有不可替代的重要作用。但是当前对大学生优秀传统礼仪教育面临着重视程度不够、外部冲击较大以及同高校师生日常生活实践分离等多重困境。破解传统礼仪教育困局,需要在正确的教育原则的指导下,创设隐性的育人平台、建设显性的课程模块、健全合理的激励制度,从而构建大学生优秀传统礼仪教育的有效路径。

关键词　大学生;传统礼仪;教育;困境

礼仪文化是人类文明的发端,纵观世界各国文明史,"礼"在其他国家的文化中都基本局限于"礼俗"的领域,而在中国,"礼"最初便是与社会政治、伦理、道德、法律、宗教、哲学等其他文化融为一体,形成中国特有的文化形态。有学者甚至认为:"一部中国文化史,便是一部礼的发生、发展史。"[1]当今,我国正面临着一个新的上升时期,要成为一个真正的大国,必须以文化强势提升自身的软实力。青年大学生是弘扬优秀传统礼仪文化的主力军,以礼待人本自然应是当代大学生的基本素养,遗憾的是,大学生礼仪修养的现状却不容乐观,当代大学生对传统礼仪文化知之甚少,而且在行为上常存在基本礼仪失范的现象,大学生优秀传统礼仪教育面临着重视程度不够、外部冲击较大以及同师生的日常生活实践分离等多重困境。破解传统礼仪教育困局,构建提升大学生传统礼仪素养的有效路径,成为现时代提升大学生综合素养的重要课题。

一、大学生优秀传统礼仪教育的现实困境

当前,关于传统礼仪文化之于当代大学生综合素养教育的意义已是众所共知,然而在开展传统文化的教育方面,我们却面临着不小的困境,这主要表现在对大学生优秀传统礼仪教育重要性的认知度还不够,全球化时期的中国优秀传统礼仪文化面临着外部多元文化的冲击,并由此产生了优秀传统礼仪文化与高校师生的日常生活实践分离。

（一）对大学生优秀传统礼仪教育重要性的认知度不够。大学生独立的思想和较高的道德修养是在平时的学习、生活当中潜移默化而成的,大学生的优秀传

统礼仪教育是良好效果的达成，需要学校、家庭和社会三方联动、共同努力。然而，由于我国教育深受应试教育的影响，素质教育虽然被呼吁多年，但一直没有很好地被落实。在这样的大背景下，大家一致认为孩子的学习成绩好才是王道，特别是在中学阶段，家庭、社会、学校的教育常常只注重学习成绩而忽视学生的综合素养。在中华优秀传统文化的传承方面，其重要性早已达成共识，但实现起来却明显不足、任重而道远。

中学为了提升自身的排名和保持较高的升学率，近乎将全部资源用于提升学生考试成绩方面，而无暇关心学生综合能力提升；家长们一贯认为，只要学生最终能够进入一所理想大学的理想专业一切便迎刃而解了，所以，为了孩子能够考取好成绩而不顾一切地专注于寻找名校、物色名师，可以说，中学时代的应试教育相对缺乏优秀传统礼仪文化的教育。在高校，非文史哲专业的学生很少接触传统文化课程，即使在教学过程中有与优秀传统文化相关的教育内容，也偏重于对知识的传授，而较少关注于道德情感的行动化。导致相当数量的大学生怀有这样的偏见：认为传统礼仪文化已经落伍了，在当今世界已毫无用处，学习传统礼仪文化只是为了展现自己的博学，或是作为与他人交流时的谈资，所以不学也罢。可见，上自政府和社会，下至学校和个人，关于大学生优秀传统礼仪的教育大多只是流于形式。

（二）中国优秀传统礼仪文化面临的外部冲击较大。首先是多元文化的冲击。在数千年的历史中，中国的传统文化是世界几大文明中唯一未曾中断而延续至今的文明，期间，中国文化在多次受到其他外来文化的冲击中不断调适、创新，逐渐成为东方文化的主体。西方文化的传入，虽然加速了中国文化世界化与现代化进程，却导致我们对传统文化的态度发生了重大转变：五四新文化运动对传统文化的全面否定，文革期间跟传统文化的彻底决裂。当今世界经济进入了全球化发展的时期，经济基础决定上层建筑，有经济全球化，必然有文化全球化。中国在改革开放之后，特别是中国"入世"以来，多元文化的涌入对我国传统文化产生了更为严峻的威胁。

其次是网络信息的冲击。当今世界已进入了信息大爆炸时代，我们要想在这个社会立于不败之地并牢牢掌握主动权，必然绕不开日新月异的信息技术的支撑。因此，部分发达国家为了实现其文化入侵的非分之举，便将自己的意识形态和文化借助于其先进的信息技术优势向信息技术相对落后的国家和地区大肆渗透、蔓延，这必然导致信息技术较为落后的国家和地区传统文化逐渐没落乃至消亡。伴随着这一趋势，各国青年学子们的全球意识逐渐凸显，但他们的民族认同感和民族意识却不断被削弱。当前,中国优秀传统礼仪文化的被边缘化的同时伴随着西方文化的逐渐涌进,势必导致广大青年学子的思想和言行的西化趋势,有碍于国家凝聚力的提升和民族文化的振兴。加之当前关于优秀传统文化教育的报纸、杂志栏目寥若晨星,而致力于这类工作的网站更是屈指可数。可见,在外部多重力量的冲击下,难以为大学生们营造一个学习中华优秀传统礼仪文化的良好氛围。

(三)优秀传统礼仪文化与高校师生的日常生活实践分离。黑格尔说:"一个民族除非用自己的语言来习知那最优秀的东西,否则这东西就不会真正成为它的财富。"[2]明清之际思想家王船山认为:"明人道以为实学,欲尽废古今虚妙之说而返之实"[3]。近代教育家杨昌济强调:"知则必行,不行则为徒知,言则必行,不行则为空言;……力行尤要。"[4]从中外大思想家的经典论述中可以看出,传统礼仪文化的精华,既要学习掌握,又要在生活实践中身体力行。社会上普遍较为肯定中国优秀传统文化的现代价值,高校师生也不例外。但这种主观上的肯定并不一定带来中华传统文化在现实生活中的传承,即优秀传统礼仪文化与高校师生的日常生活实践严重分离,导致师生对传统礼仪文化的知行不一。

造成这一现象的原因在于,部分大学教师认为传统礼仪文化都是落伍的繁文缛节,与现代化进程中的现时代风马牛不相及,对学习及讲授传统礼仪文化知识的热情不够,其自身对传统礼仪文化了解不多,无论是人文社科还是自然科学的教师,在教学过程中以讲授、培训技能为主要目的,很少研读优秀传统礼仪文化方面的书籍,不愿接受优秀传统礼仪文化所倡导的价值理念,课外也很少参加有关传统文化的实践活动,以可有可无甚至完全否定的态度对待优秀传统礼仪文化。大学教师对待传统礼仪文化的态度尚且如此,大学生对待优秀传统礼仪文化的兴趣自然不会很浓。例如,部分高校虽然成立了含有浓厚传统文化因子的书法协会、象棋协会、国画爱好者兴趣小组,但大多以趣味活动的形式或以提高自身技能为目的来开展活动,基本没有开展能够提升带弘扬优秀传统文化相关主题的、具有较大影响的系列活动。相比之下,学生们组织的计算机协会、跆拳道协会、科技爱好者协会等与传统文化较为疏远的兴趣小组却非常火爆、经久不衰。

二、加强大学生优秀传统礼仪教育的路径选择

破解大学生优秀传统礼仪教育的困境,首先就要着力提高人们对于大学生优秀传统礼仪教育重要性的认知度,这也是应对全球多元文化冲击的前提。而要做到这些,我们必须以正确的教育原则来规导当今大学生优秀传统礼仪文化的教育,在此基础上,根据传统礼仪文化形神兼具的特色,创设隐性的育人平台和建设显性的课程模块,并辅之以合理的激励措施,才能切实提高优秀传统礼仪教育的实效性。

(一)坚持正确的教育原则

首先坚持古为今用、与时俱进的原则。传统礼仪文化中的一些元素与现代化过程中的异质多元文化的冲突已是不可忽视的事实,然而面对这些冲突,我们却不能一概否定或肯定某种文化。习近平同志指出:"在学习、研究、应用传统文化时坚持古为今用、推陈出新,结合新的实践和时代要求进行正确取舍,而不能一股脑儿都拿到今天来照套照用。"[5]对当代大学生的传统礼仪教育而言,必须立足现代,面向未来,把这种教育建立在对传统礼仪文化扬弃基础上,古为今用、创造立新。

其次坚持言行一致、知行统一的原则。高校在进行中华优秀传统礼仪教育时,要避免出现"两张皮"的现象。不仅要深刻认识到学习、传播中华优秀传统礼仪文化知识的重要性,更要认识到在日常生活实践中践行优秀传统礼仪的重要性。学习礼仪,贵在实践,大学生应该将传统礼仪文化的知识与品行有机结合,让"知"与"行"互相促进,最终达到"诚于中而行于外"的理想状态。

再次是坚持内外兼修、形神兼具的原则。进行礼仪教育的关键点,不仅在于礼仪形式的教育上,而且在于礼仪内涵及思想境界的探究上,达至礼仪思想和形式的统一。正如孔子所说,"质胜文则野,文胜质则史,文质彬彬,然后君子。"[6]即内在与修饰不能偏废其一,通过内外兼修而达到的文质彬彬的状态,才是君子应当追求的有意义的事情。

(二)创设隐性的育人平台

优秀传统礼仪教育作为德育的一种,隐性教育的方式更能凸显其实效性。优良的校园文化便是一种具有潜移默化效应的重要的隐性课程,具有巨大的教育意义,在润物细无声的情形下孕育学生身心的健康发展,进而保障德育工作的顺利开展,校园文化正是通过非强制性手段影响着学生的思维方式、价值取向、道德情感、人格形成、行为习惯等。通过在浓郁的校园文化氛围的熏陶和教育,可以提高学生的综合素养和思想境界。因此,大学的传统礼仪教育可以依托大学校园传统礼仪文化建设,形成一个有利于当代大学生礼仪素质全面提高的、健康的校园人文环境,传播传统礼仪文化的精髓,充分发挥传统礼仪文化的潜移默化、自律自省和约束教化的功能。

为此,高校应当综合运用形式多样的校园文化载体和活动促进校园礼仪文化建设。例如成立校园文明礼仪志愿者队伍、举办校园文明礼仪动漫大赛等,开展校园文明礼仪宣传周、全方位营造浓厚的大学校园礼仪文化教育氛围。高校的学工部、团委、学生会应广泛发动全校师生制订修身计划,倡导文明礼仪,共同抵制不文明的现象。学校还可以通过把文明礼仪规定纳入学校的规章制度和学生行为规范,例如制定《大学生文明礼仪规范》等校园文明礼仪纪律要求。运用信息化技术在学校网页开设文明礼仪板块,资助教师开发德育教育软件和礼仪教育视频传播礼仪文化。

此外,为了有效建设校园礼仪文化,还应当着力提高高校管理人员和课堂教师的礼仪素养。著名教育家梅贻琦曾说:"学校犹水也,师生犹鱼也,其行动犹游泳也,大鱼前导,小鱼尾随,是从游也,从游既久,其濡染观摩之效,自不求而至,不为而成。"[7]高校管理人员和课堂教师较高礼仪修养对学生的礼仪修养产生潜移默化的作用,对于日常接触的大学生而言是一种隐性的礼仪教育,对于营造大学校园礼仪文化具有不可或缺的作用。因此,高校所有员工,包括学校党政部门工作人员、课堂教学的教师、后勤部门的服务人员在大学校园的礼仪教育中都应发挥积极作用。

(三)建设显性的课程模块

课堂教学是系统培育大学生礼仪素质的重要渠道。中国自古就有将礼仪作为重要教育内容的历史传统。儒学最重要的典籍《十三经》中,《周礼》《仪礼》《礼记》是专门讲礼仪的。儒家学者还编撰了大量的乡礼、家礼等著作,从各方面全方位培育人们的礼仪习惯。西汉以后,关于礼乐文化的许多经典著作成为古代文人必读之书,先后被列入官学。"儒学正是通过礼仪教育对普通民众从小进行规范,从而在他们身上打下了深深的烙印:即一方面儒学传统由外在的行为方式得以显现;另一方面习惯成自然,儒学传统仿佛成了人们的天性。儒学在此意义上被称作礼教,实际上是道出了礼仪教育对于认同儒学价值观念的重要性。"[8]在中国近代尤其是"五四"批判儒学礼教的进程中,传统礼仪逐渐退出学校的课堂教学。离开了系统的学校教育,许多礼仪很快失落了。为了加强当今大学生的礼仪教育,让大学生真正明白要做到知礼、懂礼、守礼,就必须让礼仪教育回归大学课堂。

大学所有专业都可以开设《礼仪修养》课,结合当前大学生的特点和时代发展的需要,以礼仪知识的普及和基本礼仪素养的形成为目标,对大学生进行系统的礼仪知识和礼仪规范教育。高校的礼仪课程要根据大学生不同专业和不同年级的不同情况有针对性地展开。依据不同专业的特点可以开设专业礼仪课,如临床医学专业开设临床医生基本礼仪,旅游管理专业开设服务礼仪,文秘专业开设秘书礼仪等。为了使学生具备比较全面的礼仪知识体系,不同类型的礼仪课程应相互补充借鉴。另外,还应根据不同年级学生的特点进行有针对性的礼仪教育,例如,大一新生初入大学面临很多转变,应结合新生入学教育进行礼仪教育,引导他们相互尊重、尽快适应大学生活。大四毕业生即将毕业离校,此时的礼仪教育应结合安全文明离校、法律法规、校纪校规、诚信责任等方面开展教育。鉴于毕业生将要步入职场,为了帮助他们很好地适应职场、适应社会,应重点对他们进行职场礼仪教育。

(四)健全相应的激励制度

礼仪教育的主要方式是引导大学生通过自律提升自身修养,但自律常常是依赖他律而渐渐获得的。俗话说"不以规矩,不能成方圆",所谓规矩就是各项规章制度,其功能在于约束和规范人们的行为,通过各项规章制度的约束和引导,重点培养大学生自觉养成较好的礼仪素养。通过纪律管理,充分发挥各种规章制度、各种纪律的约束作用,促使大学生严格按照规章制度去学习、生活,才能使学生逐渐养成良好的习惯,将他律转化为自律,从而将外在于学生的价值观念、规章制度和行为规范内化为学生的思想品德,进而规范学生的礼仪行为。因此,建立相应的管理和约束制度是大学生礼仪养成教育健康发展的保证。此外,还要建立可行的礼仪素养评价办法,除了严格的专业考核外,还应当通过建立大学生礼仪评价体系、不良行为记录系统加强对大学生礼仪素养的综合考核,将考核结果与学生的评优、奖励甚至是毕业等建立起切实的联系。对于考核优秀者予以奖励,对于考核不合格者给以相应的惩罚,直至考核达标为止。让学生们真正做到谈吐不失礼,举止不出格,交往不失态,逐步形成尊重他人、与人为善的道德品质和良好的行为习惯。

为了使大学教育管理者、大学教师以及大学生三者之间形成共同注重礼仪素养培育的合力,关于礼仪修养的激励、考评制度就不能仅仅针对于大学生群体,应当将这些行之有效的制度延伸到大学管理人员和教师群体。为了突出相应考评和激励制度的重要性,增强人们自觉遵循的意识,可以采取学校层面总体统筹和各院系各自管理相结合的模式。学校层面可以出台一个面向全校管理人员、全体师生遵守文明礼仪的纲领性文件,各院系根据自身实际面向本院系师生出台具体细则,对于老师日常文明礼仪的考评和激励由分管教学的院(系)领导负责,对于学生日常文明礼仪的考评和激励由分管学生工作的院(系)领导负责,学校各院系之间进行督查评比,激发全校师生努力提升自身礼仪修养的热情。

三、结语

作为人类文明史中的璀璨瑰宝,中华优秀传统礼仪文化之于当今的中国意义非凡,对于培育具有较高综合素养的当代大学生无疑也具有重要意义。然而中华传统文化在近现代过程中面临着多元文化的猛烈冲击,特别是在转型期的中国,人们对于中华优秀传统文化重要价值的认识不足,在日常生活中也不注重对基本礼仪的践行,这是当前对大学生进行优秀传统礼仪教育的阻滞因素。针对重重困境,本文对症下药,尝试寻找破解路径,初步提出了坚持正确的教育原则,建设隐性与显性互补的教学课程,以及建立合理的激励制度等。然而,大学生的优秀传统礼仪教育是一项宏大的系统工程,从根本上解决当代大学生优秀传统礼仪教育的问题尚需综合考虑多方因素,例如,如何在课程安排本已繁重的医学院校开设显性隐性相结合的完备的礼仪文化教育课程,如何在管理成本不增加的情况下进行全校师生日常礼仪的考评与激励等等。希望本文能够成为引玉之砖,期待更多有见地的同仁对当代大学生的优秀传统礼仪教育问题做进一步的探讨。

参考文献:

[1]杨丹.中华传统礼仪与构建和谐社会之关系辨析[J].武汉大学学报(哲学社会科学版),2013(3):105-108.

[2]黑格尔.黑格尔通信百封[M].上海:上海人民出版社,1981:202.

[3]王船山.船山全书(第十六册)[M].长沙:岳麓书社,2011:73.

[4]杨昌济.达化斋日记[M].长沙:湖南人民出版社,1983:365.

[5]习近平.从延续民族文化血脉中开拓前进[J].孔子研究,2014(5):8.

[6]杨伯峻.论语译注[M].北京:中华书局,2012:83.

[7]梅贻琦.中国的大学[M].北京:北京理工大学出版社,2012:5.

[8]陈卫平."国学热"与当代学校传统文化教育的缺失[J].学术界,2007(6):16.

论塑造大学生道德人格的途径

林丽霞

摘 要 本文围绕十八大报告所提出的努力办好人民满意的教育的论点,以高校教育者的角度,并在思想政治教育工作实践的基础上总结出塑造大学生道德人格的五个途径。

关键词 大学生;道德人格;途径

一、塑造大学生道德人格的重要性

党的十八大提出"努力办好人民满意的教育",并将其作为改善民生和社会管理的重要内容之一。那么,什么是人民满意的教育呢?对于家长来说,孩子能够通过教育成长成才是父母最大的心愿;而对于用人单位来说,培养适用的人才是他们的根本需求;而对于社会来说,教育机构要为它输送能为社会做出贡献的人才。纵观各种需求,对于即将踏上社会,成为工作者的大学生来说,大学的任务就是要学会"做人、做事、做学问",其中"做人",就是指人格,人格好的毕业生深受用人单位青睐。另外,在《中国共产党章程》中也指出,党员干部的选拔和任用要坚持德才兼备,任人唯贤的原则。大学生是我国特色社会主义建设事业的中坚力量。大学生道德人格塑造可以促进和谐社会的建构,进而推动经济社会的发展,提高民族道德素质,赢得人生成功。因此,完善大学生道德人格是大学教育的重要功能。

二、塑造大学生道德人格的途径

从性质来分,大学生道德人格塑造的途径可以分为外界塑造和自我塑造两种类型,其中,外界塑造主要是指高校教育所提供的外在的环境、动力影响和知识内容等;而自我塑造更加强调大学生自身的努力和学习。这两者之间相互联系和影响,外界塑造为自我塑造提供了平台和保障,而自我塑造为外界塑造增添了活力和提供动力源。笔者作为高校辅导员——大学生思想政治教育一线工作者,经过几年的探索,总结出以下五个方面的道德人格塑造的途径。其中前三个途径属于外界塑造,后两个途径属于自我塑造。

(一)提高思政课堂教学质量,灌输正确的价值观、人生观

大学课堂里,有马克思主义哲学、毛泽东思想、邓小平理论和三个代表、时事政策、廉洁修身等思想政治理论课程,在课程当中,学生能够学习到党的理论知识,了解国家大事,同时也渐渐形成较为稳定的价值观和人生观。比如,在廉洁修身课程中,重点培养学生具有良好的道德意识,并激发其主动修身的欲望。但往往思想政治课很容易被忽视,学生容易出现开小差,甚至逃课的行为,因此,两课建设是一个常抓不懈的课题,高校应该引起足够的重视,一方面,通过强师工程,培养一支优秀的思政教师队伍,提高教学质量,使学生爱上课堂;另一方面,通过考勤管理和课堂考核等方式激励学生主动参与到课堂学习中来。

(二)丰富课外实践活动,在体验中增强意识

在课外实践方面,增加一些诚信教育、感恩教育、公关礼仪方面的活动,让学生具有更多的实践机会,在活动过程中慢慢体会、慢慢消化,从而去建立自己的道德人格体系。也可以鼓励学生尽可能加入到学生干部行列中来,在为同学、为组织服务的过程当中去体验做事的快乐,同时领悟做人的道理,学会如何更好地去与他人沟通,培养良好的集体荣誉感和责任感,从而进一步去塑造自己的道德人格。

(三)用优秀教师的人格魅力和道德人格去感染学生

虽然在大学里,老师与学生之间的直接接触并不像中学那么频繁,但师生之间的交流却是一种相对平等的、朋友式的交流。高校教师即是知识的传播者,同时在一定程度上也是道德人格的引导者。特别是年级辅导员、班主任或者各种课外科研项目的指导老师们的一言一行,学生看在眼里,记在心里,无不直接地或间接地影响着学生的思想和行为。身正为范,学高为师。高校教师应当时时处处注意自己的言行举止,提高自身的素养,用无穷的人格魅力去影响和引领学生塑造良好的道德人格。

(四)在大学日常生活中感悟和提升

大学生活是学生独立生活的开始,学生在四年里,与身边同学朝夕相处,可以说,大学里就是一个相对单纯的小社会,特别在同宿舍同学的相处中,大学生常常面临着各种各样的考验:不同的家庭背景、不同的地方习俗和生活习惯,他们需要在大学里学会怎样与同学和谐相处,学会怎样求同存异,学会互助友爱。大一新生,处于一个磨合期,同宿舍同学之间可能因为诸如打呼噜、开音响而影响到他人的事情而引发矛盾,但如果问题发现及时,调解及时,他们也会渐渐意识到和谐相处的重要性,渐渐养成自律和相互理解的良好人格。相反地,如果发现不及时,或

者矛盾不断积累,也很容易引发"马加爵事件"的悲剧。因此在大学新生入学教育阶段,高校应该更多地灌输给学生如何与身边同学和谐相处,互助友爱的思想,并在学生干部中安插"眼线"和调解员,使生活矛盾化解在萌芽期。但最终还是靠学生自身接受生活的磨炼,培养自己心胸阔达、热情大方、平易近人的品格,才能从根本上杜绝或者解决生活矛盾。

(五)激励学生常常"慎独"

"当你在空无一人的课室里发现桌面上有一部你羡慕已久的Iphone手机,你会怎么做?"这是对学生心灵的一个拷问。笔者也常常会接到学生主动交上来的捡到的饭卡,这些学生体现了拾金不昧的良好品格。孔子曰:"君子乎,慎其独也"。慎独,是指在独自一人,无人监督的情况下,更加自觉遵守社会道德,做事更加谨慎、慎微。它是修身的一种境界,也大学生廉洁修身的重要途径,同时也是塑造良好道德人格必不可少的武器,也是道德人格得意牢固形成和保持的有力保障。随着市场经济的飞跃发展,大学殿堂再也不是绝对纯洁的环境,也会有许多丑陋的事情发生,大学生要坚持正确的价值取向,排除不良事物的影响,只有坚持慎独,才能使得道德人格稳固不变。因此,从大一开始引导学生主动修身,常常"慎独"是塑造道德人格的行之有效的途径,也是自我塑造的根本。

三、总结

塑造大学生道德人格,是高校义不容辞的责任,也是办好人民满意的教育的要求。大学生具有成人的特点,心智也逐渐成熟,具有判断是非的能力,高校在开展道德教育的过程中要着力于潜移默化的渗透教育和体验教育方式,使大学生主动积极地参与到自我塑造当中来。

参考文献:

[1]张志军.论大学生道德人格塑造的重要性[J].云梦学刊.2007(4):120-122.

[2]郑国军.新时期加强大学生诚信教育应以塑造道德人格为目标[J].赤峰学院学报.2008(3):12-14.

[3]曹砚辉,谭来兴.高校学生思想政治教育的人文关怀[J].继续教育研究.2009(6):61-63.

"实习生e支部"的构建浅析

——医学实习生党员管理教育模式探讨

陈 婷

摘 要 医学实习生党员的管理教育是医学院校党务工作的很重要的组成部分,但是由于医学实习生党员分散、流动性大等问题,导致在管理教育方面存在相当的困难。本文拟分析通过构建"实习生e支部"的模式,搭建远程管理教育平台,保证医学实习生党员的培养质量。

关键词 e支部;实习生党员;管理教育

一、当前医学实习生党员管理教育存在的问题

由于医学教育的特殊性,医学生在大学四年级或五年级需离开学校到各实习医院进行一年甚至更长的临床实习,如我校第一、第二临床医学院的学生在大三第二学期都必须到各实习医院进行长达一年的临床实习,实习生分布在全省各个地区一百多家医院,由于实习时间长、实习点分散等,给实习生党员的管理教育带来很大的难度。笔者结合实际工作,总结了目前在医学实习生党员管理教育中存在的困难主要由学校、实习医院、学生等三个方面因素造成,导致医学生党员在实习期间出现管理教育上的"一段盲区"。

(一)学校远程管理难

一是由于实习点多、分布范围广、距离远,导致支部活动难以开展,从时间和地点上都很难保证支部工作的正常开展;二是实习生在医院实习,学校难以掌握党员的各方面表现,培养考察难以落实,如预备党员一年的考察则无法正常进行,以致考察无法全面客观,影响了党员的发展质量。此前,本单位曾尝试在实习医院成立党小组,但由于党员过于分散,有的实习点有十来个党员,有的实习点只有一两名党员,加之实习生在医院的科室不一样,排班不同,很难集中,学习讨论、支部会议、民主评议等活动难以开展。

(二)实习医院不重视

大部分实习生下实习医院后的党组织关系仍保留在学校,有的实习医院认为实习生党员的组织关系在学校,其管理和教育的主要职责在学校,实习医院只注重医学实习生的临床技能培训,忽略了对实习生党员的管理教育,实习医院组织

的各种组织生活、学习、支部活动等都较少通知实习生党员参加,这些都影响了实习生党员的管理和教育。

(三)党员自身缺主动

到医院实习后,医学实习生党员的理论学习不再能做到在校那样有系统、有组织的进行,相对在校而言,实习生党员们缺少了党组织的组织和监督,这就要求党员严格自律,自我监督,主动提高。但部分学生党员的自觉性不高,党性意识不强。在实习医院缺乏有效地管理,实习生党员逐渐减低对自己要求,主动性低。另一方面临床实习的工作量大、难度高,部分实习生要兼顾实习、找工作和考研等压力,导致缺乏主动参加党组织生活的积极性和加强自我的党性修养的意识。在此,实习生党员大部分都是预备党员,党性修养相对不高,并未能完全按照党员的标准严格要求,还需进一步接受党组织的培养教育。

二、构建"实习生 e 支部"的意义及可行性

由于医学实习生的特殊性,导致实习生党员的管理不能采取低年级学生党员的管理模式,这要求我们医学院校的党务工作者在管理教育上要有所创新。笔者认为,要较好的解决医学实习生党员教育管理难的问题,切入口和突破口就是网络平台。目前,在网上建党支部做得比较好的如临朐 e 支部(全国第一个网上党支部活动平台)、土楼 e 支部(永定大学生流动党员的网上支部活动平台)等,这两个"e 支部"都成功突了空间、时间限制,尤其是土楼 e 支部架起了党组织与大学生流动党员之间的"空中桥梁",采取"实体支部网络化管理"的方式,成立大学生流动党员工作党总支,并根据大学生流动党员的分布情况,设置不同的网络党支部,实现大学生流动党员教育管理的网络化、信息化、常态化。土楼 e 支部的构建得到了全国党务工作者的高度认可。笔者拟参照土楼 e 支部的做法,在互联网上建立实习生 e 支部,开辟医学实习生党员教育管理服务的新途径。

(一)三创新,推进基层党建信息化

"实习 e 支部"的构建,是积极响应党中央号召,推进基层党组织工作信息化的一大举措,一是创新了党组织的组织形式,充分利用了现代信息技术和手段,实现基层党建科学化;二是创新了党组织的教育载体,实现实体党支部向网络党支部转移,提高了党建工作的灵活性;三是创新党员的教育管理方式,引导党员通过网络主动进行自我教育、自我提升,提高了党建工作的实效性。

（二）三优势，"实习生 e"支部可行性高

"实习生 e 支部"的构建能够更好地解决医学实习生党员教育管理难、管理落实难、转正考察难、活动参与难的问题。笔者认为，"实习 e 支部"的构建具有一定的可行性。一是网络是现代沟通联络和获取信息最方便、最快捷的方式和手段，利用网络平台开展党建工作已成为高校党建工作的重要手段，能够较好的解决学校党组织和实习生党员的空间和时间上的距离，使实习生接受管理教育不受时间和空间上的限制。二是现阶段的实习生党员电脑和网络的普及率很高，为构建"实习生 e 支部"的先决基础条件，医学生们都熟悉互联网知识，生活几乎都离不开网络，更喜欢尝试新事物，所以"实习生 e 支部"的构建更能够吸引实习生党员的注意力。三是现代信息技术开发很成熟，网络平台的构建相对操作性强。

三、如何通过"实习生 e 支部"做好实习生党员管理教育工作

（一）"实习生 e 支部"的设置

实习生 e 支部的版块式设置以"实体支部网络化、网络支部实体化"为目标，旨在通过网络平台完成实习生党员在校的各方面的管理教育工作，通过网络平台使实习生党员便于与组织沟通交流，保证实习生党员与党组织进行思想交流、开展谈心活动、并能及时汇报自己的工作和思想情况。学生党支部委员也能通过网络平台开展各种支部活动，如直接找党员谈话、了解实习生的工作和学习，指导党员开展活动。经过分析比较，考虑"实习生 e 支部"拟具具备以下功能版块：

一是支部日常管理工作，在版块设置下应设有：投票表决、预备党员考核和转正、党员咨询等功能；

二是支部组织生活平台，及时掌握实习生党员的思想、实习等方面情况，应设有党员在线、党组织生活、党员论坛、党建要闻等版块；

三是实习生党员及时了解支部开展的各项工作。设网上党校、党务公开、支部动态、手机党报、网上课件点播等版块。

（二）"实习生 e 支部"具体操作

1. 实名制登录。支部规定每位实习生党员都必须实行申请加入"实习生 e 支部"，由支部书记审批通过后，实习生党员凭个人账号信息登录，随时随地参与支部活动、接受教育和进行组织生活。作为实习生党员要加强自我学习、自我提升的机会，充分利用实习 e 支部这一网络平台，要主动登录支部进行学习和交流，积极向党组织汇报思想工作。

2. 党组织管理。由支部委员对 e 支部进行管理,明确分工,充分利用这一平台做好实习生党员的管理教育工作。一是在党员的思想教育方面,要及时更新教育板块的内容,要结合当前时事热点开展专题学习宣传,并通过手机党报方式发送一些简短精悍的时事政治、党建手机报等内容,对流动党员进行"红色"教育,及时向实习生党员发布支部最新动态及定期更新网上党校的栏目,尽可能使界面内容丰富,吸引实习生党员的关注度,让实习生党员在学习工作之余能够主动进行学习,为他们提供灵活的学习交流平台;设网上课件点播,对实习生党员进行正面的政治理论教育,方便实习生党员随时随地学习理论知识;二是党组织生活方面,支部委员要定期召集本支部党员进行网上专题学习并通过统计学时来计算实习生党员的理论学习时间。此外,定期组织党员进行学习交流,在网上召开组织生活会或某个专题讨论会,丰富实习生党员的业余生活,引导他们对社会热问题、热点新闻事件或者医学相关专题进行讨论。三是在党员转正方面,通过转正投票和民主评议界面来完成。

3. 积分制考核。在党员考核方面采取积分制考核方式。支部委员预先在系统上设置好各种积分点和相应的积分。如登录"实习 e 支部"网站可累积 5 分、主动在党员论坛发帖 5 分、回帖 5 分、观看学习视频 10 分、参加有关学习培训 10 分、按时参加组织生活 10 分等。并要求每位党员每月的学习积分不少于某个具体分数,如 50 分等,实习一年取得的总积分不少于 500 分等等。系统再自动根据实习生党员登录学习、参与组织生活等方面的情况进行积分累计,并进行积分的排名。支部可考虑将积分和排名情况,为党员的考核评优提供量化指标,也可作为预备党员转正的参考依据。

四、结语

信息时代对传统的管理教育模式的冲击是全方位的,对学生的党建工作也提出了新的挑战和工作课题,党建工作向信息化方向发展是必然的趋势,"实习生 e 支部"的构建尝试利用了网络的巨大信息优势,发挥了网络资源的积极作用,促进了医学实习生党员管理教育工作的网络化常态化,对实习生党员的管理教育起到了积极有效的作用。

参考文献:

[1]吴俊开. 福建省永定县—"土楼 e 支部"搭建大学生流动党员管理平台[J]. 党建文汇,2012.9,f0003.

[2]徐玥."e支部":网络连起党员心[J].天津支部生活,2011.11,13-14.

[3]李佩娟.对医学实习生党员教育的思考[J].现代医院,2011.6(6):124-125.

[4]连毅.医学实习生党员教育管理模式的创新[J].湖北广播电视大学学报,2010.3(30):52-53.

试论医学院校的学风建设

——以广东医学院第二临床医学院为例

曹砚辉　刘吏婷

摘　要　加强和改进新时期高校学风建设是一项具有战略意义的人才工程。学风建设的内容及其过程是一个动态的、相互联系的有机体。作为医学类高校，其学风建设不仅要遵循学风建设的一般原则，还要彰显其应有的医学特色。

关键词　学风；医学特色；学风建设

学风是大学精神的灵魂，是大学的宝贵财富，是一种巨大的精神力量和育人资源。学风内涵有广义和狭义之分，狭义的学风着眼于学生的规定，主要是指学生为实现一定的学习目标在学习方面的综合表现。广义的学风不单指学生学习风气，还包括教师治学精神、教学态度和领导治理管理学校的作风。学风的好坏对高校的教学效果有极大的影响，直接影响到大学生的整体质量。优良学风能够形成一种积极的学习氛围，使每一位学生终身受益，它体现了学校的文化底蕴和办学水平，是高校的"隐形财富"，对提升高校的社会声誉具有重要的促进作用。反之，不良学风不仅不利于学生个体的健康成长成才，还会败坏学校的整个学习风气，恶化学校的信任感，甚至危及学校的生存与发展。

"健康所系,性命相托"注定了医学生责任重大，医学院培养的是高等医药卫生人才，是未来的医生。学生的学习能力、专业知识和综合素质直接影响到今后的医疗卫生实践。这就要求医学院校更加要重视学风建设。

一、学风建设现状

医学院学生学风总体优良，绝大多数学生有明确的学习目标，有救死扶伤的事业追求，形成了正确的学习动机，较高的学习热情，在学习上能表现出紧迫感和责任感，把在校学习与个人的职业生涯规划和医疗卫生实践的特点紧密联系，以积极主动的学习态度来面对激烈的社会竞争，学习能力和专业素质较高，养成了勤奋、严谨、求实、创新的良好学习品格。但是，也有个别同学，特别是新生没有认识到学习的重要性，缺乏崇高理想和长远的奋斗目标，学习劲头不足，处于被动状态，学习毅力不强，时常旷课、迟到、早退，"选修课必逃,必修课选逃"已经成为同学们不公开的"秘密",学习风气较差,考试前临阵磨枪,最后导致多门补考或重修,这些都严重影响了学校的学风建设。

二、学风建设的有效途径

学风建设是一项复杂的系统工程,需要人人参与,全面建设,并且要结合学校办学实际与特色,与时俱进,不断创新工作思路。基于此,我们学院极探索学风建设的有效途径和方法,采取一系列措施狠抓学风建设,取得了一定的成效。

(一)注重学习五年不断线的特点

1. 做好新生的入学教育管理工作

部分新生没有明确的学习目标,学习环境不太适应,不能迅速从长期应试教育形成的学习观念、学习方法中摆脱出来,针对这一特点,我们认真开展了新生的专业思想教育、学籍教育、校规校纪教育,让新生尽快熟悉大学的学习、生活及环境。同时我们对每个班级配备了2名新生辅导员助理,由高年级品学兼优的学生担任,对新生进行全方位的指导,使新生对整个大学生活有一个较全面的了解,消除新生中存在的"60分万岁"的思想,引导他们把高中的优良传统带到大学,学会自我管理,养成良好的学习风气,由被动学习转变为主动学习,及时实现角色的转换。同时通过专业思想教育,增强了新生对医学专业的兴趣和信心,为良好学风的形成奠定基础。

2. 开展职业生涯规划教育

要营造良好的学风,关键是要激发学生自身的学习热情。职业生涯规划教育是让学生充分认识自己和客观世界,激发学生自己内在的需要,并结合时代特点和自己的职业倾向,确定职业的奋斗目标,产生学习的热情和动力,并付诸有效行动。除了大二和大四年级开设《就业指导》课外,我们还积极指导学生参加学校的职业生涯规划大赛,邀请校友和学者专家等社会力量走进校园等方式,引导学生合理定位,科学规划,早日为自己树立人生目标,提高就业能力。

(二)认真开展专业基础知识竞赛

1. 积极举办基础知识竞赛

为增强学生对医学的学习兴趣,引导广大学生关注医学,拓宽医学知识面。我们每年都举办医学基础知识竞赛,由初赛和决赛组成,包括组织胚胎学、人体解剖学、人体生理学、医学免疫学、医学生物学、药理学、生物与化学、病理学、病理生理学和寄生虫学等课程。高质量的知识竞赛能有效促进学生学习动力,检验学生学习效果及知识掌握程度,有利于营造浓厚的学习氛围。

2. 认真开展临床技能大赛

临床技能是临床专业学生必须掌握的基本技能,它对于医学生今后从事临床工作起着事关重要的作用。按照我国医学本科教育标准中的技能目标,结合培养方案和教学计划,我们提出了"突出应用能力,打牢实践基础,规范操作技能,培养科学精神"的教学理念,全面开放临床技能培训中心,参照执业医师操作考试的相关内容,开展实习前综合训练,对即将实习的学生进行临床常规工作、医患交流与沟通、医疗事故风险防范等内容的强化训练。

临床技能操作大赛是考查学生专业综合能力的一个平台,我们以赛促训,每年都开展临床技能操作大赛,以开拓学生视野,提高临床技能和创新思维。该活动比赛的内容有:病史采集和体格检查;心肺听诊技能;外科基本操作;病例分析。

(三)开展创建零挂科班级的活动

针对个别同学严重挂科的现象,我院于2011年3月开始,开展了创建零挂科班级。该活动实施以来,整体补考的人数都有所减少,重修人数也有所减少,至今为止,共有10个班分别在不同学期达到了零挂科的目标。在学院内营造出了积极向上,勤奋好学的学习氛围。

具体表现在:在班委的监督和督促下,一些学习目标不明确,态度不积极的学生,也去图书馆或者课室自习,学习气氛有所改善,学习效率有所提高;学习成绩整体有所进步;平时爱打游戏,上课睡觉,上课不专心,缺勤等不良现象明显减少,他们现在已经意识到要认真学习,明确学习任务,把学习当成了一份责任,一份义务去完成,自觉去学习;各班组织一帮一、多帮一学习小组,学习小组在不断壮大,积极参与的人数有所增加,班级里形成一种小集体带动大集体的趋势,形成了你追我赶的良好风气;加强了同学们之间的沟通交流,让同学们在轻松的氛围中互相分享心得体会,宿舍矛盾减少了,同学之间的关系更融洽了。

通过创建零挂科班级活动,绝大多数同学意识到了学习的重要性,加强班集体凝聚力和同学们的集体荣誉感。该活动有以下特色:

1. 严抓课堂纪律,保证出勤率

由自律会以定期检查与不定期抽查的形式,对学生的到课率进行检查,及时做好相关记录,为期末综合测评、先进班级评选提供有力依据。同时全部辅导员深入学生宿舍与课堂,对学生宿舍开展随机抽查,对在上课时间仍在宿舍睡觉、上网的同学进行思想教育,督促其认真学习。

2. 成立学习帮扶小组

我们以班级为单位开展多帮一学习小组、一帮一学习小组。为了使工作落到实处,班级学习小组在不影响正常学习的前提下,化平时分散学习为集体学习,借助团队达到优势互补,加强学习力度,力求让学习小组内的每一个成员在学习中交流,在交流中互补,在互补中进步,以此来带动同学们的学习热情,营造良好的学习氛围。

3. 制定相关的奖惩制度

我们建立了班委督促小组。各班都制定了规章制度,并且明确了组织分工,加强班委的监督和督促工作,有详细的惩罚和奖赏规定,注重工作上的细节,把工作具体安排落实到个人。

总之,学风建设系列活动得到我院广大师生的支持,通过开展各项活动,我院的学风得到了明显的改善,同学们能较自觉遵守校纪校规,学习积极性明显提高,迟到、早退和旷课的现象大为减少,违纪率逐年下降,平均补考率随之下降,在考风考纪上也取得较大进步,形成了自觉遵守考纪的良好氛围,这一学年实现了考试"零作弊"。当然学风建设是一项系统工程,加强学风建设又是一项具有长期性和艰巨性的任务,涉及学校、教师和学生等各个方面,只有长期不懈地抓下去,才能取得更显著的效果。

参考文献:

[1]吕君,姚会彦. 试论海洋类高校的学风建设[J]. 长春理工大学,2013,(1):37-38.

第三部分

"微时代"大学生生命文化教育

大学生生命观现状及教育对策思考
——以广东医学院为例

吴伊茹

摘　要　随着市场经济的发展,大学生生命意识淡漠、生命幸福感降低、生命价值观迷茫、生命责任务实化等现象日益突显,本文以广东医学院大学生作为调查对象,随机发放生命观调查问卷,采用对比分析法、文献分析法等方法对他们的生命观现状进行分析,为本校开展生命教育提供一些现实依据,并在此基础上提出在本校实施生命教育的有效建议和对策。

关键词　大学生;生命观;生命教育

生命价值观,是指个体对生命的根本看法和态度,是个体对生存和生存价值的体认和感悟。大学生面对当前复杂的环境和激烈的竞争,当各方压力得不到有效的疏导与帮助时,会出现自杀轻生等偏激行为,甚至采取暴力方式残害生命,这些都反映出大学生生命观淡漠的现实。如何预防和消除这种由于生命观不端正而造成的不良现象发生？现在的共识是:开展生命教育,使大学生树立正确的生命价值观。本文以本校大学生为例,对其生命价值观进行调查研究,希望以这些调查结果为现实依据,为本校大学生生命教育的开展提供一些现实依据和有效建议。

一、大学生生命观现状调查

(一)调查的基本情况

本次调查的对象是本校7个二级学院10、11、12三个年级的在校大学生,采用问卷调查的方式,随机抽样进行,发放问卷2500份,其中有效问卷2441份,有效回收率为97.64%,其样本特征值见表1。

表1 样本特征值(n=2441)

性别		年级		专业		独生	
	频次 比率		频次 比率		频次 比率		频次 比率
男	1287 52.72%	10级	778 31.87%	医学类	1538 63.01%	是	366 14.99%
女	1154 47.28%	11级	885 36.26%	非医学类	903 36.99%	否	2075 85.01%
		12级	778 31.87%				
合计	2441 100%		2441 100%		2441 100%		2441 100%

(二)调查结果分析

1. 大部分大学生生命观主流是乐观、健康、积极向上的,但有少数学生对生命观理解存在偏差。

表2 大学生对生命的认识

题目	选项	统计结果
是否认为生命掌握在自己手中	是 否 说不清楚	65% 14.% 21%
认为生命的意义和价值是	人生的意义在于奉献 平坦从容的生活 挑战自己,超越自己 追求自己的信仰 受到社会的认可和他人的尊重 有较高的社会地位和一定的经济实力 吃喝玩乐,享受人生	15% 20% 27% 12% 10% 9% 6%
到目前为止,对过去的生活做个综合评价	不管经历什么,我确定我的人生是有意义的 无法确定我的人生是否有意义 往事不堪回首,是个失败多于成功的人生 有太多的失败了,没什么意义	75% 15% 8% 2%
对于马加爵人格受到侮辱后连杀四名同窗的行为,你的认识	理解他的行为,因为他在维护自己的尊严 同情他的遭遇但不能容忍他的行为,因为同学之间难免会有摩擦,但不能因此伤害他人生命 不能理解他的行为,因为这不仅违法,还灭绝人性 其他	8% 72% 19% 0.90%

续表

题目	选项	统计结果
对生命观形成影响最大的是	学校教育 家庭教育 社会传媒（包括电视、电影、网络等） 朋友 其他	34% 16% 45% 2.09% 2.50%

调查显示,65%的学生认为生命掌握在自己手中,并有75%的学生认为自己的人生是有意义的,可见学生总体的生命观是乐观、健康向上的。

对于生命观形成影响的最大因素,45%的受调查学生认为社会传媒影响最大,而34%的学生认为生命观的形成在于学校教育,还有16%的学生认为生命观形成于家庭教育,由于生命观的形成是多种因素综合作用的结果,是学校、家庭和社会共同作用的结果,特别要注意的是社会媒体在对大学生形成生命观中的影响力。

我们还发现,对"对于马加爵人格受到侮辱后连杀四名同窗的行为",有8%的大学生认为他在维护自己的尊严,是可以理解的,这是一个可怕的数据,这表明这部分大学生对他人的生命缺乏起码的珍爱观念,甚至缺乏法制观念,必须加强生命教育,以避免他们以后走上错误的道路。

2. 大部分学生有较强的生命责任感,但少数学生生命责任感淡薄,需要重新树立自己的生命责任感。

受调查的学生中,90%的学生认同自己的生命负有对他人(父母)的责任,同时有83%学生认同大学生自杀式缺乏家庭和社会责任感的表现。问到"非典期间战斗在第一线的医生护士,很多人为了抢救病人而被传染,甚至失去自己的生命,对此,如果你是一名医生,你的想法"时,仅有49%的被调查学生选择"我也会做,甚至付出生命的代价",可见作为医学院校的学生却缺乏"救死扶伤"的奉献精神和职业精神。

表3 大学生生命责任感

题目	选项	统计结果
是否认为自己的生命负有对他人(如父母)的责任	是 否 说不清楚	90% 6% 4%

续表

题目	选项	统计结果
是否认为大学生自杀是缺乏家庭和社会责任感的表现	是 否 说不清楚	83% 9% 8%
"非典"期间战斗在第一线的医生护士,很多人为了抢救病人而被传染,甚至失去自己的生命,对此,如果你是一名医生,你的想法是	我也会做,甚至付出生命的代价 我理解他们这种行为的崇高,但我不会做 他们的行为太傻,生命是最珍贵的,犯不着陪上自己的性命 其他	49% 33% 4% 14%

3. 大部分学生具有积极向上的生命态度,但是少数大学生生命态度消极,感受不到生活乐趣,不能正确面对人生压力。

大学生的成长成才离不开对生命的感悟和态度。那么大学生的生命态度如何?

表4 大学生生命态度

题目	选项	统计结果
觉得生活快乐幸福吗	生活充满快乐,感觉很幸福 生活中快乐不多,一般幸福 生活一点都不快乐,无幸福感	57% 40% 3%
当遇到挫折时你是否有结束生命的念头	有过,但很少 经常有 从没有过	34% 3% 63%
压力来源	经济问题 人际关系 未来就业形势严峻,前途渺茫 感情问题 学习因素 家庭因素	13% 11% 41% 16% 15% 4%
面对压力你会以何种方式应对	尽快自我调节心情投入生活 抑郁,在不开心中度过生活 寻求好友帮助 选择极端方式结束一切 其他	75% 6% 12% 1% 6%

在"你觉得生活快乐幸福吗"的调查中,只有57%学生认为自己的生活充满快乐,而40%学生认为生活快乐并不多,这表明不少大学生对自己的生活不满意,感觉自己的人生并不幸福。在随后的压力来源调查中,41%选择就业形势严峻,19%选择学习问题,17%选择经济问题,而12%选择人际关系,6%选择感情问题。可见,大学生已走上人生新的征程,大部分开始思考自己的人生道路,特别是未来的就业,不可忽视的是有16%的学生压力还停留在感情问题上,说明这部分大学生的生命认识还不够成熟,容易钻进感情困惑的死胡同。

在当今这个物欲横流的社会中,面对激烈的竞争,大学生又会如何应对呢?在"当遇到挫折时你是否有结束生命的念头"的调查中,大部分学生从没有过或很少有,但也有3%的受调查学生选择经常有;问到"面对压力你会以何种方式应对"时,34%的受调查学生选择尽快自我调节心情投入生活,12%选择寻求好友帮助,另有6%选择在不开心中度过生活及其他,还有1%选择极端方式结束一切。说明我们的学生大部分都能积极乐观地应对挫折与压力,但会主动寻求帮助的很少,让有一小部分学生会选择结束生命等极端的方式应对。

4. 大部分学生认为生命教育很重要,期望学校加强生命教育。

表5 大学生生命教育意识

题目	选项	统计结果
生命知识和看法主要来自	学校教育 家庭教育 网络传媒 朋友 其他	34% 17% 45% 2% 2%
对学校开展生命教育的看法	很有必要,有助于学生形成正确的生命观 无所谓 有必要,可能有帮助 没必要,作用不大	54% 9% 26% 11%
认为开展生命教育哪种途径更有效	设专门的生命教育课程 开展专题讲座 进行有关生命教育的实践活动 学校、家庭、社会合作实施	26% 14% 40% 20%

在"对学校开展生命教育的看法"调查中,54%的大学生认为很有必要,对于"你认为开展生命教育哪种途径更有效"的问题,40%的大学生认为应进行有关生

命教育的实践活动,26%的大学生认为应专门的生命教育课程,20%的大学生认为应由学校、家庭、社会共同实施生命教育。可见,我校学生对生命教育很有需求,希望学校能有效开展生命教育。

(三)差异性分析

采用t检验,从不同专业、不同性别、不同户籍以及是否独生子女这几个方面对大学生的生命观进行分析和研究,统计发现,不同专业、不同性别、不同户籍大学生在生命观上无显著性差异,是否独生子女在生命观上有着显著性差异(见表6)。

表6 不同专业、不同性别、不同户籍、是否独生在生命观上的统计

		均值	标准差	P值
不同专业	医学	52.82	7.97	0.7248
	非医学	52.68	11.16	
不同性别	男	51.02	7.57	0.3658
	女	50.69	10.19	
不同户籍	城镇	52.88	11.00	0.5349
	农村	52.65	7.59	
是否独生	是	50.64	7.50	0.0333
	否	51.70	9.09	

在对独生子女的差异性分析中,发现出现显著差异的项目表现在生命责任感方面(见表7)。

表7 是否独生在生命观各维度上的统计

	独生		非独生		
	均值	标准差	均值	标准差	P值
生命责任感	0.0333*	4.35	1.43	4.20	1.40
生命认识	0.5121	3.24	1.56	3.18	1.59

续表

	独生		非独生		P 值
	均值	标准差	均值	标准差	
生命态度	0.2927	3.96	1.48	3.88	1.43
生命教育意识	0.1872	2.47	1.31	2.38	1.27

注：* 表示 P<0.05

二、关于开展大学生生命教育的建议

学校第六次党代会提出强化"生命"特色，全力打造以"感悟生命、敬畏生命、挽救生命"为内核的生命文化，实施以生命文化为核心的医学人文精神培养工程。结合学校党代会精神，针对上述调查中大学生生命观出现的问题，提出以下建议：

(一)加强生命教育体系建设

1. 建立完整的生命教育课程体系

54%的大学生认为学校开展生命教育很有必要，而开设专门的生命教育课程是加强大学生生命教育最直接的途径，可以使学习内容更加集中和系统，而且可以降低实施难度。学校已成立生命文化研究中心，应把生命教育单列为一个独立的学科，从多角度、全方位对生命教育作尽可能完整的研究，总结中外生命教育的实践经验，根据当代大学生的生理、心理特点及时代特征，精心确定教育目标，建立一套生命教育课程，调查中显示不同专业学生生命观无显著差异，这套课程应该是适用于全体学生的。

2. 建立完整的生命教育网络体系

45%受调查学生的生命知识和看法来自网络媒体，因此建立专门的生命教育网站，占领网上教育阵地是开展生命教育必要的环节。到目前为止，我国已建立教育部生命教育学习网、生命教育全球资讯网、生命化教育网等多个专门的生命教育网站，从点击率来看还是受到欢迎的。这里所提议建立的生命教育网站，除了要介绍基本的生命知识外，关键要对与生命相关的社会热点(如大学生自杀个案、"小悦悦"事件、李启铭药家鑫事件、郭明义事迹等)进行深刻分析，引导学生树立正确的生命观，最重要的是要设立网上即时咨询，及时解决大学生的生命困惑。

(二)加强生命教育机构建设

1. 完善生命教育机构的层级

学校已经在学校层面建立了生命教育研究中心,在其下一层级,建议以院、部为节点建立相关的工作室,再往下的层级以年级、班为节点,建立相关的工作站,如可在宣传部建立生命教育宣传工作室,学工部建立生命教育咨询室,信息技术中心建立生命教育网络工作室等,根据上文40%的大学生认为应进行有关生命教育的实践活动,校团委、二级学院团委可建立生命文化学生社团,开展大学生生命体验式的社会实践活动,让学生从社会的发展、他人的生命经历中体会生命的意义和价值,促进学生从"生物人"向"社会人"的转变,最终形成珍惜生命、关爱生命、挽救生命的生命观。

2. 加强生命教育机构师资培训

教师是生命教育的主要实施者,教师素质的高低直接决定生命教育能否顺利实施。因此培养出一批高素质的教师是进行生命教育的前期必要准备,否则生命教育只能是纸上谈兵。

(1)更新教师的生命观,增强教学感染力

只有具有健康的生命观,才能在行为中表现出对生命的关爱和理性,所以说教育者的生命观健康与否直接决定影响其教学效果。现实部分老师都拥有良好的师德师风,但也缺乏正确的生命观,只管教书不管育人,最终影响学生的健康成长。因此树立健康、完整的生命观是这些教师必须补上的一课,教师必须加强自身的人格修养,努力培养自己的生命情怀,用积极向上的人格魅力来影响学生。

(2)丰富教师的专业知识,增强教学能力

由于生命教育一门跨越众多专业的学科,这就要求教师所掌握的知识不仅要深,更要广,达到学科间的融会贯通;其次,具备关爱生命的能力是教师开展生命教育必备的素质,学生在学习中时刻感受到被关爱的气息,他们才会关爱生命;此外,教师还要有把握大学生心理特点,并适给予心理疏导的能力。因此,学校应针对这些特点对师资进行培训。

参考文献:

[1]张加明.当代大学生生命观调查报告[J].湖南广播电视大学学报,2011,4.

[2]连淑芳,魏传成.当代大学生生命意识状况调查报告[J].思想理论教育·上半月,2007,2.

[3]金自如.大学生生命观问题及其对策——以南京工程学院为例[J].南京工程学院院报(社会科学版),2012.2.

[4]潘明芸,吴新平.大学生生命观调查及对高校大学生生命教育的思考[J].思想政治教育研究,2010.2.

[5]付瑶.论当代大学生生命观问题及教育[D].辽宁大学,2012.

[6]张国艳.转型期大学生价值观教育的探究[D].东北师范大学,2005.

[7]郭静林.当代大学生生命价值观现状与道德教育[D].福建师范大学,2006.

[8]中国共产党广东医学院第六次代表大会报告.

医学生生命教育实施路径研究

陈秋余

摘　要　对医学生开展生命教育是医学教育的题中之意。本文结合医学生特点对生命教育的内涵进行界定,并通过涵养教师生命、构建生命教育课程、弘扬医学生命文化、体验医学生命实践、重视心理健康教育、强化医德教育等六方面探讨医学生生命教育的实施路径。

关键词　医学生;生命教育;路径

2010年7月我国公布实施的《国家中长期教育改革和发展规划纲要》(2010-2010年)明确提出要"重视生命教育",为"生命教育"颁发了国家许可证,标志着生命教育已上升为国家教育发展的战略决策。[1]医学生是未来医疗事业发展的主力军,医疗行业的特殊性决定了对其进行生命教育实践是医学教育的题中之意,也是对以人为本教育的本质和价值回归,具有重要的现实意义。

一、医学生生命教育的内涵

生命教育,简而言之即是满足个体需要,促进个体生命发展的教育。不同个体在生命的不同阶段具有不同的发展需求,因此,生命教育需要根据不同个体不同阶段的发展需求来确立其相应的内涵。[2]笔者根据医学生群体生命发展特点、医学职业的特殊性,将此界定为:教育工作者结合社会时代发展需要、医疗卫生人才的培养要求,以健康、积极向上的主流生命观去规范医学生多样化的生命价值取向,引导他们对主流生命观取向产生心理认同机制,从而形成科学的生命观。也就是有目的有计划地引导医学生识读生命本质、确立生命价值目标,实现自身生命价值的同时履行救死扶伤的天职,成为德术双馨的医疗卫生人才的教育活动。

二、医学生生命教育的实施路径

(一)涵养教师生命,激发关爱情怀

大学阶段是医学生个体生命成长的特殊阶段。生命教育学者何仁富教授指出,大学阶段是人生第三次断奶期,即处于人的"精神断奶"期。在这个阶段,人的灵性精神生命获得独立的运动,需要确立自己的人生观、价值观、生死观以及生活观,为自己的生命找到意义。这就需要大学教师根据学生的身心发展特点和生命成长需要,及时提供生命教育的"精神营养"。可见,教师是开展医学生生命教育的重要实施者。他们的生命教育理念和生命涵养直接影响到学生对生命存在和生命价值的认识和理解。教师只有具备良好的生命人格质量,才能在潜移默化中会促使学生学会热爱生活,珍爱生命,在未来从医生涯中更好地履行救死扶伤的义务,践行维护病人生命与健康权益的天职。因此,教师要树立科学的生命教育理念,提升生命质量,激发生命关爱情怀,注重以自己的生命体验与学生进行"心与心的交流",通过"传道、授业、解惑"发挥自身的人格魅力,用生命去温暖生命,用生命去激活生命,用生命去滋润生命,激发学生的生命潜质,赋予教育生命的活力。此外高校辅导员与学生的关系最为密切,对学生的生命观形成有着重要的引导作用。所以针对辅导员工作的特殊性对其加强生命教育的培训,提高生命引导教育能力,及时发现并有效地解决学生的生命困境,促使他们形成正确的生命观,积极乐观地面对和解决各种困难及挫折。

(二)构建生命课程,识读生命本质

大学生主要任务是学习,其大部分时间是在课堂上度过的。课堂则自然成为大学生生命观形成的主渠道和主战场。把生命教育作为独立性或渗透性课程引入大学课堂,加强学生对生命价值的理解,是学校实施生命教育最基本、最有效的途径。

开设独立性的生命教育课程。可借鉴各国各高校先进的经验和实施模式,在立足本地的基础上,根据医学生独特的心理特征以及不同阶段的需求围绕生命科学、生命伦理学、社会学、生死学、临终关怀学等角度开设生命教育课程。课程的开设以促进医学生的全面发展为目标,以涵盖、融合科学的生命知识为内容,以认识生命、珍爱生命、尊重生命、超越生命为主线,进行灵活性、开放性的课程实施,形成生命化的教育课程,从而促进医学生思考生命的意义和价值,更好地形成系统而科学的理论知识,提高人文生命素养。

发挥渗透性课程的教育作用,即是将生命教育融入其他相关课程学习中,使学生在潜移默化中领会生命教育的精髓,从而增强教育的实效性。如运用蕴含在思想政治理论课中丰富的生命教育题材,联系医学生生命发展中的实际问题,引导他们从生命本体出发探索生命的意义。此外,无论是面对人体解剖实验课里的尸体解剖、高科技引发的基因克隆人、掌握生死权利的安乐死还是医学器官买卖、犯人的生育权甚至到实验动物生命伦理等问题,这些都与生命的价值和意义有关,都需要用敬畏生命的伦理思想来武装医学生的头脑,鞭策和规范今后从医的行为。因而在医学专业课程中渗透生命教育,将有助于他们在掌握医学专业知识和技能的同时,从医学专业角度去理解生命的内涵、树立积极的生命医疗观,在将来的医学临床实践中更好地为病人服务。

三、弘扬生命文化,彰显生命正能量

生命科学和生命文化是医学生直接面对的两大文化。生命科学从科学上研究人的健康、疾病和治疗的机理,也即是医学生的专业知识和技能的学习课程;而生命文化则从文化上解读生命的意义,揭示生命的宝贵,规范对生命的态度,同时作为隐性的重要教育载体,以其灵活、立体、生动的方式,直接或间接地影响医学生生命观的形成。可见,生命文化在医学生生命教育中发挥着不可忽视的重要作用。

(一)开展生命文化节,体验文化生命

医学院校以重大节日、医学主题宣传日为契机,积极开展"敬畏生命,呵护生命"、"修身崇文,感恩奉献"等特色鲜明、内容丰富的生命文化节活动,如在国际护士节开展"传承天使之情,弘扬生命文化"系列活动,让学生在活动中坚定护理鼻祖南丁格尔精神,树立为医学事业奉献的生命意识等,同时还促使医学生通过参观产科、新生儿病区,体会新生命的喜迎;参观生命图片、科普治疗图片等展示探索生命的奥秘;对话临床一线医生,讨论生命价值、医者使命;到学校、社区开展急救技能培训、传递健康、播种幸福;在养老院为患者送人文关怀、临终关怀,完成医者服务生命的天职。绚丽多彩的生命文化节将医学生对生命的情感"内化"为人文精神,将对生命的尊重、敬畏的情怀提升到医学人文精神和职业道德素质的培养上,为成为一名优秀的医务工作者打下了坚实的基础。

(二)构建生命文化环境,传递生命气息

马克思与恩格斯在谈及环境对人的塑造作用时说:"人创造了环境,同样环境也创造人",苏联教育家苏霍姆林斯基在论及校园文化设施时指出,校园应该像伊甸园一样引人入胜,要让每一面墙壁都会说话。[3]这些都充分说明生命文化环境对人的生命观形成的深刻影响。构建和谐的校园生命文化环境,通过最深刻、最微妙方式植入学生的大脑深处,形成稳定、健康向上的生命意识,使他们的判断和行为无不处于一种下意识的控制状态,从而达到环境育人,润物细无声的效果。因此,医学院校应着力营造高品位的特色生命文化环境,使校园人文景观大到建筑、设施和场地,小到一草一木,一室一楼都可以体现人文意蕴,蕴含生命情调,比

如在教学楼、宿舍楼、校道等学生经常出入的地方置放白求恩、华佗等医学大师或者是蕴含生命意义的雕像、校训石、名言警句牌;建立实验动物纪念碑,纪念为医学实验做出贡献的动物,向学生们传达着尊重动物生命的生命伦理意识等,这些都鲜明地体现了医学的生命内涵,铭刻着医学教育和生命教育的浓厚积淀,发挥潜移默化中凝聚人、熏陶人、教化人的独特作用。

(三)传承文化经典,浸润生命成长

中国传统文化经典和医学文化博大精深、源远流长,蕴含了丰富的生命思想,对医学生生命教育有着重要的启迪。医学院校高度重视传统文化活动教育,在新生入学伊始,由学校领导亲自主讲及邀请学者专家进行"弟子规与礼仪"、"道不远人:生命、医学与人生"、"大学所学一生所用"等专题学术报告会,并向医学生推荐了一批启蒙书记,包括《增广贤文》、《三字经》、《百家姓》、《菜根谭》和《弟子规》等;在毕业典礼时,校长身穿唐装、老北京布鞋,不时引用热点时事,来说明当下出现的拜金主义、信仰危机及道德问题,强调"传统文化断层,核心价值观错位",提醒毕业医学生勿忘祖先、勿忘母校、勿忘中国传统文化和医学文化精髓;开展国学经典诵读比赛等传统文化活动,使医学生诵读国学美文,培育人文精神,领悟生命的神圣,提升生命的质量。

(四)践行医学社会实践,发挥生命光辉

马克思主义哲学认为,实践是认识的来源,是检验真理的唯一标准。生命教育绝不仅仅是一个束之高阁的书斋式理论,其真正意义在于实践,在社会实践中关注生命,体悟生命与实现生命。因此开展生命教育必须以整个社会作为教育大课堂,要把学校教育与社会教育联合起来,开展形式多样社会实践的生命体验活动。

增强生命安全意识,提高生存技能,培养生命情怀。学校可积极邀请公安干警、心理健康专家开展生命安全讲座,适当开展户外拓展等生存训练使学生提高安全意识,学会防范措施,增强抵抗挫折的勇气和力量;定期组织如遇到火灾、地震等危险情况的大规模的逃生演习等活动促进学生掌握在遇到灾难时自救、救人的医学知识和技能,提高生存能力;组织参加社会公益及医疗活动,帮助社会弱势群体,培养学生的生命情怀,让他们亲身感受爱的力量,明白爱的真谛,传递爱的正能量。

体验生存感受,提高职业素养。生存感受指个体对自身存在及其价值的自我体验和感性认识。拥有丰富而又深刻的生存感受的人能真正体会直面生活的悲欢离合,领悟生活的真谛与意义,体验自己生命的存在意义。[4]通过参观丧葬礼仪,到敬老院、医院重危病房等,对临终老人或病人进行身心照顾,开展临终关怀活动,感受他们对生命的领悟;和孕妇交谈,了解孕育生命的艰辛,体验生命的来之不易,体验自身的生命价值,从而更加敬畏生命、追求生命的价值。此外,有计划地通过送医送药送健康"三下乡"社会实践参观学习、义诊活动、临床见习、临床实习等形式,让医学生在实践中能学以致用,加深对专业理论知识和技能的理解与掌握,了解医务工作者的职业要求,培养职业责任感和服务意识,培养"仁爱救人"的职业道德,履行维护生命健康的神圣使命。

(五)重视心理健康教育,干预生命危机

1. 建立学生生命危机干预机制。生命危机是受到周围事物变化的影响,进而导致主体自身对自己的选择、需求和判断出现冲突和失衡,最终导致自我价值否定的一个结果。建立生命危机干预机制是有效进行心理危机干预的重要保障,也是提升医学生生命质量的方法与途径之一。首先学校各级领导要重视心理干预机制建设,成立与学校发展模式相适应的心理干预中心,并在校内建立学校、院系、班级、宿舍四级生命危机干预网络,建立定时信息通报机制和应急处理机制,对有各种问题的学生按照不同的阶段及时干预、辅导和解决并及时建档存档。同时设立专门的心理热线电话及专人值班,以便随时对处于危机状态的学生实行紧急救助。其次建立系统的学生心理档案,主要从新生入学伊始就进行心理普查,对高危人群建立动态的心理档案管理模式,并及时反馈到各二级学院,进而形成综合调查、跟进、总结、反馈和心理干预疏导的全方位预警体系。

2. 建设全方位的心理咨询网络。美国著名心理学家罗杰斯认为,心理咨询实际上也是一种"帮助人"的过程,是一门直接介入学生心灵世界的课程,因此肩负着对学生进行生命教育不可推卸的责任和崇高的使命。首先,培养一批核心和骨干力量。这批队伍人员具有专业的心理咨询知识和过硬的技能,通过加强与学校相关部门的沟通与联系,共同密切关注医学生的心理问题,做到及早发现、及时处理,缓解他们的心理障碍和心理疾病。其次,建立朋辈心理咨询模式。所谓朋辈心理咨询,是指年龄相当者对周围需要心理帮助的同学给予心理开导、安慰和支持,提供一种具有心理咨询的功能帮助活动。医学院校中的朋辈心理咨询,主要从心理学专业的学生群体或者各班级中挑选适合做心理辅导工作的学生。他们经过一定的心理知识和技能的培训,利用自身号召力、感染力和良好的沟通技巧,帮助有心理困扰的同学释放压抑、郁闷等不良情绪,逐渐走出心理困境,在不知不觉中达到生命教育的成效。

(六)加强医德教育,追寻生命价值

"健康所系、性命相托",特殊的职业性质要求医务人员必须具备一些最基本道德情感,即义务感或责任感,而"它的存在要依靠训练,只有意识整个地得到发展,义务感才能出现"。[5]长期以来道德总是以其社会性的一面教化着人们,但其本性是人的生命性,它必须通过生命个体的内化才能真正作为调节人与人之间、人与社会之间关系的"客观"规范。古人用"悬壶济世"来形容医护人员这个职业,实际上蕴含着两个要求:医术和医德。医德即是职业道德,是医护人员在医疗护理活动中的行为准则和规范要求的总和。作为医疗卫生人才的培养基地,医学院校的医德医风教育,是医学生生命教育的延伸。医学生只有正确认识并从内心认同医德价值取向,才有可能具备良好的医德,自发地践行救死扶伤的医学人道主义的精神,真正成为服务于人民群众生命健康的白衣天使。因此,将医德医风教育作为切入点,促使医学生形成科学的生命观和医德观,是实现生命教育的有效途径。首先,在医学生入学教育中融入医德医风教育,开展医学宣誓活动,感受到医学殿堂的神圣和肩负的光荣使命,进而敬畏生命,树立科学生命观和崇高医德观。其次,在专业学习课程和实践活动中结合医学伦理课程进行医学两难选择辩论会,以征文、演讲、座谈等形式开展廉洁修身、廉洁从医教育活动,促使医学生学会慎独,增强自我廉洁修身教育意识。最后,发挥典型人物在医德医风教育的榜样作用。以附属医院的优秀医务工作者事迹为素材,编写了医学生修身读本《明德修身崇医》,并组织现场访谈会,邀请典型人物结合自身从医体会,围绕医德、医术、医患关系话题进行现身说法,向同学们展示了什么是"仁心仁术"、什么是"良师益友",更道出了"三折肱知为良医"的精髓所在。

  生命不息,伴随着人类生命的发展,教育活动成为人类历史发展的永恒主题。生命教育是真正充满生命活力的人的教育,是引导人生走向美好和完善的教育。它充分体现人的生命活力,让人诗意地栖居在大地上,使人的生命之树茁壮成长,生命之花灿烂开放。

参考文献:

[1]何仁富,肖国飞,汪丽华等.大学生生命教育的理论与实践[M].中国广播电视出版社,2012:1.

[2]赵倩.大学生生命教育的理论与实施[D].河南:河南大学,2007:7.

[3]蔡荔.大学生生命教育研究[D].武汉:中南民族大学,2008:25.

[4]刘恩允等.大学生生命教育研究[M].中国社会科学出版社,2102:56.

[5][德]弗兰克·梯利.伦理学导论[M].何意译.桂林:广西师范大学出版社,2002:67-68.

医学生生命教育方式的选择

温少恒　何锦霞　吕光辉

摘　要　生命教育是一种不分专业、具有全民性质的教育,但不同的人群,学习能力不同,经历不同,接受生命教育的方式也应该有所不同或有所侧重,才能达到教育的效果。本文主要结合医学生的特点,对选择生命教育的方式进行思考。

关键词　生命教育;医学生;教育方式

生命教育是一种不分专业、具有全民性质的教育,它的目的在于通过正确的引导,塑造个体对生命树立正确的人文价值观念,使其认识生命、感悟生命、尊重生命,进而爱护生命。但是,不同的人群,学习能力不同,经历不同,接受生命教育的方式也应该有所不同或有所侧重。

医学生是未来的白衣天使,不仅具有其固有的特点,而且肩负着救死扶伤的使命,注定了医学生的生命教育有着与其他生命教育不一样的特殊意义:除了认识生命、感悟生命、尊重生命、爱护生命,还要利用自己所学挽救患者生命。因此,针对医学生的发展特点因材施教,选择合适的生命教育方式也显得尤为重要。

一、医学生的特点

(一)心理特点:具有一定的社会经历,心理承受能力,但艰苦的专业学习过程、严峻的就业形势、社会舆论和行业环境带给医学生带来更多的社会压力,心理健康尤需重视;

(二)学习特点:作为一名大学生,医学生已具备一定的自学能力和自我管理能力,自律性比较强,理解能力比较高,自发利用网络学习的主动性比较强。此外,医学专业的课程专业性强、难度高,科目多,理论与实践结合非常紧,需要较强的动手能力。在五年的学习时间里,医学生有1/2左右的学习时间是在实验室和医疗场所度过的,在毕业前还需要进行一年的临床实习,所以医学生的学习任务很繁重,压力大,学习过程很艰苦,也导致了医学生课外学习与活动的时间相对减少,整体知识面比较窄。

(三)专业特点:学业时间长,一般都是5年;研究、学习、服务的对象特殊,专业知识水平要求高;课程繁重,实践性强,且与生命息息相关;知识结构比较单一。

在医学生的课程设置中,绝大部分都是解剖学、生理学、病理学等专业基础课和内外科、妇产科、儿科等专业临床课,平均每学期约有4-5门专业课,人文教育课程很少,也仅是以选修课的形式出现。

(四)就业特点:医学教育的专业性决定了医学毕业生的职业选择相对集中,就业方向相对单一,基本以医院为主,成为一名医务人员,从事临床医疗工作,肩负救死扶伤的职责,少部分会选择科研人员,主要也是从事与医学有关的研究。

二、医学生生命教育方式的选择

学习生命教育,是为了能够解决所面临的实际问题。医学生生命教育的方法有很多,但为了更好地达到这个效果,需结合医学生的特点,选择有针对性的、有效的、理论与实践搭配的教育方式。

(一)把生命教育纳入医学生新生入学教育、医学生职业生涯规划教育和心理健康教育中。生命教育是一种获得相关知识并贯之以人生实践的教育,只有打好理论基础,才能为实践做好铺垫。目前,由于主观认识的不足和客观条件的限制,很多高校都还没有普及生命教育课程。在这种情况下,可以先把生命教育纳入医学生新生入学教育、医学生职业生涯规划教育和心理健康教育中,通过生命安全教育、医学发展史教育、医学专业学习特点介绍、职业教育、医德教育、专家访谈等,引导学生树立正确的生命价值观,理解自己所肩负的责任与使命。

(二)提高专业授课教师的生命教育意识,把生命教育贯穿到专业学习中,不断强化教育效果。医学生在专业学习过程中,经常要做实验和临床技能操作,对象不是尸体、标本,就是动物、病人,如解剖实验、生理科学实验、临床见习和实习等,教师可以在课堂中根据授课内容与操作对象,灌输有关的生命伦理教育、生命哲学教育、生死教育等,引导学生在实际问题中思考生命、感悟生命,提高医学专业的神圣感,从而引导学生尊重生命、关爱生命、挽救生命。

(三)在校园环境中塑造生命教育的文化氛围。如在解剖实验室或其他医学实验室贴示标语,尊重"大体老师"和动物,禁止暴力和虐待;在教学区、宿舍区等设立固定的生命教育宣传栏;在校园广播中开设固定的生命教育频道等,让学生能经常在一个健康向上的教育氛围中感受生命教育,起到潜移默化的作用。

(四)有计划、有针对性地开展生命教育实践体验活动。理论知识是实践应用的基础,如果不能够用所学的知识来解决现实问题,就会使生命教育受到质疑。生命教育理论虽然很有道理,哲理性很强,但同学们应用起来并不是很容易,能理解但难体会,所以需要想方设法让同学们多实践,在实践中解决问题,在实践中领悟,在实践中宣传。

1. 根据医学生的学习特点和心理,可以适当开展关于生命教育的案例分析讨论活动。通过选取具有教育意义的典型事例或教育片,引导学生对如何抗挫、建立何种生死观、生命的价值是什么等进行探讨,从而正确认识生活感觉与生命存在,明白生命的意义。此外,如果有合适的人选,也可以请一些有亲身经历的人在小范围内开展交流活动,通过他们的真实感受和切身经历,让学生在情感中体验,在体验中受教育。

2. 医学生自学能力和自律性都比较强,可定期开展有有关生命教育的读书活动。利用网络、分享会、征文比赛等形式促进交流,通过创新形式的方法将活动持续开展下去,形成良好的氛围。

3. 医学生生命教育具有一个独特的优势,可以利用医院的资源,而且医学生有较多时间在医院里学习,比一般学生经历更多的生与死的场景,更容易激发对生命的思考。在医学生的生命教育中,须牢牢把握这个优势。可组织学生到医院参观、开展志愿者服务等,让学生在看到婴儿的出生中感受生命诞生的奇妙与美好,在急救的过程中体会生命的重要和医生的神圣职责,在临终关怀服务中学会正确面对死亡等等。

医学生生命教育是一项终身教育,不管选择哪种教育方法,都是为了让医学生在认识生命、感悟生命、珍惜生命的基础上关爱生命,挽救生命,并在这个特殊的工作岗位上宣传和投入生命教育,最终也成为生命教育的教育者,但选择符合自身的方法能更好更快地达到我们的目的。

参考文献:

[1]闫莉妍,左全.浅谈通过课外活动加强医学生生命教育[J].中国高等医学教育,2011,(8):40-41.

[2]黄林瑶,潘妲妮,刘葵,陈璁.论医学生命教育的实施方法与途径[J].教育研究,20011,(5):110.

[3]柳松,郭春晓,石海英.医学生特点分析及入学教育对策[J].科教文汇,2011,(6):142-413.

[4]郑晓江.生命教育演讲录[M].江西:江西人民出版社华章,2008:3.

生命文化的育人功能及路径探析

姜淑娟　吴征宇

摘　要　生命文化就是关于人的生命的文化,是指以现实的个人的生命价值和生活意义为研究对象、并以如何实现和自我确证自己的生命机智与生活意义为旨归的文化研究学科。比较起来,它不同于生命科学,生命科学重点是关注"人的活着的状态",而生命文化则更加关注"人是如何活着",它主要是从文化角度来解读生命的意义与价值。

关键词　生命文化;育人功能;探析

一、生命文化的内涵

生命文化是一门既古老又年轻的学问,内容丰富,源远流长。虽然生命文化至今未形成一个独立学科,但是研究此方向的专家学者不在少数。归纳起来,主要集中在哲学、文学、人学、社会学、思想政治教育等专业领域。比如江西师范大学郑晓江教授从生死哲学的角度研究生命的意义与价值。又如北京师范大学袁贵仁教授从人学的角度对生命价值进行思考与探究。

关于生命文化,至今学界并未形成一个统一的论定,这主要由于研究者的研究角度与侧重内容不同所致。尽管如此,对于生命文化,学界还是达成了一些基本共识,比较具有代表性的是陶清所提出的生命文化内涵。生命文化,"是指生命以文化的形式存在,或者说,是关于生命的文化。因此,生命文化也就具有了双重内涵:以文化的形式存在着的生命,只能是生命和生命有机体发生和发展的最高形态——作为类的人的生命;而且,关于人类生命的文化,只能是关于人的生命价值和生活意义及其实现方式的人类精神的精华。"[1]

简单说来,生命文化就是对生命的看法和对待生命的态度。具体言之,生命文化就是关于人的生命的文化,是指以现实的个人的生命价值和生活意义为研究对象、以如何实现和自我确证自己的生命价值与生活意义为旨归的文化研究学科。它与生命科学并不相同,生命科学重点是关注"人的活着的状态",而生命文化则更关注"人是如何活着",它主要是从文化角度来解读生命的意义与价值。概而言之,生命价值和生活意义包含三个层面的属性,即自然属性、社会属性和精神属性。

马克思主义理论告诉我们,人是最复杂的动物,是自然属性、精神属性与社会属性的统一。任何一个生命个体不仅是现实的自然存在,更是"在一定历史条件和关系中的个人,而不是思想家们所理解的'纯粹的'个人"。[2]生命的三种属性之间的协调关系变化,反映了不同历史时期和同一历史时期不同人的发展状况。对生命文化的理解,需从具体的社会关系的历史发展中加以把握,在社会关系的历史发展中得以发展和完善,任何单面的理解都过于片面。

二、生命文化的育人功能

文化以独立自由为旨归,是人文精神与科学理性协调发展的产物,对人的存在与发展具有重要的意义,生命文化亦是如此。尤其在大学校园中,大学生一方面接受专业知识培养,追求独立自主的价值理念,同时深受现代社会中商品经济与大众文化的熏染与影响,容易偏离生命的本真状态。这种境遇之下,生命文化的育人功能就显得尤为重要。

第一,从生命的自然属性来看,生命文化教育当代大学生对生命持有敬重感。

对生命的敬重,这是一个由来已久的话题。在西方学界,较早建立起生命哲学理论体系的是叔本华,他继承了康德"人是目的"的哲学思想,以现实与感性的人作为逻辑起点,将生命中的意识与体验提升到至高位置。之后,尼采将生命意志视为世界的本源动力,并形成了自己的"超人哲学"思想。在此基础上,柏格森形成了自己完整的生命哲学理论体系,成为生命哲学的集大成者。他认为,生命是一种本原的冲动力,我们可以想象它是一股可见的流,它连续而不可分割,它在每一生物之中世代延续而又时时更新。这种生命冲动是世界上一切事物生生不息、推陈出新的背后最深刻的根源,它无时无刻不在创造自身和创造新的东西,整个宇宙自然的创造都是由于生命冲动促成的。[3]

对大学生而言,敬重生命是当代学子追求独立自由的基本前提。胡适有语"给你自由你不独立,仍是奴隶",当代大学生以追求独立、践行个性为荣耀,然而在纷繁复杂的外界影响之下,稍不留神就会成为流行时尚文化的盲目追随者。由此,自身的独立与否甚为关键,然而,独立个体如何保持对社会持有正确审视与批判,关键取决于对生命自身的敬重。生命文化教育大学生对生命自身存有敬重,无形之中要求大学生具备独立、坚强、拼搏以及珍惜的基本素质和能力。在面对任何困难和压力之下,都能冷静分析并泰然处之,从而以应有的态度面对一些外界困扰。唯有如此,才能保持在外界影响与大众文化的影响之下,做一个独立自由的大学生。

第二,从生命的精神属性来讲,生命文化教育大学生敬重生命尊严。

德国哲学家康德说过:"有两样东西,愈是经常和持久地思考它们,对它们历久弥新和不断增长之魅力以及崇敬之情就愈加充实着心灵:我头顶的星空,和我心中的道德法律。"对生命的尊重,不仅仅表现在对生命自然体的尊重,更重要的是,对生命尊严的对待与重视。对此,日本学者池田大作有过全面阐述。他认为应该重视人的内在价值,提出人的"生命"的视野是全人类的共同的视野。在时间上,在世界史的观点上,在空间上,以全人类的视野,来思考人们的思想和行为,探寻人类的共同的精神之路,我认为,"生命"就可以作为全人类的共同的视野。在新世纪的全球化时代,只有生命才可以超越不同国家、民族与个人利益的狭窄视野,也只有生命才具有绝对平等与唯一。毕竟,作为生命存在的人,"乃是超越任何社会、国家和民族的具有普遍性和绝对性的事实"。[4]人的类本质是池田大作生命尊严思想的逻辑起点,进而追求人人平等的价值理念。

诚然,池田大作的生命尊严思想与现代人类文明的发展冲突有关,这也恰好与大学校园的生命文化紧密相关。如今,大学校园在整个社会现代化与工业化的大背景之下,商品经济的充斥已将严重影响到大学这座精神殿堂。商品经济到来的功利化、世俗化、商业化以及大众化的的影响,使得原本崇尚理想信仰,追求独立自主的大学生不断怀疑知识怀疑理想,逐渐陷入追求低级趣味的漩涡之中。而生命文化倡导的对生命尊严的敬重,恰恰是对生命的精神属性的发扬与赞美。他不同于大众文化,更不屑于功利思想,他希冀当代学习应有"高山仰止"的精神追求和敢为人先的勇敢气魄,追求精神的自由,向往文化的纯真,这些恰与大学精神完全契合。

第三,从生命的社会属性来看,生命文化倡导平等理念,培养大学生关爱他人的意识。

随着人类文明的不断推进,传统的人类中心主义将人作为宇宙唯一主体的理念越来越站不住脚。尤其随着生态危机的持续发生,人们开始反思自己与自然界其他生命体的关系。在这一点上,生态主义者史怀泽的观点最具代表性。史怀泽提出敬畏生命的观点,"善就是保存生命、促进生命,使可发展的生命实现其最高的价值。恶则是毁灭生命,伤害生命,压制生命的发展。"伦理"与人对所有存在于他的范围之内的生命的行为有关。只有当人认为所有生命,包括人的生命和一切生物的生命都是神圣的时候,他才是伦理的"。伦理即敬畏生命。所谓敬畏生命,就是把生命整体性作为思想的逻辑起点,指出人的存在不是孤立的,有赖于其他生命和整个世界的和谐,否定了生命的价值序列,进而将人类的伦理关怀从人扩展至所有生物和整个世界,倡导所有生命相互平等和相互尊重,倡导人类建立与万物休戚与共、生死相依的密切关系。

对大学校园来讲,敬畏生命的理念实际上就是一种基本的平等的交往理念。尤其对当代大学生而言,90后成为校园大学生主体,他们以十足的个性和较高的接受度拒斥传统理念,宣称只做自己。生命文化中敬畏生命的价值维度,实际上就是让这种平等理念深入到大学生的主体意识中去,让大学生在交往的同时懂得如何尊重他人并关爱他人。

三、从理念到实践:生命文化育人路径探析

在生命文化的育人路径上,理念的先进性与引导性最为关键,将正确的理念通过多种方式传递给大学生,在接受正确理念的同时,倡导行动的重要性。从理念到行动,不仅符合教育的规律,而且尊重生命本身的发展特质。

理念上,树立生命文化意识,培养生命文化视角,真正将生命文化的理念加以重视起来。从操作性的角度来看,可以从以下几个方面进行。

(一)以专业课堂为根本,将生命文化的价值理念渗透到专业学习中去,打造生命文化课堂。在这一方面,国外很多优秀的案例值得我们学习与模仿。美国很注意在专业教学中渗透德育。"要求任何一门专业课都要对三个问题做出回答:一是这门学科领域的历史和传统是什么?二是它所涉及的社会和经济的问题是什么?三是要面对哪些伦理道德问题?这种方式可以激发大学生去思考与专业有关的社会伦理问题。"[5]我们可以讲生命教育与专业课教育结合起来,把生命教育融入文化教育中去,重视生命文化对大学生全面发展的影响。就我校而言,医学专业是我校最大特色,而生命理论体系无疑是绝大部分学生专业学习的基础,如果将生命文化的价值理念纳入到这些专业课学习中去,无疑会大大促进学生对这一问题的思考与探究。除此之外,相当一部分直接涉及生命文化的专业课更应该将这一部分作为重点,例如中医专业中国传统生命文化思想,再如大部分医学专业中会涉及到生命伦理学等。

(二)以公共课教学(思想政治课程与公选课)为提升点,有针对性的加大育人功能。思想政治教育课程作为大学生进行世界观、人生观与价值观育人的主要载体,积极发挥两课在价值理念上的引导功能。比如《思想道德教育与法律基础》课程,其中涉及到思想教育与道德教育的部分,都应该重视其中对人、生命、理想、道德等相关知识学习。除此之外,我校正在进行的增设生命文化相关课程的探索,从哲学、美学、艺术以及医学等各个学科对一问题进行深入探究,是这方面的有效实践。

（三）以校园媒体为辅助，将生命文化的理念渗透到大学生的日常生活中去。校园媒体担负着促进高校改革、建设、发展、文化传承和培养德智体美全面发展的社会主义建设者和接班人的重要任务，承担着引导舆论、传递信息、育人成才的重要使命。校园媒体以自身特有的优势深入到大学生群体中去，坚持"三贴近"原则，积极打造生命文化品牌活动，将生命文化的理念贯彻到校园宣传中去，真正实现其育人功效。

四、实践上，重视实践的规律性、实效性、创新性，重视大学生的主体性、参与性与体验性

（一）建立生命文化实践教育课堂

现代医学事业的发展，提出了医学模式从单一的生物医学模式演变为生物—心理—社会医学模式的新健康观念。医学教育必须顺应医学模式的转变，注重提高医学生人文素养，把他们培养成为尊重人类、尊重生命、有爱心和高尚职业道德的人类健康的守护者。重视实践，在实践中遵循规律、注重实效、敢于创新是达到教育目的重要途径。

根据医学生的特点，大一时组织新生到医院参观，在专业课时依托学校的解剖室进行向对医学事业最无私的奉献者致敬的礼仪。不仅仅是理解生命、尊重生命，对培养学生高尚的医德情操和大医精诚精神具有重要意义。在学生开始见习、实习时，鼓励学生利用已有的知识，参与临终关怀服务，让珍惜生命、尊重生命、敬畏生命成为"准医生"成长的基石。临床上教学、实习中，积极进行改革创新，更注重通过自然科学与社会科学、科学与人文的交叉与融合，将生命文化应用在医疗实践中，通过自然生命和文化生命相互依存、相互影响、良性互动，促进患者生活积极向上，使医学生把接收的教育信息内化为自身素质，提高他们服务社会的本领。

（二）建立生命文化实践基地

在多元文化的背景之下，各种文化碰撞融合，高校作为一个社会单元，校园文化也呈现出多样性的特点。现代大学生是在现代观念与网络文化的侵染之下成长起来的，他们在感受到便利快捷的同时，也呈现出对网络价值观念的追求和对传统文化的漠视。高校校园文化建设就要结合生命文化教育的目标，通过价值取向鲜明、融合中华传统文化的主题活动，为大学生提供参与平台，让他们在积极参与的过程之中受到影响与改变，真正发挥校园文化润物无声的功效。

就笔者所在高校而言,各种形式义诊等活动向来是学校各级部门的特色活动,这类主题活动将德育课堂搬到户外,将生命文化教育和专业实践结合,是主题活动的有益尝试。充分利用志愿者活动、三下乡活动、科技文化节等活动载体,到敬老院、医院、社区和企业开展防病治病宣传、义诊、慰问等公益活动,有利于培养医学生职业道德情感,提高医学生对职业道德的认知和自我教育能力,激发医学生奉献社会的情感,提高教育的实效性。在这方面,笔者认为,举办此类活动我们尤其注意以下两点,一方面应有效借鉴网络流行元素等喜闻乐见的形式,易于大学生的接受;另一方面,活动应该有目的的将生命文化融入其中,借鉴而非媚俗流行文化,真正起到引导作用。

(三)将生命文化渗透到日常生活中去

美国教育学家杜威说过:"教育即生命"。生命文化本身就是一个需要在生活中尝试并践行的文化理念。现代教育主张告别空洞的说教,倡导学生为主体的新的教育理念(主体间性)已经为现代教育所接收。主体间性从人本出发,注重发挥学生自身的主体性,追求大学生的自由全面发展。这就要求新的教育方式应该将人的发展阶段与高等教育的发展规律结合起来,不断融入日常生活,真正关照大学生的现实需求和个体境遇。教育地点从教室转移到宿舍、从课堂转移到生活。充分利用好QQ、微博等现代媒介手段,以容易接受的方式,让大学生真正参与其中,发挥自主体性。如同亚里士多德所言"习惯是人的第二天性",在参与主体性教育的同时不断规范他们的行为,从而影响他们的理念,实现对人的本真还原,将大学生真正培养成自由独立并全面发展的人。

参考文献:

[1]陶清:《生命文化论纲》,载《江淮论刊》2009年第3期,第82页。

[2]马克思,恩格斯:《德意志意识形态》节选本,人民出版社2003年版,第31页。

[3]柏格森:《创造进化论》,湖南人民出版社1989年版,第99页。

[4]池田大作:《我的履历书》,吉林人民出版社1984年版,第65-100页。

[5]赫斯利普:《美国人的道德教育》,人民教育出版社2005年版,第60页。

多校区校园文化建设的困境与出路

吴春丽

摘 要 校园文化建设包括物质文化、制度文化、精神文化和行为文化四个方面内容。随着高校的扩招和结构的调整,学校一校多区的格局在高校发展中越来越普遍,高校校园文化建设也随之带来新文化的培育、旧文化的传承、不同文化的冲突等一系列的困境。要摆脱这一困境,高校校园文化必须打造物质文化建设、加强制度文化建设、重视精神文化建设、创新行为文化建设。

关键词 多校区;校园文化;大学

校园文化是以育人为导向,以师生为主体,以大学校园空间形态为基础的,以校园精神为核心的,以校园特色的人际关系、生活方式、活动方式为特征的精神环境和文化氛围。校园文化是一所大学的灵魂。每个校园独特的文化氛围和格调,不仅对个人有着潜移默化的熏陶和润物无声的感染作用,体现在大学每个成员的行为之中,而且校园文化还渗透在学校的教学和管理的各个环节,反映了大学育人的目标和理念。

校园文化以其丰富的内容为大学的发展注入了新鲜的活力和不竭的动力。其内涵主要包括四个层面:一是物质文化,主要指校园的物质环境,包括学校建筑设计、绿化景观、教学生活设施等物化形态的内容。它是校园文化建设的基础。二是制度文化,主要指学校的各项规章制度和行为准则。它是校园文化建设的保障。三是精神文化,主要指学校师生的价值观念、传统习惯、道德品质等精神层面的内容。通常以人文环境和文化氛围的形式存在,是校园文化建设的核心。四是行为文化,主要指学校师生的行为习惯、生活方式和活动方式等,它是校园文化建设的载体。

一、校园文化在多校区发展中的功能

随着高校的扩招和结构的调整,越来越多的高校采取了合并整合或建立新校区的方式发展,多校区的格局作为一个新的系统在高校中就越来越普遍。校园文化作为子系统之一,有着不可或缺的地位和作用。

1. 育人功能。校园文化育人功能主要通过创造一种文化环境和氛围,让个人在这种环境和氛围中提升个人的素养、塑造良好的情操、约束自己的言行,最终内化为个人的行为习惯和处事风格。与传统的教学相长不同,校园文化的育人功能是潜在的、隐蔽的,其教育形式包括教育和自我教育。在多校区的格局中,校园文化的育人功能并不会因为时空的变化而减弱,相反,各校区共同的育人目标和理念,能不断优化育人环境,使校区之间和谐发展。同时,校园文化的自我教育功能可以减少一校多区管理带来了问题。

2. 导向功能。校园文化的导向功能是在良好校园文化氛围下,个人将自己对事业的追求转化为具体的理想信念、奋斗目标、人生追求和行为准则,形成广大师生共同的精神支柱和动力。多校区的发展格局不仅带来各种社会思潮、理论观点和文化意识碰撞、交锋和融合,还带来新旧精神文化的冲突。通过校园文化的控制和引导,能创设一个良好的思想文化氛围,用正确的价值观引导师生遵守并支持校园文化倡导的内容,从而规范学校每个成员的思想品德、行为规范和生活方式。

3. 约束功能。校园文化的约束功能是通过各种规章制度、行为准则、校风、校训、教风等规范和约束学校成员的行为。这些规章制度、行为准则、校风、校训、教风等所体现和蕴含的价值观念、道德观念,把学校所有成员的利益、理想和追求紧密联系在一起,明确了在校园里应该做、能做和禁止做的事项,从而保障学校的良性运作和和谐发展。对于多校区的学校来说,充分发挥校园文化的约束功能,不仅能规范各校区的管理,还能激励各校区师生之间的自我约束能力,发挥其自身内在的积极性和创造性。

4. 凝聚功能。校园文化作为一种意识形态和价值观念,其核心是精神文化,即追求和树立共同的理想信念和价值目标,从而形成一种无形的凝聚力和向心力,不断强化学校成员对学校的认同感、责任感和自豪感。一校多区往往校区之间距离遥远,成员之间交流沟通有限,甚至由于地域的限制出现文化传承的断层,影响了校区的发展。校园文化的建设作为校区联系的重要纽带,能缓和地域松散带来的矛盾。通过校园文化,能拉近各校区成员之间的距离,增强他们的认同感,并将各校区紧密地联系在一起。

二、多校区格局下校园文化建设面临的困境

多校区格局下,校园文化建设面临着新文化的培育、旧文化的传承、不同文化的冲突带来的,主要表现在以下四个方面:

1. 重视物质文化的建设,轻视精神文化的培育。

为了保障多校区之间的平衡发展,学校在建设初期往往更加重视校园硬件设施的改进,旨在营造良好的校园文化氛围。特别是在新校区的建设中,更加强调硬件的投入,如修建教学楼、宿舍楼、运动场、食堂、实验室等,甚至出现重复建设基础设施造成浪费的现象。而在蕴含大学精神的自然人文景观建设、校园文化氛围营造和学风校风等软件方面重视不够,投入不多,具有老校区传统特色的校训、校风和学风及师生的价值观念、道德准则、情感气质在新校区体现不足。

2. 追求校园文化的创新,摒弃校园文化的传承。

一方面,新校区为了展示自己的特点,在校园文化建设中片面强调创新和特色。开拓新的项目,制定新的制度,打造新的品牌,片面追求效果,急于求成,忽视对原有校园文化中精神内涵的传承。另一方面,各校区之间距离遥远,交通相对不便利,各校区成员之间的交流和互动有限,原有的校园文化的价值理念、管理制度、运作机制和活动平台等难以发挥其应有的育人效应,这种对原有校园文化的断层直接后果就是大学精神的分裂,成员认同度的降低。

3. 突出学生个体作用的发挥,淡化师生主体关系的转换。

校园文化是以师生为主体的,是师生员工共同创造的具有本校特点的精神环境和文化氛围。在一校多区的格局中,学校在各个校区的定位上往往有主次之分。对于主校区来说,师生之间固然能有很好的交流和互动,但是作为新校区或分校区,教师的主体地位得不到体现。由于校区多且分散,多数教师通常是有课就来,下课就走,和学生之间接触和交流的机会少,学生缺乏教师的指导、人格魅力的感染和人文的关怀。

4. 强调学生活动的开展,忽视活动思想的凝练。

在校园文化建设中,往往存在两个误区:一是认为校园文化就是开展活动,二是认为活动开展的越多越有利于学生的成长成才。诚然,活动是校园文化建设的重要载体,校园文化的特点可以从活动中体现出来,但不能否认校园文化的中物质文化、制度文化、精神文化的重要内容。在活动开展中,由于一校多区,活动的数量虽有提高,但活动的特色不鲜明,形式大同小异,活动的主题性、思想性缺乏深刻的思考是很多学校面临的问题。

三、多校区校园文化建设的出路

(一)建设多校区校园文化的原则

1. 整体性与多样化相结合的原则。

校园文化建设是一个系统工程。除了在保证教育目标一致的情况下,整体上做好规划,从校园文化内容的每个层面着手,树立广大师生全员意识、全方位意识和全过程意识以外,还要倡导多样化,多渠道、多形式传播校园文化的精髓,营造良好的校园文化氛围,促进校园文化生机勃勃发展。倡导多样化还要注重保护师生的个性发挥,充分调动师生的积极性和创造性。

2. 继承性与创新性相结合的原则。

在校园文化建设中,一方面,我们应该与时俱进,不断创新校园文化的形式和内容,校园不断注入新鲜的血液,另一方面老校区深厚的历史和富有特色的文化积淀也不容忽视,它是学校发展中宝贵的精神财富,应该一代一代继承下去。但是继承并不是简单的文化移植或模仿,而是在继承的基础上,根据学校的办学定位,结合时代的特点,加以提高和创新,从而实现继承和创新的有机结合。

3. 互动性与融合性相结合的原则。

对于合并的学校而言,在合并前,每所学校都是独立的个体,都有着自己独特的校园文化背景和特质。合并后,学校作为一个整体,其办学理念、组织结构、规章制度、学术风尚等也应有统一的规划和调整。这就要求在校园文化建设中,挖掘合并高校文化背景中的共同点和结合点,从而使之更好地融合,最终形成一种新的校园文化。但是融合并不意味着要放弃求同存异,相反,融合的要旨是"和而不同",在融合中实现不同校园文化、不同社区文化的和平共处、积极互动。

4. 思想性和多彩化相结合的原则。

强调校园文化的思想性就是要紧跟时代发展步伐,弘扬时代发展主旋律,摒弃庸俗、低水平的校园文化,用社会主义大学的人才培养目标引领大学校园文化的发展,引导学生成长成才。校园文化的思想性,体现在文化建设的目标上,培育与高校发展目标一致的文化精神。这是校园文化建设的最高境界,但这不是"空中楼阁",需要通过具体的活动来实现。而活动要力求生动活泼、丰富多彩,并能巧妙地将思想内容融入其中。

(二)建设多校区校园文化的具体思路

1. 以育人为目标,打造特色物质文化。

校园物质文化是学校看得见、摸得着的物化了的文化形态,是大学发展的基础。在一校多区的建设中,要着眼于各校区和谐的物质文化建设,充分发挥环境育人的作用,体现教育的本质——培养人、促进人的全面发展。努力创设一些有特色、符合各校区风格的人文景观和标志性建筑,提升各校区的文化品位和人文气息,使每个师生置身其中得到无形的熏陶和感染。同时,学校也可通过修建校史室,让广大师生深入了解学校的历史,增强对学校的归属感。

2. 以师生为主体,加强制度文化建设。

在校园制度文化建设中,应该将师生尤其是教师这个主体纳入其中,不能狭隘的认为校园文化仅仅是学生和管理部门的事情。学校根据各校区不同的特点,调动一切积极因素,创新各种制度文化,畅通师生之间交流的渠道和平台,力争在制度内容上相互配套,在思想内涵上相互协调,在价值观导向上相互一致。各校区各部门也要明确职责、齐抓共管、密切配合、提高效率。制定的规章制度和决策不仅能约束人,还要体现人道主义和人文关怀。只有这样,才能实现不同校区之间的畅通无阻的交流与合作。

3. 以传承主校区的校园文化为依托,重视精神文化建设。

重视精神文化建设首先应该铸就校园精神,突出先进性。铸就校园精神应该建立在传承主校区或老校区优良的校园文化的基础上,在多校区的校园文化建设中,高校应积极汲取主校区或老校区校园文化精神的精髓,以先进文化为指导,实现学校人文精神、科学精神和创新精神的统一。其次应该培育学校的人文精神,提升学生的人文素养,促进学生全面发展。学校可结合校史、校训、校风,通过开设人文选修课、举办人文讲座、开展人文活动等形式展开。

4. 以活动为载体,创新行为文化建设。

活动是文化的载体,也是继承和创新校园文化的有效途径。高校应立足不同校区的实际,开创出形式新颖、思想深刻、健康向上的校园文化活动。创新行为文化建设不仅要借助社团和校园媒体的力量,倡导雅俗共赏、动静结合的校园文化活动,还要顺应时代潮流,创新校园文化载体。如:针对学生的思想特点,占领网络阵地的制高点,推进校园网络文化建设。利用网络发布各种教育信息,组织开展网上学习,通过校园BBS了解学生的思想动态,及时帮助学生解决学习、生活和思想上的困惑和难题。

参考文献:

[1]张育广. 多校区办学:校园文化的整合与优化[J]. 广东工业大学学报(社会科学版),2003(06).

[2]冉鸿. 一校多区发展视野下大学校园文化解读[J]. 边疆经济与文化,2008(02).

[3]赵玺,苟世祥,陆婧. 论高校多校区校园文化的融合与创新[J]. 重庆大学学报(社会科学版),2006(06).

第四部分

"微时代"大学生事务管理

大学生心理危机现状及干预研究

李鹤展　许美娴

摘　要　大学生心理健康成为大学生成长成才和校园稳定的重要因素。如何预防大学生心理问题和干预心理危机是高等教育不可避免的工作之一。本文详细解释各个概念,分析目前大学生心理危机现状,探讨心理危机干预存在的问题,提出改善危机干预的策略。

关键词　心理危机;心理健康;危机干预;大学生

一、相关概念

（一）心理危机

心理危机干预的鼻祖 G·Caplan 从 1954 年开始对心理危机进行系统的理论研究,并于 1964 年首次发表心理危机干预理论,他对心理危机的定义至今仍广为接受。G·Caplan 提出:当一个人面对困难情境时,而他先前处理问题的方式及其惯常的支持系统,不足以应对眼前的处境,即他必须面对的困难情境超过了他的应对能力时,这个人就会产生暂时的心理困扰,这种暂时性的心理失调状态就是心理危机[1]。

（二）危机干预

危机干预,又称危机介入、危机管理或危机调解。危机干预是短期的帮助过程,是对于处在困境或遭受挫折的人予以关怀和支持,使之恢复其心理平衡。危机干预实质上是短程心理治疗,在一定程度上会改变认知,目的在于缓解症状,解决实际问题,不涉及对人格的矫正或改变。

(三)心理危机的类别

根据危机的性质划分,可分为发展性危机、境遇性危机和存在性危机三种情况,这是心理学家 Brammer 提出的三分法。发展性危机,也可以叫作适应性危机或成熟性危机,个体在成长与发展期间,可能会遇到环境或者自身生理的突然变化从而导致激烈、异常的应激反应。如升学,生活、人际、学习都会发生改变,容易产生适应障碍。境遇性危机,是指出现罕见或突发事件,在个人无法预测无法控制时出现的危机。如天灾、车祸、丧失亲人等。存在性危机,是指随着年龄增加面临一些重要的人生问题而出现的心理内部冲突和焦虑。如填志愿、选择职业、择偶等。

二、当前大学生心理危机现状

目前在总体上我国大学生有20%~30%的学生存在着不同程度的心理健康问题,心理障碍发生率已从20世纪90年代的23.25%上升到近几年的30%,其中存在较严重心理障碍的大学生约占总人数的10%。从数据变化可以清楚知道,心理健康有问题的大学生数量持续在增加,大学生心理问题越发突出,我们要了解这些心理危机发生的始末才能制定出有效、可行的干预方法。高校对大学生的管理是粗放型的,赋予大学生更多独立与自由的空间,大学生处于成长阶段,生理上即使已发育成熟,然而从心理上分析,处于青年中期的他们,虽然个体的自我意识得到迅速发展,自我同一性逐步建立,但是个体的人生观、价值观还不稳固,还不能很客观地认识自我,面对大学的宽松与自由,很多人不知该怎样管理自己,没有独立意识和自主能力,于是感到迷茫、困惑,处于适应不良的状态,产生各种心理问题。有的研究把大学生心理危机具体表现分为:学业危机、经济危机、情感危机、突发性危机、家庭危机、社会环境危机自然灾害危机等几方面[2]。也有研究认为交际困难、学习就业压力大、恋爱情感波动大、人格缺陷成为困扰大学生的四大心理问题。还有的研究以年级来区分大学生的心理危机,更清楚分析各年级大学生心理危机的差异:一年级学生问题最多,主要是适应、学习和人际关系问题大二、三年级主要是学习、恋爱和神经症问题;大四学生相对较少[3]。引起大学生心理危机的因素相当多、范围也十分广,具体有:适应、人际关系、恋爱、学业、经济、家庭、性行为、人格问题、神经症、就业等问题,据笔者分析主要是以学习、人际交往、恋爱为主。

大学生是一个特殊的群体,不完全等同于社会青年,他们心理发育尚不成熟,容易产生理想与现实、自尊与自卑、独立与依赖、交往与封闭等矛盾,他们希望得到心理帮助与指导。调查显示,17.3%的学生渴望进行心理咨询,46.5的学生需要心理咨询,希望得到心理指导。但大部分大学生的心理只是处于亚健康状态,存在严重心理问题的只是小部分[4]。因此学校要积极开展面向全体学生的心理健康教育,通过各种形式的心理健康教育和指导,帮助大学生提高心理素质,帮助他们认识自我,健全人格,增强承受挫折、适应环境的能力,促使他们正确对待生活中的挫折和危机,使亚健康心理状态恢复到健康状态。教育界要高度重视对大学生心理健康教育的研究,寻找行之有效的教育方法和途径,从大学生的实际情况出发,根据其生理和心理的发育特点,开展全面、科学、系统的心理健康教育,指导大学生学会正确处理各种矛盾冲突的技巧、方法,使他们拥有积极健康的人生态度、艰苦奋斗的精神、适应环境和社会生活以及调控情绪和人际交往的能力。

三、大学生的心理危机干预研究

（一）心理危机防御系统

大学生处于价值观、人生观、世界观形成的成长阶段,加强正确引导可以避免很多导致心理危机的因素。个人认为心理危机防御是最重要的,做好规避危机的准备,危机来临也可有效应对。心理危机防御系统由心理档案、心理危机教育、心理委员会组成。

每位新生入学后,以班级为单位到学校电脑室参加心理问卷测验,让学生更好、更多的了解自己,测验应该至少包括人格问卷、临床症状问卷,可选 MMPI、16PF、EPQ、SCL-90、SDS、SAS 等。每位学生的心理测验结果归入学生档案里保管好,若有测验结果不符合常模者应把此类档案单独调出,并找到学生进行谈话,进一步了解学生心理健康情况,密切观察这些结果异常的学生,定期进行访谈和测验,在完全确定学生是心理健康前都不能掉以轻心。

心理危机教育是心理危机防御系统中必不可少的,它的职责是宣传心理健康、心理危机等知识,具体做法是高校要设立心理健康必修课程,定期举办专题心理讲座,开通心理热线,成立心理咨询中心,建设心理网站,鼓励成立心理社团。现在各高校普遍都已开设心理健康课程,但是效果不太明显,个人建议老师采取更为活跃的教学手段,例如看电影学心理,排练案例心理剧,户外团体心理训练等等,纯理论教学已不足以适应学生的需要。

心理危机防御系统最后一项是心理委员会,每个班级选出一名心理委员,密切留意班级成员,记录同学们的生活应激事件,行为和生活习惯的改变。成立年级心理委员会、学院心理委员会、学校心理委员会,各级委员会必须配备心理学专业的老师指导工作,这样一来心理委员会共有四级,各级需定期向上级汇报学生的心理情况,若有危急情况立即处理(详见下一点心理危机干预系统)。心理危机演变分四个阶段,持续时间一般是4-6周[5],在第二、三阶段,求助动机和能力最强,在这个时候给予引导和帮助最为有效,但第一阶段的时候,学生们不倾向于主动求助,这时心理委员会就可以主动出击,以免危机演变到更为严重的地步。成立心理委员会有助于学生认识心理学,认识心理健康和心理危机,有助于学生发现自己有心理问题时主动求助,有助于学生健康成长、成才。

(二)心理危机干预系统

心理委员会、心理咨询中心、社区心理支持系统构成心理危机干预系统。这里的心理委员会跟防御系统中提到的心理委员会是一致的,只是在干预系统中,心理委员会还肩负一部分危机介入的工作,因为心理委员会贴近学生,及时掌握学生情况,这些优势使得心理委员会能在第一时间对处于危机的学生伸以援手。具体工作中,心理委员会一旦发现危机情况须将对象带到安静、人少、舒适的地方进行资料收集,调出当事人的心理档案,了解过往心理状况,比较当下当事人的反应是否在正常范围内,程度如何,初步对当事人做出评估,然后把接下来的工作转介给心理咨询中心的专业人员处理。

为保证危机介入工作的质量,心理咨询中心的成员都必须是心理学相关专业并具备心理咨询师职业资格证,有一定的咨询经验。当心理危机出现后,学生情绪一般不稳定,难以预测行为的变化,不能很好地防止极端事件发生,因此干预要有一定的策略,需要注意以下几点:1. 给予精神支持;2. 提供宣泄机会;3. 给予希望和传递乐观精神;4. 保持兴趣,积极参与其中;5. 有选择的倾听;6. 理解他人情感;7. 探讨未来后果;8. 劝告,直接提出建议;9. 正视当事人[6]。在心理危机的处理过程中,咨询师必然要主动、积极引导来访者,但必须强调来访者的主观能动性,来访者自我的作用要大于外界的干预作用,心理平衡失调之后,归根到底要依靠自我的调节才能摆脱危机,他人的干预只能起辅导作用[7]。危机一般会产生以下四种结局:1. 当事人顺利度过危机,并学会了处理危机的新方法,提高了心理健康水平;2. 当事人度过危机但留下心灵的创伤,影响他以后的社会适应;3. 当事人经不住强大的精神压力而导致自杀;4. 当事人未能度过危机,陷于神经症或精神病,以后当事人经历的任何生活变故都可能诱发心理危机,当事人的心理适应水平明显降低。上述四种结局中只有第一种是理想结局,其他的三种,尤其是后两种是要力图避免的。

最后来解释社区心理支持系统,学生除了在校之外,就是在家了,当家长发现孩子有心理问题时,一般都不知所措,不知道怎么跟孩子沟通,不知道哪里有心理医生,不知道可以采取什么行动,因此要在社区设立心理援助机构,由政府拨款资助运营,居民可以就近到所属社区获得心理服务,机构还要有专门解决心理危机的部门,把社区心理支持系统做到区域化、专业化。有了这个社区心理支持系统,大学生离开学校也有一个情绪宣泄的地方,可以减少危机的发生,即使出现危机,也有专业人员负责监控。

（三）事后监察系统

在妥善处理好心理危机之后,还应当运用事后控制措施,尽可能消除心理危机对当事人和其他学生带来的消极影响,并将危机事件的处理情况详细记录,妥善保存并注意保密,以备必要时调用。最后对此次危机处理过程进行评价,根据各方面反馈,进一步完善危机处理方案,这些工作由心理咨询中心和社区心理支持系统负责,并把所有资料抄送一份到心理委员会。当事人恢复心理平衡后,心理委员会、心理咨询中心和社区心理支持系统还需对当事人观察一段时间,适时进行回访,了解预后效果,确保危机情况不会反复。还可让当事人身边一、两个亲朋好友监察情况,若有突发危机及时联系心理咨询中心。

参考文献：

[1] G·Caplan. *Suppoa Systems and Community Mental Health Lectures on Concept Development* [M]. New York: Behavioral Publications, 1974.

[2] 徐静. 浅析大学生心理危机及干预现状 [J]. 健康教育. 2012(9):253.

[3] 刘明. 大学生心理危机及干预策略 [J]. 天中学刊,2002(4):106.

[4] 石兰蕊. 环境对青少年心理健康的影响及其调适叨. 教育与管理:理论版,2010(3):41l42.

[5] 龙迪. 心理危机的概念、类别、演变和结局 [J]. 青年研究,1998(12).

[6] 蔡哲,赵冬梅. 大学生心理危机的干预与调解 [J]. 河南师范大学学报 (哲学社会科学版),2002(4).

[7] 曾庆娣. 大学生心理危机干预研究综述 [J]. 思想理论教育. 2006(23):52－55.

心理契约：探索高校留级生管理的新思路

谭贞晶

摘　要　心理契约是一种非正式、非书面形式、真实存在的隐性契约关系，具有主观性、内隐性等特点，在组织管理中有重要的意义。在高校留级生管理中引入心理契约，可以与规章制度形成互补，从心理和制度两个层面关注留级生的期望，促进教师与留级生之间的良性互动，着力唤醒高校留级生的责任意识，使留级生的管理具有动态性、弹性和灵活性。

关键词　心理契约；学生管理；留级生

近十年来，我国高等教育快速发展。大规模扩招带来的生源质量差异问题越发凸显，因学业成绩没有达到学校的要求而留级的学生数量呈上升趋势。留级生人数的增多，给高校学生管理提出了更高的要求和更大的挑战。

一、目前留级生管理存在的问题

传统上，高校根据自身实际制定了各种规章制度和管理条例，对高校学生进行规范、约束和引导，这样的管理模式是"书面契约"式的管理模式。但这种管理方式对于留级生这一特殊群体而言，显然是缺乏成效的。

首先，目前高校对留级生没有专项管理制度。大学生从入学到毕业都被一系列制度约束和规范着。这些规章制度对规范学生行为是不可或缺的有力手段。但这些制度对留级生管理有很多的不适用，对留级生的帮扶机制也不完善，制度上存在管理的真空地带。

其次，传统的管理长期忽视留级生的需求。目前高校对留级生的管理往往是单向、缺少反馈的管理，管理主体很少主动去获取学生特别是留级生对管理的期望和需求，以及他们是否满意当前管理等信息，忽视作为主体一方的留级生的实际需要，缺乏一种人性的关怀。然而，当留级生情感上没有得到有力的支持，思想上没有深刻的认识，行动上没有有效的督促时，教育工作就难以摆脱被动与无效的困境。

再者，师生缺乏和谐、对等的互动交流。学生留级之后，思想负担大，压力重重，或是对自己的前途茫然无助，或是意志消沉、自暴自弃。但同时他们又对周围的事情反应非常敏感,渴望得到别人的理解、尊重和关注。因此,留级生的情感具有敏锐性和易感性。但传统的传统对留级生的管理中,过多地强调教育管理者的权威性以及各种行为的规范性,强调一种自上而下的教育管理,而留级生又处于常常被忽略的边缘群体,师生之间缺乏和谐、对等的互动交流,管理效果大打折扣。

因此,仅仅依靠规章制度的制约力管理留级生是存在局限。我们必须以留级生的心理规律为研究起点,从留级生的心理需求、思想状况、问题根源等因素出发,把握留级生的个性特点,在非正式制度的构建方面进行一些有益的探索,进一步引导他们完成学业,成长成才。于是,学校和留级生之间所存在的一种非书面化的隐性契约——心理契约的作用为留级生的管理提供了新的思路。

二、心理契约的内涵

心理契约(Psychological Contract)本来是一个社会心理学概念,组织心理学家Argyris(1960)在20世纪60年首次引入到管理学中,用心理契约这个概念来描述员工和组织之间的关系。Levinson(1962)等人在Argyris的基础上提出了心理契约的定义,认为"心理契约是组织员工之间隐含的、未公开说明的相互期望的总和"[1]。

20世纪70年代,Gerstein Marcsaul把心理契约引入到学校的管理中,进行了有关学生心理契约的研究,他认为个体期望的集合和组织的回应组成了"心理契约"[2]。李林(2011)对高校学生管理中的师生心理契约的概念做了更加详细的界定,他认为师生心理契约是师生间没有明确表达出来,而是通过各种形式的心理暗示,在双方相互感知并认可各自期望的基础上形成的一套关于隐形权利义务关系的协议[3]。

在留级生的管理中引入心理契约,学生可以正确认识教师的心理期望并形成正确认知,从而自觉调整自身的期望。教师可通过各种途径了解留级生的心理期望,对于某些不正确或不现实的心理期望,根据实际情况帮助其及时修正;对于合理的心理期望,客观、公正地加以对待,及时调整自身的辅导行为和原有的心理期望,与学生之间达成默契。

三、心理契约在高校留级生管理中的作用

心理契约从个人的心理层面关注人与组织之间的内在关系,能更深刻地体现着个体的需求和期望[4],在留级生管理中有如下优势:

1. 与规章制度互补,从心理和制度层面关注学生的期望

心理契约与规章制度可以相互补充。规章制度在外在制度层面对各种行为进行了明确的要求和确定,心理契约则充分考虑和维护个体的内在需求和期望。心理契约是一种依靠相互的共同心理形成的心理管理途径,是留级生与教师共同目标的基础上发展起来的,在核心价值方面达成共识,满足了学生与学校之间的合理期待,促使留级生将管理目的与自身发展有机融合。

2. 心理契约可以维护教师与留级生间的良性互动

心理契约强调人与人之间人格、心理上的平等和公平,教师采取一定的激励方法和管理措施来满足和引导留级生的心理需求,与留级生建立一种心理上的合理期待,使留级生自觉遵守学校的规章制度[5]。同时,留级生根据个人的期望与学校期望结合起来,增加个人期望和学校期望的互动。曹威麟(2010)研究了师生心理契约与学生满意度的关系,从高校师生心理契约的角度出发,研究心理契约对大学生满意度的影响,结果发现,心理契约能够促进高校教师更好地履行心理契约,进而能够提升学生的满意度[6]。可见,心理契约有利于促进师生双方心灵和情感的互动,相互信任顺利开展工作,使留级生在认知上认同,在感情上产生共鸣,达到教育的预期效果。

3. 心理契约着力唤醒留级生的责任自觉

心理契约是以学生主体对学生与学校相互关系的一种认知,是学生对学校的学生管理的一种承诺和学生对学校管理的一种需求。教师与留级生对彼此的期望和需求经过充分有效的沟通,在多方面达成共识,从而建立起和谐、互动的心理契约。当教师与留级生彼此关心并重视对方的心理期望,最大限度地推动彼此心理契约得到满足时,心理契约就会产生明显的激励效应,有助于促进了留级生认识过程、意志过程、情感体验过程。而情感的升华,意志的锻炼、行为的矫正、能力的提高,都着力提高留级生自我责任认知水平,促使其主动把社会要求、道德观念、行为规范等组织目标内化,进而外化为自觉行动,变被动他人管理为主动自我教育和自我管理。

对于留级生这一特殊群体的管理,尊重关注比求全责备更为有效,柔性管理比硬性约束更有优势,思想启迪比强制服从更为重要。心理契约在尊重人的心理和行为规律的基础上,采用非强制的方式和手段作用于人的深层内心,体现着以人为本的管理理念。在留级生管理中引入心理契约,教师对留级生的行为约束从单一且单向的行为层面引向心理层面,促使留级生形成一种积极、动态、和谐的心理约束机制,使留级生的管理具有动态性、弹性和灵活性,有效地补充了传统"书面契约式"管理存在的不足。

参考文献:

[1] Anderson N. *The psychological contract in retrospect and prospect*[J]. Journal of organizational behavior,1998,19:637-637.

[2] 曹威麟,陈文江. 心理契约研究述评[J]. 管理学报,2007,4(5):682-694.

[3] 李林. 心理契约理论视角下我国高校学生管理研究[D]. 曲阜:曲阜师范大学,2011.

[4] 韦敏. 学校管理中心理契约的构建[D]. 上海:华东师范大学,2006.

[5] 王刚. 基于心理契约的学生管理工作探析[J]. 教学与管理,2007,8,22-23.

[6] 曹威麟,黄琰,郭江平. 基于师生心理契约的学生满意度研究[J]. 教育探索,2010,5,141-144.

大学生朋辈心理辅导模式探析

周慕丹

摘　要　朋辈心理辅导作为一种新型的心理辅导模式,是遵循人本主义思想,通过积极的人际互动,为学生潜能发挥创造条件的教育辅导模式,有利于全面提升大学生的心理素质。本文对高校朋辈心理辅导模式进行了探索。

关键词　大学生;朋辈心理;辅导模式

随着高校招生制度的改革和招生规模的不断扩大,大学生思想教育管理工作面临着更大的挑战。在日益开放与复杂的社会背景下,大学生面临程度不同的心理压力。学业压力和就业竞争不断加剧,造成高校因心理压力过大的学生不断增多,出现厌学、考试作弊等现象,甚至自杀意外事件已非鲜见案例。这些都对大学生教育管理工作提出更高要求。而学生在讨论个人问题的时候更多的是寻求同辈,朋辈辅导员和他们的当事人可以从这种相互作用中获益。因此,朋辈辅导教育模式承载起构建和谐校园的期望符合高等教育发展之必然,意义重大。

一、高校朋辈心理辅导的内涵

朋辈心理辅导是指由受训或受督导过的非专业人员在周围年龄相当的同学中开展具有心理咨询功能的服务,在学生的日常学习、生活中,自觉开展心理知识普及、心理问题探讨、心理矛盾化解、心理危机干预、心理情感沟通,帮助同学解决日常遇到的实际情况和心理困扰,提高学生的自我管理能力。朋辈心理辅导队伍的建立可以让更多的学生成为高校心理咨询的主体,充分发挥了学生心理教育的主动性。由于朋辈之间有着近似的价值观、生活经历及思维方式,大学生更加倾向于对关系平等、有共同成长经历和相似生活价值理念的朋辈倾吐心声及心理困惑。朋辈辅导是社会生活中普遍存在的一种人类互助现象,它具有自发性、文化性、义务性、亲情和友谊性、普遍性、简便有效性的特点,是不可或缺的情感润滑剂,是高校思想管理工作的催化剂。

二、朋辈辅导在高校思想政治教育的现实意义

(一)完善了高校心理健康教育系统

在一些高校,大学生对于心理咨询中心的了解还是非常表浅,同时心理咨询中心的工作也很难常规地渗透到学生当中。如专业咨询力量的匮乏使得心理健康教育关注、服务的主要对象局限在有障碍性心理问题的学生,而对有发展性心理需求的学生却关注得相对较少。大学生所承受的来自生活、学习、就业、情感和人际关系等方面的压力越来越大,渴望获得心理辅导的愿望越来越强烈。朋辈心理互助作为一种发展性的心理辅导模式,完善了高校心理健康教育系统,是对高校专业心理健康教育工作的补充、延续和创新。

(二)符合当代大学生心理发展的时代特征

当前,市场竞争日益加剧、科学技术发展迅猛、人们心理压力剧增、社会流动加快、风险增多等是大学生心理产生复杂性、多变性和不平衡性的主要原因。此外,由于一些大学生的人生阅历尚浅,缺乏社会生活经验和实践锻炼,身心往往处在一种非平衡状态。如具有强烈的自我意识,但还不成熟;抽象思维发展但较主观、片面;情感丰富但情绪波动较大;意志水平提高但不稳定。面对种种压力和挫折,大学生更加倾向于对关系平等、有共同成长经历和相似生活价值理念的朋辈倾吐心声。朋辈心理辅导员也更容易把自己放在受助者的处境中来体会受助者的喜怒哀乐,从而与受助者产生共鸣。

(三)有助于融洽学校—辅导员—学生的关系,提高学生管理实效性

老师与学生之间的关系总有一道不能逾越的鸿沟。即使老师再放低姿态与学生交朋友,其年龄鸿沟、教育背景差距、生活环境不同、立场观念区别也会影响其看待事物的观点。而朋辈辅导员由于本身就来自学生群体之中,与同学朝夕相处,又属于同一年龄层次,具有天然的工作优势。表现在三个方面:第一,信任优势。朋辈辅导员和当事人首先是同学关系,生活在相同的环境,彼此容易理解,思维方式相似,如此才能深入学生内心,因势利导。同时大学生朋辈辅导员没有权力,没有居高临下的身份,他们与大学生之间的交流是基于平等身份的交流。第二,情感优势。由于朋辈辅导员特殊的身份和工作环境,以及共同的利益及长期的朝夕相处,使其可以与大学生结成最真挚的友谊,促使当事人更愿意向与他们朝夕相处的朋辈辅导员们敞开心扉,平等必然会使双方都有发言权,使朋辈辅导员更容易以情动人。第三,时空优势。朋辈辅导员是和大学生生活在一起,使他们能敏锐地观察到学生的思想动态,将问题解决在萌芽状态,同时也有利于朋辈

辅导员发挥其先锋榜样的影响作用。

（四）使思想政治教育跟上了时代的步伐

社会不断发展变化，青年学生思想特点也不断发展变化，朋辈辅导员和其他同学处在同一年龄阶段，对新生事物接受快，容易跟上时代发展潮流的步伐，在和其他同学的互动中，他们的思想观念、方法行为更贴近学生生活、贴近学生思想实际，比如，他们对 QQ、MSN、微信、微博的娴熟运用，能够紧跟时代潮流，随着学生思想发展变化的轨迹开展工作，克服了以往思想政治教育方法僵化、单一的缺点，以丰富多彩的、喜闻乐见的方式方法，使思想政治教育工作走在最前沿。

三、实施朋辈辅导模式的探索

（一）构建朋辈辅导员队伍的工作思路

朋辈辅导员队伍对学生工作方面能发挥很大的辅助作用。大学生朋辈辅导员是学生工作者的助手，在高校学生工作队伍人才匮乏的现状下大学生朋辈辅导员可以有效地充实学生工作队伍，拓展学生工作的范围，进一步沟通师生关系，建立一支"学校—学院—年级—班级"四级的朋辈辅导模式，促进学生工作整体质量的进一步提高。

（二）朋辈辅导员队伍的组建

首先是选拔朋辈辅导员队伍，其选拔推荐条件是：一是要具有服务同学的奉献精神，要对朋辈辅导员职务有认同，同时还愿意牺牲自己的空余时间来做学生工作。二是要有为学生服务的责任心，能够持续性地开展工作，持之以恒，这样才便于进行班级建设。三是要有服务同学的能力，有一定的学生工作经验，有一定的组织管理能力。四是学习成绩优秀，有良好的学习、生活习惯，有良好的思想品德，在日常行为中能以身作则，起到榜样示范作用。五是要具有良好的人格特质，拥有较强的观察力和理解力，能够给人以温暖，待人热情、主动工作。经过自愿报名、学院推荐和学校考核等环节，选拔出学生骨干若干人，组建成大学生朋辈辅导员队伍。再次，朋辈心理辅导员应具有良好的心理素质、心理自助能力和一定程度的承受能力。可见，朋辈心理辅导员只有心理素质优于别人，才能做到帮助别人。

（三）朋辈辅导员的培养和管理

培训的内容包心理咨询方面的基本知识、大学生常见的心理问题应对、咨询示范、咨询实践、团体辅导的理论与实践、境性实践等。同时，朋辈心理互助员在上岗前必须进行见习和实习，在专业老师的指导下开展模拟咨询，使他们感受、体会朋辈心理互助的具体方法,提高心理咨询的技巧,培养处理实际问题和突发事件的能力。

加强对朋辈心理辅导员的管理,包括督导与评估。高校的专业心理老师应定期对朋辈心理辅导员的工作进行督导检查,对其工作中存在的问题进行及时的纠正。同时,专业老师要对朋辈心理辅导员的工作进行评估,如设立考评细则、奖惩制度等,并定期组织例会进行交流讨论。

四、结语

朋辈辅导由于具有实施方便、推广性强、见效快等优点,从广阔的层面而言,能在相互平等、尊重的条件下更好发挥学生"他助—互助—自助"功能。大学生处在人生发展的关键时期,朋辈辅导的推行,不仅有利于学生个人的成长和发展,更有利于高校的和谐发展。

参考文献:

[1]姚斌,刘茹.高校朋辈心理咨询实践中的问题与对策[J].教育探索,2008,(9):126-127.

[2]王英国.黄磊.大学生朋辈辅导及其实施[J].高校辅导员学刊,2010,(3).

[3]潭亮.大学新生配备朋辈辅导员研究[D].福州:福建师范大学硕士论文,2009.

[4]张磊,刘敏.大学生思想政治教育中的朋辈辅导[J].学理论,2009,(26):230.

浅析大学生网络成瘾的防治对策

黄康土

摘 要 随着互联网的普及,大学生的网络成瘾问题已成为高校学生工作必须面临的一道难题。本文从高校的实际情况出发就大学生网络成瘾的危害、原因及其防治对策三方面进行探讨。

关键词 大学生;网络成瘾;防治对策

目前,互联网正以迅猛的速度普及并渗透到高校大学生生活的每一个角落。据中国互联网络信息中心(CNNIC)在京发布的《第25次中国互联网络发展状况统计报告》显示:截至2009年12月,我国网民规模已达3.84亿,其中大专及其以上学历占24.3%。然而,互联网也是一把"双刃剑",它在给广大大学生的日常生活、文化学习、娱乐带来极大方便及满足的同时,也带来了严重的负面影响。特别是大学生网络成瘾问题是我们高校教育工作者必须正视的一道难题。

一、大学生网络成瘾的危害

首先大学生网络成瘾严重影响身体健康,造成眼视力的急剧下降,易患颈椎、腰椎疾病、消化道不适症状等疾病。其次,大学生网络成瘾严重影响了学业。网络成瘾的大学生由于花费大量的时间在网络上,没有足够的精力投入学习中去,荒废了学业。再次,大学生网络成瘾还严重影响了大学生人际交往。由于长期沉迷网络,他们失去了对周围环境的认识及积极参与集体活动的意识,逐渐丧失了现实的交往技能。

二、大学生网络成瘾的原因分析

(一)网络自身的吸引性

一是网络的大信息量是大学生获取信息的重要途径。二是网络的虚拟性、匿名性、平等性迎合了大学生渴望理解、自由、被重视、平等的心理,对于处于青春期具有极大好奇心的大学生构成了难以抗拒的吸引力。三是网络游戏的虚拟性满足功能是大学生网络成瘾的重要原因。在网络游戏虚拟的世界里,他们可以在网络游戏里找到志同道合的朋友,可以扮演游戏中的虚拟角色,享受游戏级别提升及角色力量给身心带来的愉悦感，体验现实中不能获得的成功感。

(二)家庭教育方法不正确

在我国传统的家庭教育中，父母没有把孩子当作平等的个体看待的传统，缺乏与孩子进行沟通。孩子在成长过程中遇到的各种问题和困惑，只能求助于网络去寻求支持和解决。有部分家长根本不了解网络，也不会使用网络，这使他们认为网络都是好的事物，放任孩子上网，缺乏了约束和监管。有些家长了解网络，但是缺乏培养孩子对网络正确的认识及自律能力，忽略了网络素质及网络道德教育，这使得孩子不能正确地使用网络。

(三)高校的日常管理不到位

高校的管理环境相对于中学来说较为宽松，更多依靠学生自我管理、自我教育、自我适应。这对于提高大学生的独立性有好处，但也带来了一系列的问题。表现为：一是任课老师、辅导员对学生的日常管理更多时候是通过间接性的管理来实现的，这就难免存在管理不到位的情况，以致许多通宵达旦上网而迟到、缺席的同学无所顾虑。二是学校缺乏对校园网络的监管。目前高校基本都开设了校园网，但是对校园网的管理难以做到全天候的监管，对大学生的上网行为约束不足。

(四)高校校园主流文化对学生的吸引力缺乏

当前，高校的连年扩招导致学生规模持续增长，而学校的管理制度相对落后。校园文化的质量、数量都跟不上扩招后的学生规模。在活动形式、内容上也跟不上时代发展的主流，学生对学校组织举办的活动兴趣不大。学生的学习、实践需求得不到充分满足，创造能力得不到发挥，这使学生始终融不入学校的主流文化。而网络文化的多样性、新颖性、多层次性能满足学生的需要，学生从而把精力转向网络。另外，有不少无特长、成绩平庸、性格内向的同学，他们认为校园里的活动是给成绩优异的同学或学生干部准备的，自己并不希望作为他们的陪衬品。而网络的匿名性、自由性、平等性满足这部分边缘群体的需求，他们把精力跟热情都倾注在网络上。

(五)学生的自身因素

一是当代大学生中，由于高中的教育跟大学的教育存在很大的差别。学生离开父母进入大学后，面对新的环境，自我约束能力较差，无法合理安排自己的行为和时间。另外，抗挫折能力也差，学习、生活的不如意容易沉迷网络。二是大学生个体特质的影响。根据相关调查显示：大学生沉迷网络与他们的个人性格特点有关，如性格内向、抑郁、敏感多疑，自我管理与约束能力差等，这些性格特点的学生容易沉迷网络。

三、大学生网络成瘾的防治对策

（一）提倡正确的家庭教育

一是家长应该以平等、尊重的姿态去关心、重视学生。学生在成长过程中遇到的困惑与挫折，家长要经常真诚地与孩子交流，及时给予指导和帮助，使孩子身心健康成长。家长应该引导学生培养独立意识，提高动手能力、抗挫折能力为将来进入大学做好准备。二是家长应该在学生的中学阶段引导学生正确使用网络。家长应该主动掌握网络的使用，学习网络知识，从而能正确指导学生的上网，发挥监管的作用。这样，学生离开父母进入大学后，也能自觉把网络当作一种工具而不是成为网络的奴隶。

（二）重视网络素养教育、网络道德与行为规范教育，加强校园网的建设、监督管理

一是高校应该重视学生的网络素养教育、网络知识和网络技能教育，引导学生树立正确的网络观。高校应通过多种方式提高学生对网络信息的识别，能有效地鉴别虚假、有害信息，自觉远离黄、赌、毒信息及网络游戏。二是要加强校园网的建设、监督管理。对此高校应该主动搞好学校的红色网站建设，要采用先进的技术对校园网的内容进行进行检查、筛选和有效的监督，对黄赌毒信息进行去除和屏蔽，从源头上净化网络，减少其对大学生的毒害。

（三）完善高校的日常管理工作

一是建立学生严格的考勤管理制度。要实行上课点名制，对迟到缺席的学生要了解其原因，及时反馈信息到辅导员处。高校辅导员要定期下课堂听课，了解学生的到课情况，要发挥学生纪律检查组织的作用，定期不定期进行考勤检查。学校要及时对旷课学生进行跟踪了解并做出相应的处理。辅导员定期下宿舍检查学生的宿舍情况。笔者发现：往往一个宿舍里有个别学生出现网络成瘾而没有及时发现及采取措施，就会出现整个宿舍或者整个班级的学生都会受其影响。

二是高校应该实行学生宿舍严格的管理制度。对电脑进宿舍实行辅导员审批制度，要实行规范的作息制度，晚上十二点要切断电源及网络信号供应，迫使学生正常作息，避免学生通宵上网。对于网络成瘾者，同宿舍学生要经常提醒、劝阻，引导网络成瘾学生远离电脑，或者在同学的监督下上网，并定期反馈信息到辅导员处。辅导员及时了解情况，并与家长进行良好的沟通，把防治工作做细做好。

（四）做好新生入学适应性教育，重视大学生职业生涯规划教育，引导学生进行自我管理、自我教育新生入学后，要做好适应性教育工作，使新生能在新的环境下迅速地转换角色融入高校的学习生活来。辅导员要引导学习在高校学会学习、学会工作、学会生活，避免由于对新环境的不适应而转向网络，沉迷网络聊天、网络游戏中。高校要开展大学生职业生涯规划讲座或课程，引导学生做好职业规划，树立目标，有计划、有阶段地安排自己的时间去为了实现目标而奋斗。高校辅导员要培养学生学会自我管理、自我教育，自觉安排好自己的学习、工作、生活，能有目的、有限制地使用网络，自觉把网络当成服务自己学习的工具。

（五）开展丰富多彩的校园文化体育活动、实践活动，做好网络成瘾大学生的兴趣转移工作

开展高层次、高品位的文体活动；增强活动与比赛的大众性与普及性，最大限度地调动广大大学生参与的积极性、自觉性；营造积极向上、健康高雅的校园文化氛围；培养大学生健全的人格和高尚的情操，引导网络成瘾倾向的大学生转变对网络的兴趣和注意力，是高校的任务与责任所在。具体来说，可以开展以下类型的文体实践活动：第一，定期开展各种高品位，富有时代特性的文化体育活动。如：校园歌手比赛，演讲辩论赛，各类球赛等等。引导和鼓励广大学生参与其中。第二，定期邀请各类学术界名人开展各种高层次、贴近学生的科技文化讲座，开阔学生的视野，培养他们的兴趣，启发他们的创造力，培养他们的动手能力。第三，学校团委要完善和创建各类社团组织，使广大学生、网络成瘾者的兴趣在社团里有展现自我的舞台。第四，学校团委要组织领导各级团组织开展社会实践和青年志愿服务活动，让广大学生参与社会活动，培养社会责任感。

（六）做好新生普查工作，开展心理健康咨询与疏导既然我们知道网络成瘾与人的性格特质有关，我们可在新生入学时通过调查问卷的方式合理设计问卷选项，在全体新生进行普查。辅导员要特别注意具有相关人格特质的大学生，做好特殊档案记录，并且要定期更新内容，做好防治工作。辅导员、学生干部、宿舍同学和学生家长要配合主动干预，形成家庭、学校、老师、学生本人的立体防治体制，加强对网络成瘾学生的教育引导。辅导员应引导学生参与集体活动，要针对学生的上课、作息情况与学生进行谈话，鼓励帮助其树立正确的目标，增强其主动意识。学校的心理咨询中心应加强对网络成瘾大学生进行心理辅导和提供帮助。对严重的网络成瘾者，要注意对其实行循序渐进的心理辅导、脱敏治疗，努力帮助其分析情况，找出问题所在，帮助学生走出困境。

参考文献：

[1]CNNIC.第 25 次中国互联网络发展状况统计报告(2010 年 1 月).

[2]张琼.浅析大学生网络成瘾现象[J].和田师范专科学校学报(汉文综合版),2008(5):53.

[3]谷早杰.刘瑞明.大学生网络成瘾的原因分析及对策研究[J].新西部,2009(12):228.

[4]李军.大学生"网络成瘾"问题的对策研究[J].盐城工学院学报(社会科学版),2008(4):61.

[5]汪路金.堵、疏结合,拒绝"网瘾"——论高校防治大学生"网瘾"的对策[J].黄山学院学报,2008(2):131.

医学生职业决策自我效能感现状研究及对策分析

黄晓丽　廖少玲

摘　要　随着扩招,医学生的就业压力越来越大,直接影响到医学生的职业决策效能感。本研究通过随机抽取某医学院校985名医学生进行职业决策自我效能感问卷调查,分别就不同性别、生源地、专业、家庭收入的医学生在自我评价、职业信息、目标筛选、职业规划、问题解决等方面的情况进行了分析,了解医学生职业决策自我效能感的现状,有针对性地提出相应的对策和建议,为提高就业率提供依据。

关键词　医学生;职业决策自我效能感;对策

随着市场经济的深入和我国医学高等教育的快速发展,医学生人数迅速增加,医学生的就业压力剧增。面对严峻的就业形势和自身的需求,不少医学生会出现职业决策困难,导致就业难或有业不就。要解决大学生就业问题,不仅需要相应的政策和措施,也需要提高大学生个体的职业决策能力。因为职业决策自我效能感是职业决策能力的重要影响因素。在职业决策中,个人的自我效能在很大程度上影响着个体决策的选择、决策过程中所付出的努力,而且对个体的成就也有很高的预测性。

职业决策自我效能感,是指决策者在进行职业决策过程中对自己完成各项任务所必需的能力的自我评估或信心。大学生职业决策自我效能感直接影响到他们的就业问题,因此,大学生职业决策自我效能感如何,怎样提高职业决策能力等问题显得日渐重要,也越来越受到各高等院校、专家学者和大学生的关注。本文通过了解目前医学生职业决策自我效能感现状,给予医学生的职业价自我效能感合理的调适,指导他们做出合理的职业决策,从而提高就业率。

一、研究方法

（一）对象

从某医学院校随机抽取医学本科生985名。其中男生457名,女生528名;大一年级310人,大二年级232人,大三年级314人,大四年级129人;临床专业611人,护理专业160人,检验97人,预防、法医专业117人;农村学生529人,小城镇学生309人,大中城市学生147人。

(二)方法

1. 调查方法

职业决策自我效能感量表,根据李小寒(2009)[1]编制的《护理本科生职业决策自我效能感量表》,共26个项目,问卷采用Likert5级评分,由"完全没信心""比较没信心""不确定""比较有信心""完全有信心"分别赋予1~5分,该量表属于自评量表,分为5个维度,分别是自我评价、职业信息、目标筛选、职业规划以及问题解决。该内容效度指数为0.922,各维度的内容效度指数分别为0.771、0.694、0.662、0.775、0.677。

2. 统计学方法

现场发放问卷1000份,回收问卷1000份,有效问卷985份,问卷的有效率为98.5% 所得数据使用spss15.0进行统计分析

二、结果

(一)总体描述

医学生在职业决策自我效能感问卷各维度得分自我评价维度得分3.65 ± 0.56,职业信息维度得分3.49 ± 0.58,目标筛选维度得分3.37 ± 0.65,职业规划维度得分3.64 ± 0.58,问题解决维度得分3.49 ± 0.58,

表1 不同性别医学生职业决策自我效能感比较

性别	N	自我评价 $\bar{X} \pm S$	职业信息 $\bar{X} \pm S$	目标筛选 $\bar{X} \pm S$	职业规划 $\bar{X} \pm S$	问题解决 $\bar{X} \pm S$
男	457	22.04 ± 3.56	17.58 ± 3.05	$13.89 \pm 2.66^*$	$22.17 \pm 3.44^*$	17.66 ± 2.96
女	528	21.75 ± 3.22	17.35 ± 2.79	$13.10 \pm 2.48^*$	$21.59 \pm 3.53^*$	17.30 ± 2.80

注:组间比较 $^*P<0.05$ $^{**}P<0.01$

表2 不同年级医学生职业决策自我效能感比较

年级	N	自我评价 $\bar{X} \pm S$	职业信息 $\bar{X} \pm S$	目标筛选 $\bar{X} \pm S$	职业规划 $\bar{X} \pm S$	问题解决 $\bar{X} \pm S$
大一	310	22.00 ± 3.35	17.72 ± 2.84	13.52 ± 2.51	22.00 ± 3.53	17.68 ± 2.83
大二	232	21.74 ± 3.22	17.47 ± 2.62	13.47 ± 2.41	21.62 ± 3.39	17.34 ± 2.66
大三	314	21.92 ± 3.35	17.14 ± 2.97	13.25 ± 2.68	21.87 ± 3.38	17.46 ± 2.82
大四	129	21.74 ± 3.83	17.57 ± 3.36	13.84 ± 2.84	21.95 ± 3.90	17.21 ± 3.49

注:组间比较 $^*P<0.05$ $^{**}P<0.01$

表3 不同专业医学生职业决策自我效能感比较

医学生背景	N	自我评价 $\bar{X} \pm S$	职业信息 $\bar{X} \pm S$	目标筛选 $\bar{X} \pm S$	职业规划 $\bar{X} \pm S$	问题解决 $\bar{X} \pm S$
临床	611	22.04 ± 3.37*	17.50 ± 2.90*	13.53 ± 2.62	22.00 ± 3.41*	17.44 ± 2.82
护理	160	21.98 ± 3.13*	17.84 ± 2.86*	13.44 ± 2.54	22.01 ± 3.43*	17.79 ± 2.87
检验	97	21.64 ± 3.62*	17.44 ± 3.16*	13.55 ± 2.70	21.95 ± 3.73*	17.45 ± 3.17
预防、法医	117	21.10 ± 3.50*	16.73 ± 2.78*	13.10 ± 2.41	20.88 ± 3.72*	17.20 ± 3.01

注:组间比较 *P<0.05 **P<0.01

表4 不同家庭背景的医学生职业决策自我效能感比较

医学生背景	N	自我评价 $\bar{X} \pm S$	职业信息 $\bar{X} \pm S$	目标筛选 $\bar{X} \pm S$	职业规划 $\bar{X} \pm S$	问题解决 $\bar{X} \pm S$
独生子女	124	22.12 ± 3.22	17.65 ± 2.98	13.69 ± 2.42	21.94 ± 3.82	17.52 ± 2.82
非独生子女	861	21.85 ± 3.40	17.43 ± 2.90	13.43 ± 2.61	21.85 ± 3.45	17.46 ± 2.89
农村	529	21.60 ± 3.46*	17.24 ± 2.95	13.29 ± 2.61	21.68 ± 3.55	17.29 ± 2.90
小城镇	309	22.15 ± 3.18*	17.60 ± 2.78	13.59 ± 2.57	22.17 ± 3.34	17.67 ± 2.75
大中城市	147	22.33 ± 3.45*	17.93 ± 3.00	13.82 ± 2.55	21.88 ± 3.62	17.69 ± 3.08
家庭月收入较差	528	21.74 ± 3.51	17.27 ± 2.94*	13.30 ± 2.67*	21.73 ± 3.52	17.38 ± 2.92
家庭月收入一般	335	21.89 ± 3.22	17.52 ± 2.89*	13.51 ± 2.50*	21.84 ± 3.37	17.40 ± 2.83
家庭月收入较好	122	21.43 ± 3.19	18.10 ± 2.80*	14.07 ± 2.39*	22.51 ± 3.69	18.05 ± 2.80

注:组间比较 *P<0.05 **P<0.01

(三)现状分析:

1. 医学生职业决策自我效能感的总体现状。

根据问卷调查结果显示,医学生的职业决策自我效能感处于不确定和比较有信心之间较多,说明医学生职业决策自我效能感整体水平处于中等,不太理想。这可能和医学专业学习时间长,课程多,要求高,和社会对医学学历要求高有关。在职业决策自我效能感的5个维度中,医学生的自我评价相对较高,有一定的自我规划,但在职业信息和问题解决方面有所欠缺。这与医学专业有关,选择医学专业的学生大多对自身的职业发展有一定的认识,对自身的社会价值有一定的认识,但单纯的校园生活让他们缺乏对社会的全面认识和应对能力,过于依赖父母或家人,在就业方面没有很多的认识。

2. 不同背景的医学生职业决策自我效能感的差异性。

(1)男生在目标筛选和职业规划方面比女生有信心,这和社会文化观念有关;在就业方面,社会对性别存在一定的倾向性,往往对男性具有更高的期望值,因此男生普遍获得更多的机会,这让男生对职业的成功动机更强,对职业目标和规划更有信心,更积极去面对。

(2)医学生的职业解决自我效能感在年级之间没有明显的差别。医学生的专业稳定性比较好,这和医学生的就业前景和方向明确有关。医学生对专业认同感和自我认识和职业规划也具有一定的稳定性。

(3)不同专业的学生职业解决自我效能感之间存在差异,如临床医学、护理学在自我评价、职业信息、职业规划方面比较有信心,而法医学和预防医学专业比较弱一些,这和他们的就业率有关。在目前的社会中,对于临床医学、护理学这些传统医学专业有着理性的认识,对法医学和预防医学专业的需求和认识普遍不够,因而传统医学专业就业率要比新开设的医学相关专业就业率要高些,这和社会的发展和分工有关。

(4)不同背景的医学生的职业解决自我效能感有差异。其中研究来自不同地区的的医学生在自我评价方面有显著差异,来自大中城市的医学生自我评价更有信心,因为来自大城市的医学生比来自农村和小城镇的医学生更有自豪感,对自身的认可度比较高。这和林志红(2007)研究一致[2]。另外,家庭平均月收入水平越高,医学生在职业信息、目标筛选方面显得更有优势。本研究结果显示,家庭经济环境对医学生就业帮助有一定影响,家庭支持大的医学生,对自身进入社会的目标一般都比较清晰。这和邱志海研究一致[3]。医学生中是否独生子女职业解决自我效能感无显著差异,这可能和医学生的专业要求有关,面对就业的压力是一致的。但独生子女的职业解决自我效能感得分稍高,这可能和家庭教育和就家庭环境有关。

三、对策分析

由结果可知,要提高医学生的就业率,就要提高他们的职业决策自我效能感。因为职业决策自我效能感作为一种主体因素,渗透于人类各项活动之中,成为发挥人的潜力、改变人的行为的一个契机。而职业决策自我效能作为一种主体性认知因素,可以通过职业指导和训练得以改善和提高。

1. 全面加强职业规划教育

高校应该完善和加强医学生的职业规划教育,通过开展就业指导课、职业生涯规划指导、团体辅导、个体辅导等形式全面加强职业规划教育。通过开展就业指导课帮助学生了解就业市场,确立对职业规划的认识,帮助他们分析相关专业和适合的职业,让学生了解这些职业的特点和发展前景,对来有一个明确的规划。通过开展职业生涯规划指导,从低年级做起,让医学生进行自我评估,做到自我认知、自我完善、自我提高。学生可以从中了解自己的兴趣、爱好、特长、性格等特征,结合所学专业,对自己的综合素质进行全面、客观和公正的评价,明确自己适合发展的职业方向。同时,要建立大学生职业生涯规划长效及追踪机制,构建具有本校特色的大学生职业生涯规划指导体系,有针对性指导医学生就业。根据目前就业形势的变化和大学生的择业特点,通过授课、讲座、座谈会,或团体辅导、个别辅导等形式,帮助学生正确认识职业状况就业形势,提高学生职业选择的能力;结合社会现实,不断修正及完善职业目标;帮助学生进行角色转换,让学生提高应对挫折的能力以及社会适应能力[4]。

2. 加强女生职业决策自我效能感

严峻的就业现实对女生的职业决策自我效能感产生影响,就业竞争日趋激烈,用人单位对女生的要求更加苛刻。一些用人单位认为女生工作后在婚育年龄、婚育过程中会占用大量时间,从而对男女性别的期待不同。相对男生而言,女生或多或少存在优柔寡断、依赖性强,面对就业压力和问题时不够冷静、理性,这对职业决策自我效能感产生影响。但是,女性能撑起半边天,这个社会因有女性的存在而更加和谐。因此,呼吁社会给予女生更多的关注,高校要运用多种形式对他们进行教育和引导,努力提升她们的职业自我效能感。建议为提高女生职业决策自我效能感建立有效的干预模式。可以通过4种信息来源,即:亲历性经验、替代性经验、社会说服和生理心理状态,让学生体验"三感":重要感,即让学生认识、体会到自己的重要性和价值感,认识到自己是独一无二的,是不可代替的;力量感,即让学生认识体会到自己有独立解决问题、克服困难的能力,能够胜任教师交给的任务;成就感,即让学生体会到成功的喜悦,产生成功的体验,从而提高女生解决问题、制订规划的能力,增强她们职业决策自我效能感,有效缓解其就业危机感,提高其应对危机的信心和能力[5]。

3. 关注贫困生职业决策自我效能感

调查结果显示,来自农村的贫困生其职业决策自我效能感要普遍低于来自城镇的学生,说明地域优势造成了心理优势,这一事实的背后有许多社会因素。由于家庭教育关于自我认识、自我发现教育的缺失,容易成为贫困生的心理短板。另外在职业生涯规划方面,从很多研究结果来看,贫困生显然由于过于关注经济压力而忽视了对职业的探索和自我探索,忽视了自身的心灵成长。高校教育者必须关注贫困生主观上对于职业成长的忽略,加大经济资助力度的同时,加强自我认识教育[6]。因此高校在对贫困生进行职业生涯规划教育的时候,要关注贫困生的心理短板,帮助他们树立信心,克服自卑,从而促进贫困生更好、更全面的发展,改变学生由于贫困而导致的不健康心理。一方面学校需要在关注贫困生的生存压力,如通过以助学贷款为核心,加上国家奖助学金、学校奖学金、勤工助学、临时困难补助、学费减免、新生入学绿色通道、社会各类奖助学金等的多元化资助体系,帮助他们解决实际生活困难。同时,要注重对他们的心理帮扶,关心他们的心理健康,给予贫困生就业信心。

4. 重视新办专业的就业

近些年,随着高等教育的快速发展,高校扩招,医学院校也多转向多学科、综合化方向发展。除了传统专业外,还开设很多相关专业。但有些专业和社会发展有一定差距,社会需求并不强烈,或者是专业定位不明确,课程设置不合理等,容易导致这些专业的就业压力更大,学生的就业决策困难更明显,就业信心整体不高。因此,医学院校应该重视新办专业学生的就业问题,坚持"质量是高等学校的生命线"的质量意识,根据学科发展、社会需求和学校办学定位,科学制定人才培养目标,完善人才培养方案,突出专业特色,科学设置专业方向;强化基础,优化课程体系,完善第二课堂计划,建立创新人才培养机制。以培养高素质应用型人才为目标,着力提高医学生的学习能力、实践能力和创新能力。着眼于学生的就业问题,注重学生动手能力的培养,提高就业率,以确保新办专业建设走向优质高效的可持续发展道路。同时,通过加强新办专业的就业指导,根据社会需求适当控制招生规模,并对新办专业进行评估,凡是专业建设不力、社会评价不高、本科教学工作存在严重问题、或就业率非常低的新办专业,要考虑减少或停止招生,进行专业调整,优化专业结构。同时,加大对新办专业的宣传力度,积极开拓就业渠道,提高新办专业的就业率。

参考文献:

[1]李小寒. 护理本科生职业决策自我效能的调查与分析[D]. 中国医科大学硕士学位论文. 2009.

[2]林志红,朱锋.大学生职业决策自我效能感的特点与对策研究[J].辽宁教育研究,2007,(2):103-106.

[3]邱志海,张洪波,潘莉莉等.某医科大学学生职业决策自我效能与心理社会因素关系[J].中国学校卫生,2011,32(5):565-567.

[4]戴湘竹.通过职业生涯规划理念下的就业指导提高大学生心理应变能力[J].今日科苑,2009,(6).

[5]张侠.高职女生职业决策自我效能感研究[J];徐州建筑职业技术学院,2011,11(4)69-71,84.

[6]赵春鱼,蔡玲丽,宋茜.高校贫困生职业决策自我效能现状及教育对策[J].高校辅导员学刊,20113(1):49-53.

高校领导干部联系班级制度的育人模式探索*

王辉群　谭秋浩

摘　要　近些年来,全国不少高校尝试推行领导干部联系班级制度。笔者结合所在学校2011年以来开展的领导干部联系班级制度,从直接性、渠道多样化、实效性、可行性以及难点和改进方向等多个层面对本校领导干部联系班活动进行了调查,并在此问卷调查的基础上,对领导干部联系班级制度的育人模式作一个初步探索。认为高校领导干部通过联系班级制度联系学生直接可行、效果明显、持续稳定,提出可以考虑从加强联系制度的直接性、实效性和持久性等方面来进一步着力推进。

关键词　领导干部;联系班级;育人模式

近些年来,领导干部联系班级制度在全国各高校陆续开展。经了解,较早的如广州大学2008年下半年推行校领导干部联系学生班级制度与专任教师值班制度。199名副处级以上领导干部与一、二年级的199个班级学生班级建立了定点联系联系,每两年一换(《光明日报》2008年11月9日)。全国不少相关高校将领导干部联系班级制度作为高校全员育人的一项重要创新。广东医学院从2011年下半年以来陆续开展了领导干部联系班级制度,取得了一定成效。为更好地了解活动开展的情况,笔者于2014年底专门针对联系班学生以及学校和各二级学院领导老师设计了问卷,着重从直接性、渠道多样化、实效性、可行性以及难点和改进方向等多个层面对我校领导干部联系班活动进行了调查。本次共发放问卷1600份,其中回收有效问卷1538份,包括学生1320份,教师(含领导干部)

---

* 本文系广东省高校党建研究会立项课题"高校领导干部直接联系群众制度的建设研究——以领导干部联系班级制度为视角(2013BKZZB15)"的成果之一。

218份。

本文拟在此问卷调查的基础上,对领导干部联系班级制度的育人模式作一个初步探索。

一、高校领导干部通过联系班级制度联系学生直接可行

高校的教学工作是是学校的一个重心工作,具体包括教和学两个方面,不可避免的涉及到教师和学生两个主体对象。高校领导干部有对教和学这两大块的基本情况有直接了解的必要性。出于工作的了解,政策的落实和最基层群众意见的反馈等层面考虑,高校领导干部也有了解基层群众的需求。领导干部在繁忙的日常行政事务之外,如何才能最直接接触到学生,倾听到学生呢?在问卷调查中,学生认为领导干部与学生的联系方式中最有效的方式是活动,有426人,占32.3%,其他选项分别是座谈会占17.3%、走访占24.4%、电话短信占11.6%,其他占14.4%。开展活动被学生认为是最有效、最直接的沟通途径,而走访宿舍被老师认为是最有效、最直接的沟通途径。在所进行的问卷调查中,认为走访宿舍最为有效直接的教师最多,占到了被调查教师人数的30.3%。这表明学生更倾向于通过活动娱乐来沟通,而教师更倾向于通过日常关怀来联系。在近几年的联系活动实践中,也确实如此。沟通的途径应该考虑双方的感受,适当的结合才是最有效、最直接的沟通途径。

由于领导干部联系班级需要零碎时间,以便保证不影响领导干部的正常工作,所以也容易受到领导干部的支持。而学生对师长和政策等方面的认知途径也有好奇,想多了解师长,通过学校领导干部了解社会大学。联系班级活动的实践证明高校领导干部通过联系班级制度等形式来联系师生群众具有切实的直接可行性。

二、高校领导干部通过联系班级制度联系学生效果明显

不少领导干部和老师对学生喜欢看什么、玩什么,都不太清楚,很多东西沟通不在同一个频道。而通过非定期、非高频度师生联系活动,直接接触了解学生兴趣爱好,能较好切合学生的时间和热点,和学生有效对接,充分发挥隐性德育的作用,在活动中、在交流中影响学生,引导学生,使得学生受教受益。因此领导干部联系班级制度较好解决了高校领导干部联系群众的形式与内容方面的问题,具有明显的实际效果。

相对灵活的活动联系时间,相对确定的联系对象,多种形式的活动内容,让领导干部和学生群众能有效结合在一起开展互动,从而更好引导教育服务好青年学生。问卷调查显示,在娱乐类、运动类、班会类、聚餐类和其他等各类活动中,娱乐类活动被学生认为是最能有效拉近距离的方式,有511人,占到了被调查学生数的38.7%。而运动类占16%,班会类占11.8%,聚餐类占29%,其他占4.5%。针对教师的调查结果则显示,认为运动类活动最能拉近距离的教师人数最多,占29.8%;而娱乐类占28.3%,班会类占24.1%,聚餐类占14.1%,其他占3.7%。

在所调查的学生中,有707人对于领导干部联系班级活动基本满意,占53.6%,其他选项中,满意占17.5%,不很满意占18.5%,不满意占10.4%。总体来说,学生对于目前的领导干部联系班级活动大多持满意和基本满意的观点,占学生总数的71.1%,这也确实说明高校领导干部通过联系班级制度联系学生效果明显.

三、高校领导干部通过联系班级制度联系学生持续稳定

由于领导干部和班级学生各自的工作和学习任务相对固定独立,联系班级制度是否能成为具有经常性和持续性的一项有效沟通形式值得关注。在问卷调查中,日常关心与社会实践被认为是最能增强领导干部联系学生班级效果的持久性。虽然因为日常关心的形式化和社会实践活动需要大量的时间和经费成本而不利于联系活动的持续性。但关于联系效果的持久性,此次调查中仍有高达36.5%的学生认为组织社会实践活动更有持久性,比例最高。有34.3%的学生认为日常的关心更有效果。而教师当中,认为日常关心最能增强持久性的有98人,占到了45.0%。

此外,针对哪些年级最需要开展联系班活动,老师与学生的意见趋向一致,大多认为大一新生最需要开展领导干部联系班活动,且建议联系班最好是能够带到毕业。学生当中,认为大一新生最为需要开展联系班活动的有527人,占到了40%,认为最好是带班带到毕业的有728人,占到了55.2%。教师当中,有56.0%的教师认为应该从大一带起,认为应该带到毕业的占58.7%。总体来说,从大一新生开始开展联系班活动,更有利于保持联系活动的可持续性和稳定性。

四、领导干部联系班级制度育人模式的进一步思考

领导干部联系班级制度育人模式效果明显,但仍需不断推进。对于如何推进可以考虑从加强联系制度的直接性、实效性和持久性等方面来着力。具体有以下几方面的思考。

（一）直接性方面，在充分发挥活动和走访宿舍等被师生认为较直接的沟通途径外，利用微媒体时代优势，以平等机制为基础，加强制度建设与实施阶段的管理，扩大干部联系班级的数量，提高活动质量。虽然学生和教师大部分都认同带到毕业，但联系班的目的是指引和导向，不适宜于涉及过多过细的日常管理等，以免过多的指导让学生产生依赖，从而和辅导员的作用冲突重叠。通过微媒体和采取两年一换等新形式扩大活动覆盖面和联系班级数量。此外改变每月通报做法，发放活动记录本或者以自媒体等形式以便不定期记录和即时呈现，以便于更好的加强实施阶段的自主管理，也有利于师生联系更为直接密切。

（二）实效性方面，在结合学生偏好多开展娱乐类和运动类活动的基础上，加强学生在思想认识及三观教育方面的引领和影响，增强实效性宣传和展示。领导干部的思想品质、人格魅力和学识涵养等只有在各种活动中以各种显性的传递或隐性的渗透，深入学生、触及灵魂才能让学生真正受益终生，弥久难忘。同时可以利用微媒体、征文、心得体会和典型个案等形式加强和巩固领导干部联系班级的实际效果，比如改变以往的汇总表展示形式，采用校园网专题板块或专项特色展示；对有代表性的活动采用微视频展示，加大宣传力度。此外在领导干部联系班级的联系对象方面可以有所侧重，如重点从大一开始。无论是从学生的角度还是教师的角度，大家都认为大一新生最为需要指导和引领，从大一带起，可以解决学生更多实质性的问题。

（三）持续性方面，在日常关心和组织社会实践活动方面进一步鼓励活动形式多样化，开展具有创新性、持久性的活动。日常关心随时随地，不受时间空间限制，很容易体现，也让学生感念学校关心之情。社会实践活动最能锻炼提升学生能力和素质，只是受时间和经费等限制较大。因此要综合考虑日常关心和社会实践活动两方面的可操作性程度，在加强经费支持保障的前提下，开展一些多形式、有创意和持久性的活动。如周末下午茶活动、微活动、领导学生互换身份等活动。此外，根据各学院专业特点和学生情况，以两年一周期，定期总结，树立典型，定期开展交流会，既可以是联系班班长之间的交流，也可以是领导干部之间的心得交流，相互学习借鉴，从而持续创新领导干部联系班级活动。

第五部分

"微时代"学生工作队伍建设

以学生工作模块化成果化促进高校辅导员队伍建设

王辉群　谭秋浩

摘　要　高校学生工作事务性强,辅导员管工作琐碎繁杂,管理头绪纷繁,教育难点凸显。辅导员唯有透过表象,以成果化为导向,通过工作对象和工作内容进行科学分析,分层、整合,优化工作体系的结构,将学生工作模块化并各积极转化为工作成果,有利于提高业务能力和从事学生工作的价值成就感,是促进高校辅导员队伍建设的重要途径。

关键词　模块化;成果化;辅导员队伍建设

高校辅导员队伍建设是个常说常新的话题,也是我们开展好学生工作不可或缺的一个重要方面。新形势下如何加强高校辅导员队伍建设见仁见智。笔者结合自身工作经历和体会,谈谈以学生工作模块化、成果化促进高校辅导员队伍建设。

一、当前高校辅导员工作存在的问题

辅导员工作的教育、服务和管理几大职能决定了辅导员工作的琐碎繁杂性,而工作对象即青年大学生的年轻冲动、青春叛逆等性格特点又决定了学生工作无小事,往往很小的事情不注意、不及时发现、不认真处理好就变成大事。不少辅导员完整带过一届毕业生后往往容易出现职业倦怠。在日常学生工作中,辅导员往

往因为工作压力大,对学生事务事无巨细,对学生的管理越细越好,自己越有安全感,渐渐地把自己当保姆成分多了,做人生导师成分少了,平时没有科研项目和论文,也没有特别标杆性的成绩,工作内容的碎片化和工作业绩平平导致工作成就感虚无化。长此以来,自然产生职业倦怠。针对辅导员工作中出现的学生事务保姆化、工作内容碎片化和工作成就感虚无化,以学生工作模块化、成果化促进高校辅导员队伍建设有很强的必要性和现实性。

二、学生工作模块化、成果化的特点和优势

模块化是一种思维的工具,它通过对模块化对象的特征、规律的科学分析,采用归纳和演绎、分析和综合、抽象和具体等逻辑方法以及系统思维方法,来优化模块化对象体系的结构,并运用标准化方法.使各对象的构成要素规范化、有序化,达到提高系统综合运行效率的目的。

学生工作模块化是运用工业、企业管理方法中的模块化管理理念在学生工作领域中的运用和体现,有利于工作的规范化、有序化和高效化。学生工作成果化则是在繁杂琐碎的学生日常工作中将工作做好并进一步使工作成效显性化的体现,是学生工作出彩的外化形式。模块化是基础,是手段,成果化是结果,是必然。模块化倾向于工作内容和过程,成果化倾向于目标和结果。学生工作模块化、成果化在促进辅导员队伍建设方面有着特别的优势。

(一)学生工作模块化、成果化有利于促进辅导员工作的内容项目化。众所周知辅导员工作事务性强、日常管理琐碎繁杂,学生的生活、学习各方面无不要顾及。将辅导员比喻成"高级保姆"的说法充分说明了辅导员工作琐碎性的事实和精细化要求。而将学生工作模块化,即综合学生工作事务内容和学生工作对象等要素特点,系统地分类归纳、条理分析进而使学生工作的事务性内容整合成数个模块,有利于辅导员将工作项目化。如大一的新生入学与适应教育内容,在毕业季(大四或大五)的实习和毕业教育内容都可以提前做成工作模块,形成若干个工作项目。而围绕各工作模块,以目标为导向,集中精力完成工作任务,达成工作目标,在此基础上的经验总结可以进而凝练成为若干理论成果。这种工作上的成就感反过来促使辅导员将今后类似工作主动作为若干项目来做。事实上不少辅导员的课题申报和工作业绩正是从实际工作中的某一模块内容提炼而来。

(二)学生工作模块化、成果化有利于促进辅导员工作的团队合作化。学生工作虽然繁杂琐碎,但针对学生工作内容和工作职责要求等仍然可以归纳出若干模块来,如日常事务管理、思想教育、成长成才、危机应对等。根据当前不少高校辅导员管理学生的模式特点,大体分为某一辅导员负责几百学生的各项事务和几个辅导员共同负责几百学生的各项事务。不论哪种模式,实际上各辅导员在工作内容和工作对象除了年级差异和专业差异外,基本上是一致的,表现为工作内容同质化。将学生工作分解、整合为若干工作模块后,以工作成果化为导向,不同辅导员可以根据自身工作兴趣点,资源共享,各有侧重,互相补位,提高工作效率,优化工作成效,进而促进辅导员工作团队化、合作化。

(三)学生工作模块化、成果化有利于促进辅导员工作的身份职业化。由于各种原因,辅导员的职业身份一直尴尬而微妙。其工作曾一度被认为可做多做少,不出事就好;可以教师兼做,可以行政管理人员兼做,也可以由高年级学生来做。事实上,目前辅导员的身份具有行政管理人员和教师的双重身份。客观说来,这种双重身份体现了党中央和国家对辅导员队伍的重视。但在校园师生和社会对高校辅导员的身份认知上还是存在偏差,既不认为其是教师也不认为其是行政管理人员。辅导员的身份自我认同度也相对较低,认为没什么地位。通过学生工作模块化、成果化,辅导员可以将琐碎繁杂的工作提升为项目来做,可以将碎片化的事务管理提炼为理论成果,让辅导员在工作中提升职业自信,驱除职业倦怠,提高了社会和高校师生对辅导员的身份认知,并不是谁都能做好辅导员的。

三、以学生工作模块化、成果化促进高校辅导员队伍建设

当今世界经济的全球化、社会的信息化和90后学生工作对象的复杂化等因素迫切要求辅导员队伍建设要与时俱进,不断创新。以学生工作模块化、成果化促进高校辅导员队伍建设是当前应对日益复杂繁重学生工作的现实需要,也是提升辅导员队伍综合素质和业务能力的重要途径。以学生工作模块化、成果化促进高校辅导员队伍建设具体可以从以下几个方面着手:

(一)创新理念,去学生事务保姆化。曾经有人将高校辅导员形容为"高级保姆",这既是对辅导员工作的一种形象归纳,也是某种程度上对辅导员工作认识的偏差。在实际工作中有不少领导以保姆化来要求辅导员做工作,这种理念有一定片面性,在一定程度上让辅导员淹没在繁杂的日常事务中而缺失目标、缺乏价值体现和成就感。思想决定行动,意识促进行为。高校辅导员队伍建设要围绕学生成长成才目标,结合新的形势和工作对象特点,善于从复杂琐碎的事务性工作中找出规律化的东西,系统归纳,条分缕析,创新理念,将工作内容打包模块化,以成果化为导向处理日常性事务,去除学生事务保姆化的现象。这里所说的去保姆化不是说要去精细化,本文在此不赘述。

（二）提升能力，去管理服务碎片化。在追求素质教育的时代我们要充分本着"一切为了学生，为了一切学生，为了学生一切"的教育理念，无论在教学、学习还是生活中，要充分关心学生、服务学生、尊重学生。学生的安全、生活、学业、思想、情感、情绪、身体、心理、病疼都是高校辅导员的工作和服务内容，这一切都是在立德树人，促学生成长成才的目标导引下。正是因此高校学生事务多而庞杂，辅导员必须在整天的弹性工作时间里是进行着碎片化的管理服务，事无巨细，事必躬亲，不可谓不敬业，但不少辅导员的工作激情和梦想也正是被这种时间上的弹性化和管理服务上的碎片化消解弱化了。只有整合工作内容，通过不断地提升辅导员处理学生事务的能力，提高效率，腾出时间和精力强化团队合作，逐渐促进工作内容模块化、事务处理流程化，进而使学生工作早出成果。

（三）培育典型，去工作成果虚无化。辅导员从事学生工作日复一日，年复一年，有的人因各种原因产生职业倦怠现象。其中有很重要的一点就是工作成就感不强，工作价值自我认可度低。尽管不少高校对辅导员的个人发展都有转教师岗和行政管理岗的两条腿走路的规定，但在实际操作上还未能形成一个良好的进出机制。有的带满一届学生毕业后，经验主义，管理上就是自己管干部，干部管学生，学生不出事，不出大事就行，消极应付的现象客观存在。针对这种现象，在加强队伍管理外，要以学生工作成果化为导向，将每一项工作成绩都模块化，在具体工作中培育案例典型，多出成果，增强优秀辅导员的典型示范作用，最终使学生工作的立德树人外化为辅导员的具体行动。

四、结语

学生工作模块化、成果化具有各种优点，对去除学生工作职业倦怠，消解学生事务管理服务碎片化、工作内容保姆化和工作成果虚无化有很强的针对性和实效性。只有创新工作理念，不断提升业务能力，以成长成才为目标，以立德树人的过程中润物细无声，才能有利于寻找从事学生工作的价值归依和成就感，从而促进高校辅导员队伍建设。

参考文献：

[1]陈峰．杨军诚．任小龙．高校院_系_级学生工作模块考核评估指标体系的研究与探索．陈峰中国电子教育．1999年01期．

[2]张贺祥．模块化理念在学生管理中的应用研究．法制与社会2011年03期。

辅导员在大学生就业法律指导中的责任担当

乐海霞

摘　要　针对当前大学生就业法律指导中存在的盲点,辅导员有责任重新审视自身工作中存在的不足,从开展就业法律思想教育、组织就业法律政策知识学习、管理规范就业工作程序和提高自身法律素养四个方面明确辅导员在大学生就业法律指导中的责任担当,适应高等教育改革发展形势的变化,为大学生提供高效优质的就业指导和服务,促进高校就业工作依法开展和大学生依法就业。

关键词　辅导员责任;就业教育;法律指导

一、大学生就业法律指导的必要性

近些年来,在大学生就业市场中,由于体制、观念、市场机制等方面的原因,大学生在求职择业与就业过程中碰到的就业陷阱和法律问题越来越多。就业市场的虚假招聘信息,就业协议和劳动合同的信息不对称,毕业生签约的违约问题,创业中的法律难题,试用期中的劳动争议以及就业过程中遭遇的种种歧视现象,都让本来就处于就业重压下的大学生更加迷茫、焦灼,不仅使大学生身心受到创伤,而且耽误了就业的最佳时机。因此,加强大学生就业法律指导显得尤为紧迫和重要。高校辅导员作为大学生就业指导一线工作者,理应重新审视自身的责任,进一步完善和丰富就业指导的内容,促使高校就业工作依法开展,促进大学生依法就业。

二、大学生就业法律指导现状及成因

当前大部分高校大学生的就业指导工作主要由两部分人员组成,一是高校的就业指导部门的人员,二是辅导员。高校就业指导部门作为学校的职能部门在就业指导中的作用主要体现在从宏观上进行指导、决策和对外联络或举办大型的就业招聘会等,很多具体的就业指导和就业服务工作主要由辅导员承担。据调查,当前辅导员在大学生就业指导方面的工作内容主要集中在落实就业政策、教育学生树立良好的择业观,传授求职技巧的培训等方面,即使是一些重点大学提供服务的内容也大同小异。[1]虽然也会有相关的就业常识、法规的介绍,但都十分简略、浅显,当大学生遭遇就业权益被侵犯事件时,还是非常迷茫。

造成就业法律指导盲点的原因从辅导员角度而言主要来自三个方面：

一是辅导员知识结构的欠缺。当前的辅导员队伍中，绝大部分都是非法律专业的，对专业性较强的法律问题知之甚少。因此，在解决就业法律问题时会出现滞后现象。比如在大学生出现劳动争议的过程中，只了解法律上的实体权利还不够，还需掌握程序的规则，许多辅导员和大学生正是由于不懂掌握程序的规则，使原本在实体上应到保护的权利失去了。而这些法律知识，对于非法律专业的辅导员来说，很难了解的这么全面，大多辅导员是"边做边学"，只有真正碰上了问题后，才会引起足够的重视。但对于该位失去权利保护的同学而言，这些指导是滞后性的。

二是辅导员责任意识的欠缺。近年来，我国虽然出台了不少文件对辅导员的岗位职责进行了规定，但这些文件大多是纲领性的文件。比如在就业指导方面，《普通高度学校辅导员队伍建设规定》中指出辅导员要积极开展就业指导和服务工作，为学生提供高效优质的就业指导和信息服务。但是，"高效优质的就业指导"具体到不同省份，不同高校它们的内容和要求也会参差不齐。目前许多高校的就业指导内容都比较陈旧。因此，对就业指导中热点难点问题的把握和学习，辅导员自身的责任意识占有很重要的因素。辅导员欠缺责任意识，就缺乏工作的主动性和责任心，对就业法律相关知识就较少主动学习，主动关心。

三是辅导员实践经验的欠缺。现在辅导员有年轻化的趋势，大多数辅导员是一毕业就在高校从事学生工作，本身对社会经验也比较缺乏，很多辅导员是第一次带毕业班的学生，以往没有直接参与大学生就业的相关环节，缺乏实践经验。

这些因素的存在使辅导员在大学生就业法律指导中，在起点上就显得动力不足。

三、辅导员在就业法律指导中的责任

面对当前大学生就业法律指导中存在的问题，辅导员除了在思想上引起高度重视之外，在责任方面也需要进一步明确和细化。在大学生就业法律指导中哪些责任是在辅导员能力和职责范围之内的应该有明确的规定，这样既便于辅导员工作的执行，也便于对辅导员工作绩效进行考核。根据国家规定的辅导员的岗位职责和工作要求，结合辅导员的工作实际，在大学生就业法律指导中，辅导员的责任可以细化为几个方面：

第一，辅导员有开展就业法律思想教育的责任。

辅导员是开展大学生思想政治教育的骨干力量，在就业法律指导中主要突出

对三个意识的培养:法律意识、诚信意识和维权意识。

1. 法律意识的培养。大学生就业法律法规认知程度不高,关键问题就在于大学生缺乏应有的法律意识。目前,大学生普遍存在轻视就业法律法规知识学习的现象。辅导员的责任要帮助学生树立法律意识。让学生明白市场经济是法制经济,在大学几年的过程中,要逐步培养学生用法律进行思维的意识,当学生在求职过程中碰到实际问题,会自觉运用法律的武器来保护自己的合法权利。[2]并且让学生大体明白法律的规定是怎样的,了解哪些情况是违法的,哪些情况是政策允许的,只有树立了法律意识,才能认识到各种行为的性质以及法律后果,才能为进一步开展就业法律指导打下基础。

2. 诚信意识的培养。对大学生诚信意识的培养主要包括两个方面,一是对大学生的诚信品质的培养,二是培养大学生要善于鉴别招聘单位是否诚信。前者诚信品质的教育在辅导员工作中比较常态化,主要体现在就业简历制作方面和签订三方就业协议方面。而后者的教育则相对欠缺,也更有难度,因为要鉴别用人单位是否诚信,除了要求大学生有比较丰富的社会阅历外,还要对用人单位提供的情况产生怀疑,这在当前就业压力十分严峻的情况下非常容易忽视,学生总是抱着多多益善盲从心理,即使有疑问,也不敢向用人单位提出过多的问题和要求。但是面对频频发生的大学生权益被侵害的事件,作为辅导员有责任提醒大学生要提高并强化这方面意识的培养,并教育学生可以从多种途径对用人单位的诚信问题进行深入的调研,比如考察招聘单位的资质、福利待遇、发展情况和相关的管理规章,而不能仅凭网站宣传和口头介绍。

3. 维权意识的培养。随着法律意识的增强,大学生在认识到合法权益受侵害时,能不能拿起法律的武器积极主张权利,是大学生维权意识的重要体现。辅导员的职责之一是让学生明白当自己的权利受到侵害时,可以通过申请哪些法律救济方式来维权。当前大学生可以采取的法律救济途径主要包括:学校出面调解,向劳动监察部门申述、举报,向劳动仲裁机构申请仲裁,向人民法院提起诉讼或通过借助新闻媒体进行救济等等。辅导员的职责之二让学生清楚维权要注意的各项防范措施,要学会树立"证据意识"。因为维权要靠证据说话,因此,在就业求职过程中大学生要多留个心眼,可以通过请用人单位出示营业执照、身份证明等收集证据,要保留好招聘时的海报,与用人单位往来的邮件、传真等,要明白自己有哪些举证责任。

第二,辅导员有组织就业法律政策知识学习的责任。

由于辅导员本身知识结构的限制,辅导员不一定亲自对法律知识进行讲解和传授。但辅导员有责任及时发现问题,并积极组织学习。要了解针对目前大学生就业权益侵害较多的情况,急需加强哪些法律知识的补充和学习。当前,辅导员除了宣传国家就业方针、政策和有关规定方面外,重点应该补充与就业保障相关的《劳动法》、《劳动合同法》、《就业促进法》、《劳动保险条例》、《女职工劳动保护规定》等法律法规知识的学习。同时,辅导员在学习形式上要寻求突破,比如可以通过案例学习,组织学生参与讨论,邀请专家讲解,编写法律咨询随身册等形式,要注重提高就业法律政策知识学习的实效性、针对性和可操作性。

第三,辅导员有管理规范就业工作程序的责任。

根据我国相关法律和教育部的规定,学校在毕业生就业中应尽的权利和义务包括推荐毕业生、按规定办理就业手续,协助毕业生了解用人单位的基本情况,对毕业生就业工作享有管理权等。这些权利和义务的落实需要辅导员通过管理并规范就业工作中的各项程序来体现。

1. 协助毕业生了解用人单位的基本情况。学生有了解用人单位基本情况的权利,但是一般学生在就业中是弱势群体,不敢对用人单位提出太多的要求,因此,辅导员代表学校有权利替学生了解用人单位的基本情况、招聘过程、招聘方法和招聘条件等等

2. 审核就业协议。这一环节是管理大学生就业工作的重要内容。一般来说,大学生在择业过程中,应先签订就业协议书再签订劳动合同,这样才能够最大限度发挥学校在就业过程中的监督保护作用。就业协议签订是否正确,内容约定是否合法,程序是否规范直接关系到大学生就业权益是否受到侵害。辅导员主要职责:一、审核用人单位的主体资格是否符合,主体资格表现在用人单位是否是经由主管部门核准、许可或者合法登记注册的机关、企事业单位,并具有录用大学生的自主权和当年度的用人计划。二是审核协议书上是否有用人单位法定代表人或授权的招聘负责人签字,并加盖招聘的专用章,否则就是一份无效的就业协议。三审核就业协议内容是否符合法律规定,具体查看试用期的规定是否正确,关于违约是否有明确的双方应承担的违约责任的约定以及约定的数额等。如有补充条款,要注意审查是否有显失公平的条款,或有违反国家规定的强制性条款,四审核就业协议签订的流程是否正确,要遵循用人单位和大学生先签字盖章,学校最后鉴定登记的正确流程进行。[3]

3. 向用人单位如实反映毕业生在学校的实际情况。用人单位有了解毕业生生源信息的权利。辅导员有责任如实向用人单位提供毕业生德智体方面的实际情况,作如实推荐,公正推荐。

第四,辅导员有提高自身法律素养的责任。

辅导员工作在大学生思想政治教育的第一线,负有指导学生、关心学生,为学生提供高效优质的就业指导和信息服务的责任。因此,辅导员要善于补充法律相关知识的学习,不断优化知识结构,提高自身处理就业法律指导工作的能力和水平。对辅导员个人来说,要不断强化责任意识,按照"政治强、业务精、纪律严、作风正"的标准,主动学习提高,多向有经验的辅导员学习,并且在工作实践中不断总结提高。同时,学校要为提高辅导员就业法律指导能力创造各种有利条件,比如加强对辅导员的法律知识培训,参加挂职锻炼,扩大对外交流,或者和社会各部门合作开展辅导员就业法律指导资格认证工作等等。

刚刚从象牙塔中走出的大学生,要实现从学校到社会的顺利过渡与转型,从学校而言,要加大对就业法律法规的指导,从大学生自身而言,既要做知法守法的合格公民,不做损人利己的事情,也需要保持对自己合法权益的敏感性,能够利用法律提高自我保护的能力,提高自身的社会化水平。通过各方的努力,促进高校就业工作依法、有序和高效地开展。

参考文献:

[1]季学军. 大学生就业法规认知现状调查与研究[J]. 中国成人教,2008年11月,104-105.

[2]解廷民. 对高校开展大学生就业法律指导工作的认识与思考[J]. 中国大学生就业,52-53.

[3]孙长缨,当代大学生就业研究[M]. 北京高等教育出版社. 2008.8,264-271.

网络环境下高校辅导员的信息素质及其培养策略

林路生　孙铭薇　黄祖辉

摘　要　高校辅导员信息素质是决定现代思想政治教育针对性和实效性的重要因素之一。高校辅导员的信息素质的内涵非常广泛,既包括对学生网络语言背后的话语兴趣点与审美旨趣的观察,思想道德现状与发展趋势的分析和判断,也包括与学生的网络沟通、交往以及正确引导学生话语方向和思想走向,从而提高学生的思想境界的能力和素养。提高辅导员的信息素质是适应新时期现代思想政治教育的内在必然要求。

关键词　网络环境;思想政治教育;辅导员;信息素质

中国互联网络信息中心2010年7月15日在北京发布了《第26次中国互联网络发展状况统计报告》显示,截至2010年6月,总体网民规模达到4.2亿人,较2009年底增加3600万人。互联网普及率攀升至31.8%,较2009年底提高2.9个百分点[1]。学生群体在整体网民中的占比仍远远高于其他群体,接近1/3的网民为学生[1]。现代网络信息技术以其光速传播、海量存储和快速获取信息等优势对当下人们的工作、学习和生活无不造成巨大的冲击。网络作为一种新型工具和崭新载体,在传播信息的同时也传播某种思想。网络的诞生使思想政治教育面临着新的发展机遇和挑战:一方面,借助网络可以让科学的、先进的思想和方法得以最快速度的传播;另一方面,携带各种意识形态和多元的价值观,甚至西方和平演变思想等不良信息以同样快的速度进行散播和渗透。被称为第四媒体的网络对高校学生思想和行为的影响力逐步加深已是不争的事实。因此,网络在新时期思想政治教育是必争的重要阵地和必用的手段。在网络环境下营造良好的思想政治教育氛围以确保高校学生思想政治教育工作有针对性和实效性,就需要工作在一线的高校辅导员具备获取、处理和应用信息等能力。

《普通高等学校辅导员队伍建设规定》明确指出:辅导员是高等学校教师队伍和管理队伍的重要组成部分,具有教师和干部的双重身份。辅导员是开展大学生思想政治教育的骨干力量,是高校学生日常思想政治教育和管理工作的组织者、实施者和指导者。辅导员应当努力成为学生的人生导师和健康成长的知心朋友。[2]由此可见,高校辅导员成为专职的思想政治工作者已是趋势。在当前的网络环境下,要做好本职工作,除了政治素质、思想素质、心理素质、知识素质和专业能力,还必须具备应用的信息素质。因为这些都是现代思想政治教育者必备的核心素质。

一、信息与信息素质的概念

"信息"一词至今仍没有一个公认的定义,倾向于"信息是物质、能量、信息及其属性的标示";"信息是确定性的增加";"信息是事物现象及其属性标识的集合"和"信息以物质介质为载体,传递和反映世界各种事物存在方式和运动状态的表征"等。而信息论创始人香农认为:"信息是能够用来消除不确定性的东西。"我国钟义信教授认为,信息是"事物运动的状态和方式,也就是事物内部结构和外部联系的状态和方式"。这里的"事物"泛指存在于人类社会、思维活动和自然界中一切可能的对象。"存在方式"指事物的内部结构和外部联系。"运动状态"则是指事物在时间和空间上变化。美国信息产业协会(ILA)主席保罗#泽考斯基(PaulZurkowski)于1974年首次提出的信息素质概念,但至今没有达成共识。最多被引用的信息素质定义由美国图书馆协会在1998年提出:"具有信息素质的人能够知道什么时候需要信息,并能够有效地获取、评价和利用所需要的信息。"[3]

综上所述,从辅导员这个职业设立之初就对其从业者提出很高的信息素质要求。辅导员必须具有一种能够充分认识到何时需要信息,并有能力有效地发现、检索、评价和利用所需要的各种信息,解决当前自身和学生存在的问题的能力。辅导员对学生做出的回应,就是其通过各种必要的工具或手段得知学生思想和行为所处的综合状态(即关于学生个体或群体的信息),然后进行后续有目的、有计划的导引或干预。比如,问题学生的处理程序:如何从所管的学生群体中甄别有问题的学生,如何快速获取该学生的相应情况,如何就所获得的情况进行分析和应对该问题方案的形成,通过何种方式进行解决以及如何判断问题解决的效果,等等。这些无不涉及辅导员的信息素质。具备良好信息素质的辅导员借助现代网络技术这一工具可大大拓展其施行思想政治教育的深度和广度,从而提高其工作效率。它至少涵盖三方面:辅导员信息意识、辅导员信息能力和辅导员信息道德。辅导员信息意识是指辅导员对信息的敏感程度。辅导员信息能力是指发现、评价、利用和交流信息的能力。辅导员信息道德是指在信息活动中应遵循的道德规范。

二、高校辅导员信息素质的内涵

王瑞英认为,信息素质包括信息意识、信息能力、信息道德等三个方面[4]。这个界定比较全面,但还主要是从信息的角度概括的,没有很好地把握辅导员信息素质的基本内涵。按照《普通高等学校辅导员队伍建设规定》,高校辅导员应当努力成为学生的人生导师和健康成长的知心朋友。这个界定是对高校辅导员的功能和角色定位,同时规定了高校辅导员基本素质的框架。在前信息时代,高校辅导员主要通过与学生的交流、谈话和交往实现自身的功能。在网络环境下,高校辅导员需要适应学生网络交流的现状,加强网络沟通能力与思想导向能力。因此,信息素质作为辅导员素质结构之一必须要提高到相应的高度。素质结构是素质内部各个构成要素之间联系的稳定方式。优化素质结构,一定要补充、完善素质结构的各个主要构成部分[5]。

高校辅导员的信息素质显然不同于一般行业的信息收集员和分析员的素质。辅导员的对象是人的语言及隐藏于后的思想。因此,必须具备有高度的敏感力、语言分析与综合能力、思想判断能力、网络语言沟通和交往能力以及思想导向能力是辅导员信息素质应有之义。它绝不是简单的信息技术能力,必须有较高的人文和科技素养、较强的思维能力及语言能力。

1. 对学生网络语言背后的话语兴趣点与审美旨趣的观察。高校辅导员要了解学生的思想状况,必须花费大量的时间观察学生网络交流的话语兴趣点和审美旨趣,了解他们关心什么话题、对社会事务和学生自身的谈话兴趣以及主张什么反对什么。大学生在网上交流是非常活跃的,因此,高校辅导员首先必须具备高度的信息概括能力,及时捕捉学生的主流话语。

2. 对学生思想道德现状与发展趋势的分析和判断。大学生的网上交流内容非常庞杂,信息量特别大,其思想道德现状及发展趋势往往是隐藏在这些庞杂的信息之中。因此,高校辅导员必须具备敏锐的洞察力,从语言的背后极其准确地把握到大学生思想道德现状,同时还需要具备前瞻能力,准确地判断出大学生的思想发展趋势。

3. 与学生的网络沟通、交往以及正确引导学生话语方向和思想走向,从而提高学生的思想境界的能力和素养。高校辅导员既是学生的导师也是学生的朋友,而且首先必须是朋友。为此,要当好朋友,必须学会与学生平等的对话技艺,熟悉他们的语言,加强与学生交往,倾听他们的声音,走进学生的内心世界,了解他们的情感需要及其他需要,为他们提供语言沟通服务,排解他们的心理苦闷。同时,在与学生的网络交流中,要善于引导,引导他们的话语朝向健康和积极向上的方向,引导他们的思想走向深度,从而提高他们的思想境界和道德境界。面对面的交流具有及时性、语境性和亲切性,效果在很多方面比网络交流要好,当然,网络交流也具有自身的优势,比如它的匿名性,更有利于实现身份的平等,因而网络交流更利于实现交流的真实性。但是,当辅导员面对的是集体交流的时候,信息交流的技艺要求更高。总之,在网络环境下,高校辅导员信息素质的内涵非常广泛,其要求也就更高,提高他们的信息素养是我们面对的一个重大的课题。

三、当前辅导员工作的信息环境状况

因特网是目前世界上最大、最具有影响力的现代信息网络,已实现了全世界184个国家和地区的链接。我国于1994年正式接入因特网,已建成中国公用计算机互联网(ChinaNET)、中国金桥信息网(ChinaGBN)、中国教育和科研网(CERNET)、中国科技网(CSTNET)和中国信息资源系统(ChinaInfo)。经过10多年的发展,各种专用信息网络的开通以及全国各大中城市掀起的网络热潮,标志着我国网络时代的到来。目前,中国教育科研网(CERNET)已开通北京、上海、沈阳、西安、南京、武汉、广州、成都等8个地区的10所高校节点,我国主要的高等学校都以其为依托联入因特网,并都拥有自己的校园网页。利用网络环境开展信息服务已逐渐具备条件。从网络硬件设施和网络的普及面看来,辅导员要借助网络进行思想政治教育工作的条件已经具备。依托网络,大量涌现思想政治教育有关联的网页、网站、BBS论坛、聊天室、留言板等。但绝大多数的网页、网站等网络资源仅停留在大量而简单的"报道"的层次上,真正对辅导员和学生群体产生积极、正面影响的网站或网页不多。针对学生的个性化需求产生互动,并解决学生关心的实际问题的更少。从思想政治教育效果看,从现实中让学生知道是什么、为什么、怎么样、什么时机、什么地点和什么人可以解决问题比简单"报道"更具有意义。当前,计算机信息处理技术在某些方面已经超过了人脑在信息处理能力方面的能力,如记忆能力和计算能力等。这极大地拓展了人的信息收集、传递、控制、处理和决策的功能,并创造出一个无限可能性的虚拟环境。但在许多方面却依然逊色于人脑,如文字识别、语音识别、模糊判断、模糊推理等。收集到的信息最后仍依赖人的心智去识别、分析和综合。这就要充分调动具备较高信息素质辅导员的能动性将虚拟环境下的信息与现实思想政治教育工作结合起来,充分利用计算机网络技术和人脑的优势互补,达到"虚实结合"的效果。可见,辅导员信息素质的含义远在掌握现代信息工具之上。

四、提高高校辅导员信息素质培养的基本策略

1. 加强外部信息环境的物质建设。

（1）加强基于数字化校园的工作环境建设，提供良好的软硬件环境。计算机网络作为一种现代化工具和载体，是提升辅导员信息素质必备的物质基础。目前，大部分高校已经建立起比较完善的校园网络。利用校园网这个现代信息和传播技术平台，可以推动教育信息化使校园网络真正成为凝练校园文化精神，传播校园文化的重要渠道。加强校园网络建设并逐步形成数字化校园是促进教育现代化的基础硬件，是新形势下辅导员做好思想政治工作的新需求，也是为提高辅导员信息素质所必须创造的基本条件，更是人才培养和实施终身教育的最佳渠道。这使得辅导员和学生都能通过网络便捷地获取信息。在注重各高校局部校园网建设的同时设法融合各个校园网的资源优势，互补联结形成功能更强大和信息量充足的共享网络，真正形成良好的外部信息环境。

（2）创建思想政治教育专门网站，开发专门软件提供更多实践机会。辅导员信息素质是在实践中获得提升的。在实践中学习是辅导员在网络环境下迅速提高信息素质的最有效的途径。只有走进网络，自觉地投入到高校思想政治工作网站建设和大学生网上思想政治教育实践中去，才能发现、利用网络虚拟环境中的丰富资源。以不断解决大学生实际问题为切入点，不断积累网络环境下的思想政治教育的经验。为此，思想政治教育系统内应高度重视，尽快建立起特色鲜明又有吸引力的思想政治教育工作网页或网站。这不但可以增加开展工作的工具和载体，更重要的是，可以变换适应网络时代的新工作方式、思维方式和价值观念。通过网络，可以快捷、准确地了解学生的各种信息，通过现实和虚拟双结合进行交互。唯其如此，方能真正提高辅导员熟悉网络、驾驭网络开展思想政治教育的实战能力。

当前，网络技术思想政治教育专门网站的建设不存在技术层面的问题，其主要工作：首先是如何建立起适应当代大学生偏好的网站或开发出既适应学生兴趣需要又能促进学生成长的相关软件；其次是如何利用网站或专门软件开展思想政治教育，并成为大学生思想政治教育的重要阵地。所以，它不是在网站上简单地罗列诸多事实或教育故事，重要的是，要开发出学生感兴趣的话题，有针对性地开展网上的交流、探讨和辩论，提高他们的思想、观念和道德分析能力、判断能力以及选择能力。

2. 促进辅导员自身内在的建设。随着网络技术日益成熟和普及，互联网已经成为思想政治工作的一个新的重要阵地。而这个新阵地对绝大多数的辅导员而言均是一个全新的环境。计算机网络因其虚拟、开放、交互和复杂等特点所带来的挑战需要具备较高水平信息素质的辅导员方能应对。因此,较高信息素质其实就是辅导员胜任该职业的必备条件。只有具备相应信息素质的辅导员,并借助现代计算机网络工具才可发挥其思想政治教育的最高效能。当前一个高校辅导员所管理的学生至少在 200 名以上。一个辅导员直接影响其所辖的所有学生。因此,辅导员一定要自觉地克服安于现状、不思进取、因循守旧、僵化保守等思想,要以敬业、勤业和乐业作为核心精神,与时俱进、勇立时代潮头以增强提高信息素质的自觉性[4]。从行业角度来看更具根本和长远的考虑,建立一套职业辅导员准入制度,在评聘之初开始即将辅导员信息素质作为重要考核指标之一,没达标的不准进入该行业;在从业过程中制定并实施严格培训和考核制度,对辅导员进行有目的的培训来不断提升整体的信息素质。

辅导员的信息素质绝不是简单的信息技术能力,如熟练掌握计算机技术或网站开发技术,而是要具有广泛的知识面、深度的思想、极强的逻辑思维能力以及语言沟通技艺。因此,需要加强对辅导员的知识教育,提高科技和人文素养,提高他们的思维能力,提升他们的思想高度。最重要的是,要加强自身的思想品德修养,切实提高自身的思想境界和文化品位。各高校应当运用自身的思想高度和学术高地的优势,重视辅导员的信息素质提升,利用自身丰富的学术资源加强对他们的培训和学习。

总之,高校辅导员信息素质是决定现代思想政治教育针对性和实效性的重要因素之一。只有提高辅导员的信息素质,才能适应新时期现代思想政治教育的要求。

参考文献:

[1]中国互联网络信息中心. 中国互联网络发展状况统计报告[EB/OL]. http://www.cnnic.net.cn/uploadfiles/pdf/2010/7/15/100708.pd,f2010 - 07 - 15/2010 - 11 - 09.

[2]中华人民共和国教育部令(第 24 号)普通高等学校辅导员队伍建设规定[EB/OL]. 中国政府网, http://www.gov.cn/gongbao/content/2007/content_705523.htm, 2006 - 06 - 23/2010 - 11 - 09.

[3]曾晓牧,孙平. 高校信息素质教育发展的基本架构[J]. 中国图书馆学报,2006,(2):103.

[4]王瑞英.高校政治辅导员信息素质探析[J].中国成人教育,2008,(3):72.

[5]崔新蕊.提高高校辅导员信息素质的意义与途径[J].情报探索,2008,(2):21.

赏识教育:高校辅导员工作的重要法宝

胡勉强　谭秋浩

摘　要　赏识教育是一种以尊重学生的人格为前提,在尊重和接纳差异的基础上,实现对学生有效激励的"正强化"教育。辅导员在高校思想政治教育工作中科学、有效地运用赏识教育"三个要素"、"四个基点"、"五个方法"的策略和方法,体现了以学生为本,提高了思想政治教育的可接受性,维护了大学生自尊心,增强了大学生自信心,增进了师生感情,挖掘了大学生潜能,增强了高校思想政治教育的实效性,促进了大学生实现自由而全面的发展。

关键词　高校;辅导员;赏识教育;思想政治教育

当前,高校学生思想政治教育工作已经由单纯教育学生向服务学生转变,即以学生为工作主体,牢固树立以人为本的理念,通过尊重学生,赏识学生,帮助学生开展多形式全方位的自我教育。赏识教育的本质是尊重生命的教育,是爱的教育,是以人为本的教育。在高校学生思想政治教育中,辅导员科学、正确、有效地运用赏识教育,充分认可大学生的自我努力程度,能够为建立和增强大学生的自信自立自强提供有效的支持,思想政治教育真正落实到以学生为本,使得大学生潜能得到最大发展,促进大学生实现自由而全面的发展。

一、赏识教育的理论基础和内涵

(一)赏识教育的理论基础

赏识教育主要基于以下三个理论。首先,马斯洛的需要层次理论认为,人的需要由低到高分为生理需要、安全需要、爱与归属需要、尊重需要、自我实现需要五个层次。人最本质的需要就是尊重需要。只有满足了人的最本质的需要,人的潜能才能充分发挥出来,才能达到最高层次的需要——自我实现。赏识教育让每一个学生找到归属感,满足学生爱与自尊的需求。

其次,根据罗森塔尔的期望效应,教育者对受教育者如果怀着一种深沉的期待情感,通过各种暗示的方式,有意无意地流露出来,就会触动受教育者的心灵,对其产生巨大的感召力和推动力,引起其对教育者做出积极的反应。赏识教育不仅激发和鼓舞受教育者克服困难的勇气和激情,并且对受教育者的智力、品德和个性的发展都会产生直接影响。

再次,霍华德·加德纳的多元智力理论认为人有八种智力。赏识教育认识到每一个人身上蕴藏着的巨大潜能,通过正确的教育和引导使这些潜能得以释放和发挥。

(二)赏识教育的内涵

赏识教育在"识"的基础上"赏",是一种以尊重学生的人格为前提,在承认差异、尊重差异、接纳差异的基础上,用欣赏的眼光发现学生的闪光点,并给以充分肯定,以实现对学生有效激励的"正强化"教育。

赏识教育是一种承认差异、允许失败的教育;是一种充满人情味和以人为本的教育;是一种正向关注、积极引导的教育。赏识教育的方式是激励,是在教育者与受教育者相互激励的状态下实施的教育。在赏识教育的过程中,教育以赏识为先导,激发受教育者的主观能动性和潜在的巨大能量,激发受教育者的内在动力与自觉性,从而让教育顺理成章,潜移默化。所以赏识教育的过程就是教育者与受教育者相互激励、相互教育的过程,也就是感动与被感动的过程。

二、辅导员在高校思想政治教育工作中科学运用赏识教育的策略和方法

辅导员只有在高校思想政治教育工作中,必须科学、正确、有效运用赏识教育的策略和方法,才能真正打开学生的心扉,和学生做良师益友,思想政治教育工作才能真正落到实处,取得显著成效。

(一)辅导员在思想政治教育工作中进行赏识教育的"三个要素"

1. 自我赏识是赏识教育的起点。大学生拥有较广泛的知识和较强的能力,但往往不能正确认识自我,经不起挫折。辅导员在学生已具备自我认知基本能力的前提下,在学生自我发展过程中,发现其自身优势和发展潜力,因势利导,并予以肯定,从而使学生心理上相信自己,正确认识自我存在的价值,实现自由全面的发展。

2. 跟踪赏识是赏识教育的有效途径。高校辅导员应努力跟踪每一个学生的成长过程,针对每个学生个性特点与专业爱好在教育过程中的不同阶段表现,掌握大学生进步过程中遇到困难与挫折,有的放矢地加以辅导,帮助他们认识真实的社会环境,了解诸如职业规划、就业状况,引导学生如何正确处理生理、心理和感情因素等方面问题,建立战胜自我的信心。

3. 他人赏识是赏识教育的必备条件。他人赏识包括教育环境的自我认知和

客体评价。大学生思想政治教育工作是一个系统工程,辅导员在平时工作中,应注重引导学生参与学生团体并在其中发挥作用,构建教育环境的整体教育氛围。集体的评价力量优于自身的评价效果,大于个体的评价力量。通过他人赏识,有利于促进主体和客体客观评价机制的形成,达到增强评价功能的效果。[1]

(二)辅导员在思想政治教育工作中进行赏识教育的"四个基点"

1. 辅导员要用真诚的爱去赏识学生

爱是人之本性,没有爱就没有赏识,也就谈不上赏识教育。在辅导员的眼里应该是没有差生,只有差异。辅导员要爱自己的学生,给学生导师般的厚爱,多给予教导和激励,严格和期待,召唤和鞭策;给学生仁爱和大爱,多给予信任和搀扶,温暖和体贴,呵护和爱怜;给学生朋友般的挚爱,多给予平等和尊重,帮助和支持,理解和关心。只有在爱的熏陶下,才能为学生创造一个宽松、自由、和谐的环境,才能用伯乐般的眼光有意识、耐心地寻找、挖掘学生的闪光点,赏识学生。但爱学生不是纵容学生,也不是无原则地迁就学生。科学的爱、真诚的爱应该是以热爱、尊重、信赖、鼓励、期望和严格要求为内涵的。[2]

2. 辅导员要充分信任学生

辅导员的赏识是对学生的一种肯定和鼓励。信任是师生沟通的桥梁,使师生之间的沟通变得简单容易。一个开明的辅导员要充分信任学生。辅导员应用信任的目光、鼓励的话语来帮助学生树立自信心,使学生从辅导员的言行、态度中发现自我,主动去挖掘和发挥自己的潜能。辅导员对学生充满信心,会使他们得到一种"我能行"的暗示,这种暗示越强烈,学生就越能消除压抑心理,重塑自信。

3. 辅导员要细心观察和深入了解学生

"生活中不是没有美,而是缺少发现美的眼睛"。辅导员要赏识学生,就必须了解学生,深入学生中间,与学生平等的交心,细心观察学生,对学生的长处、不足要做到了如指掌,才能因材施教,从而实现有针对性的赏识教育。

4. 辅导员要学会宽容学生

有了宽容才会赏识。不学会宽容就很难真心实意地去赏识学生,尤其是那些表现非常不好的学生,甚至有意无意地损害辅导员的尊严的学生。每每遇到这种情况,辅导员首先想到的应是立德树人的责任,保持高尚的宽容心态,永葆睿智,沉淀人格魅力。

(三)辅导员在思想政治教育工作中需要把握赏识教育的"五个方法"

1. 一视同仁。一视同仁是赏识教育的前提。辅导员对所有学生都应该一视同仁,用真诚的赞扬和肯定,使他们意识到自身的重要性,充公感受到自己是集体的一员,激发他们的集体归属感。他们才会理解并接受辅导员的赏识,情感得以沟通,赏识教育才能发挥作用。让大学生沐浴在爱的阳光中,他们的潜能就会被激发,奇迹就会出现。

2. 实事求是。赏识不是没有理由地乱表扬,而是根据客观实际情况,依据一定标准而进行的。坚持实事求是的客观原则,才能赏识得当,避免赏识的盲目性和偏颇性。辅导员不要用千篇一律或华丽的口头语言来表达赏识,一个善意的微笑,一个赞美的眼神,一个亲切的手势,对学生来说也是一种极大的鼓舞。不仅要赏识学生的成功,也要赏识学生的失败,更要引导学生今后的发展方向,让他们朝着健康、全面、幸福的方向发展。

3. 扬抑适度。辅导员赏识学生要客观地分析和了解学生的身心需要,掌握好赏识的"度"。若赏识不够,辅导员对学生不屑一顾或训斥责骂,会伤害学生的自尊心和自信心,产生自卑心理,缺乏自信,并且导致师生关系不和谐。反之,辅导员若长期过度赏识,会导致学生骄傲自满,不能客观地评价自己,有可能导致人格的扭曲和人格障碍,遇到挫折将一蹶不振。

赏识教育在具体的实施过程中,辅导员的赏识不是对学生的简单表扬,而是从本质上信任和看得起学生,通过及时发现学生身上的闪光点,多表扬、肯定和鼓励,帮助他们增强自信心,找到"我能行"的感觉。其次,辅导员的赏识教育并不排斥批评,"良药苦口利于病,忠言逆耳利于行",大学生的成长是离不开真诚、善意的批评的。辅导员的批评要讲究艺术性,提倡"多鼓励,少批评","表扬要当众,批评要个别",以不伤害学生的尊严为前提。当"特殊学生"犯错误时,可采取谅解式、迂回式、委婉式等方式进行批评,私下里和他们谈心,善意地指出错误,就事论事,提出改正意见。

4. 因材施教。渴望认同、渴望赏识,是每一个人深层的精神需要。实施赏识教育要正确客观地分析、了解学生的内心需要,从学生的具体实际出发,针对不同学生的性格、特征、兴趣爱好采取不同的赏识方式。对综合素质强的学生,表扬他们的卓越表现,鼓励他们带动其他同学进步;对相对"后进"生,引导他们自我约束,为他们制订详细的可实现的目标,鼓励他们以自我为起点、超越自我等。

5. 及时肯定。"生活中不缺少美,而是缺少发现美的眼睛。"赏识教育要做到及时、迅速。错过尊重、赏识的最佳时机,教育效果将大打折扣。学生一旦有进步,得到辅导员及时、中肯而饱含热情的评价,鼓励的话语、期待的眼神和亲切的手势都会让他们感到无限温暖。他们一旦意识到自己被重视、被赏识,便会立即重整旗鼓,拥有不竭动力。辅导员要不失时机因势利导,给予及时的肯定、表扬,使他们心理上获得成就感,从而进一步坚定其个人意志力,使他们的能力得到更有效发挥,素质得到进一步提升。

三、高校辅导员运用赏识教育做好大学生思想政治教育工作的成效

大学生思想政治教育的最终目标是培养具有良好思想道德素质的社会主义事业的可靠建设者和接班人。赏识教育不仅仅是一种教育方法,更重要的是一种教育思想。在赏识教育过程中,辅导员怀有"每个学生都是天才"的教育思想,并以此为指导,从尊重学生的主体地位,满足学生的心理需求,实现学生的自我发展的思维角度来确定自己的教育行为。赏识教育的本质是爱,辅导员对学生的真诚的爱是一种巨大的教育力量。在辅导员的大学生思想政治教育工作中实施赏识教育,有助于思想政治教育手段的实施、思想政治教育内容的渗透和教育思想的潜移默化,促进了教育目标的有效实现。

(一)辅导员的赏识教育消除了当代大学生的逆反心理,提高思想政治教育的可接受性

心理学试验证明,劝导性教育如果劝诱性太强,受教育者就会感到自己的选择自由受到束缚,从而产生抵抗。在对大学生进行思想政治教育时,辅导员科学、正确、有效地运用赏识教育,防止了大学生逆反心理的产生,缩短了整个教育过程,达到了事半功倍的效果。辅导员的赏识教育让大学生产生认同心理,悄悄滋润大学生心田,在心灵深处积淀,从而产生各种各样的顿悟,逐渐形成良好的思想品质、理想信念和动力,不知不觉地实现辅导员进行思想政治教育的预期目标,提高了思想政治教育的可接受性。

(二)辅导员的赏识教育是潜移默化的隐蔽性教育,提高了大学生思想政治教育的实效性

"隐蔽式教育是一种无意识教育,即不被受教育者察觉的教育方式"。[3]辅导员对大学生进行赏识教育,按照预定的教育内容和方案,对大学生所取得的进步和闪光点进行赏识和肯定,引导大学生朝着更好的方向去发展。辅导员的赏识教育充分体现了隐蔽性教育,它不是对大学生讲道理、说要求,而是对其进行赏识、激励,把教育目的、意向渗透在赏识教育中。在赏识教育过程中,看不到辅导员居高临下的权威训导,思想政治教育的是实效性尤为显著。

(三)辅导员的赏识教育体现了人文关怀,以人为本,以学生为本的教育理念

"以人为本,重在建设,是思想政治工作的立足点,也是思想政治工作的重要方针。"[4]以人为本就是要重视学生的价值,尊重他们的需求,肯定他们的作用,真

正做到从受教育者的需求出发,充分调动受教育者的积极性、主动性、创造性。辅导员的赏识教育恰如其分地体现了以人为本、以学生为本的教育理念。大学生感觉不到自己是在受教育,感觉不到"辅导员我讲你听,我说你做"的权威训导,可以充分表达自己的意见和想法,并且能得到辅导员的充分肯定和赏识,心理上得到了满足,提高了参与教育的热情。运用赏识教育,辅导员与大学生之间地位是平等的互动的,减轻了大学生心理压抑,增强了大学生情感参与意识,最终达到师生共赏[5]。

(四)辅导员的赏识教育维护了大学生的自尊心,增强大学生的自信心

苏霍姆林斯基认为:"宽容引起的道德震动比惩罚更加强烈。"辅导员运用赏识教育,尊重大学生的人格,宽容学生所犯的错误,并帮助学生改正错误。不当众批评学生,对学生勇于承认错误,当众表扬其勇气,鼓励其改正,维护了大学生的自尊心。

詹姆斯研究发现,一个没有受过激励的人仅能发挥其能力的20%至30%,而当其受过激励后,其能力的发挥是激励前的3~4倍。辅导员运用赏识教育的眼光看待大学生,不论学生表现优劣,平等对待,看到学生点滴进步,即使没有进步也努力为他们创造机会,促使他们进步,给予激励表扬,通过心理暗示培养和提高了大学生的自信心,减少了自卑感,使其有源源不断的动力,为他们找回了自信心。

(五)辅导员的赏识教育增进了师生感情,挖掘了大学生潜能,使其潜能得以最大的发展

"感人者,莫乎于情","亲其师信其道"。辅导员运用赏识教育,用微笑和赞赏取代斥责和惩罚,大学生就会感受到来自辅导员的爱,为师生之间架起了一座感情的桥梁。辅导员运用赏识教育,用慧眼努力寻找大学生的优点,挖掘大学生的潜能,促进大学生的自由而全面的发展。

四、小结

辅导员只有在高校思想政治教育工作中科学、正确、有效运用赏识教育的"三个要素""四个基点""五个方法"的策略和方法,才能真正打开大学生的心扉,和大学生做良师益友,真正做到以生为本,消除当代大学生的逆反心理,提高思想政治教育的可接受性和实效性;才能维护大学生的自尊心,增强大学生自信心,增进师生感情,挖掘大学生潜能,使他们的潜能得到最大的发展,"赏识教育"才能在高校辅导员日常工作中取得显著成效,才能促进大学生实现自由而全面的发展。

参考文献：

[1]刘卫. 高校学生管理中赏识教育模式运用[J]. 教育教学论坛,2011,35:222-223.

[2]覃仁和. 谈赏识教育在高校思想政治教育工作中的运用[J]. 中国电力教育,2011,29:156-157.

[3]祖嘉合. 思想政治教育方法教程[M]. 北京:北京大学出版社,2004.115.

[4]中国思想政治工作研究会,中宣部思想政治工作研究会. 思想政治工作概论[M]. 北京:中国人民大学出版社,2007.124.

[5]凡欣,吴满成. 赏识教育——高校思想政治教育的新理念[J]. 工会论坛(山东省工会管理干部学院学报),2011,02:120-121.

下篇 02
"微时代"高校学生工作案例

第六部分

特殊学生教育

遗失的"学生干部光环"

——"阳光学生"实例剖析

于海兵

一、案例陈述

Z同学来自珠三角沿海城市,性格外向、能说会道的她在中学时已经崭露头角,曾担任过各种学生干部职务。大学期间,凭借着在军训期间的出色表现,Z同学得到了老师和同学们的认可,并成了院团委和团总支的主要负责人。然而,自从担任学生干部后,烦恼就开始困扰着她。

凭借着在以往担任学生干部时所积累下来的各种能力,Z同学以果断直率的办事方式获得了老师们和同学们的普遍认可,同时,在学生干部的工作中也收获了自己的爱情。就这样,Z同学不一会儿就成为校园里的焦点。鲜花、掌声、赞美言辞等令Z同学陶醉其中,渐渐地产生了一种优越感,而Z同学也想当然地把自己放到一个比较高的平台上:作为学生干部就得与"普通同学"不同,就得办大事。在平时的各种校园活动中,Z同学发挥学生代表的优势作用,积极参加年级和学校的各种活动,并多次以直率爽朗的作风完成任务。期间,Z同学担任过晚会主持,组织过运动会,参加过学院间的交流活动……为此,在的各项活动中,Z同学获得了"优秀学生干部""优秀志愿者""优秀团干"等荣誉称号。而对于班里面的活动,Z同学却不太感兴趣,在班集体里面的活动中只充当一个旁观者或者领导者的角色,很少参与到活动中,而且曾多次在活动中迟到早退或缺席,因此,在平时的学习和生活中,Z同学和班里面同学的关系有点生疏。

久而久之,在学生干部的光环中Z同学似乎找到了学生干部应有的气质,然而,在班集体里面却找不到自己的影子。当忙完一个"重要"任务后托着疲惫的身躯回到宿舍时,却没有得到舍友们的问候,反因晚归打扰了舍友而发生的不和谐争执;当在学习上遇到难以理解的问题而想问同学时,同学们却淡淡地应付几句;当同学们在班里面的聚会上开心地交流时,自己却因没有共同语言和同学们沟通而被冷落在旁边。渐渐地,Z同学脱离了班集体,在校园中似乎只有在爱情和学生干部的工作中找到成就感。

然而,要想权衡学习、工作和爱情三方面的问题并不是Z同学所想的那么简单。原本以为,只要凭自己的努力就可以把这三方面做好,但在脱离班集体后,Z同学把更多的心思放在爱情和学生干部工作上,学习时间变少了,学习动力也变得不足了。而且在担任学生干部期间,几乎每个周末Z同学都需要出席各种会议、参加各种讲座各,接踵而来的工作任务占据了她的私人时间,有时候,计划好的学习或被协定好的约会被突如其来的工作打断了,为此,自己和朋友的关系开始变得有点不稳定。面对学习成绩下滑、朋友关系不稳定的状况,Z同学开始把重心倾向学习上,渐渐地,当初那份热情工作的雄心被冲淡了。于是,Z同学开始学会尽量推却、逃避,因为推掉各项会议和活动,因为这样才能够有更多的时间投入到学习和爱情当中。但令她烦恼的是Z同学的爱情过了保质期,而且在考试前由于生病,考砸了几门科目。因此,Z同学的工作积极性变得更加消沉了,自然,工作的质量开始下滑。鲜花、掌声、赞美言辞、亲切问候,它们都哪里去了?Z同学感到很困惑。面对学习、工作、情感的重重压力,面对强烈的挫败感,Z同学最终选择了逃避学习、逃避工作、逃避生活……渐渐地,Z同学成了校园里沉默寡言的独行者。

同学们将Z同学的情况反映给辅导员,辅导员找到Z同学后,对Z同学进行了耐心的分析和教导,同时同班同学们及时给予了她关怀,让Z同学放低了心态,积极与同学们沟通,成了一个成绩优秀并能他人和睦相处的学生干部。

二、原因分析

在大学的校园里,每个学生都想把自己精彩的一面展现在同学们面前,尤其是像Z同学这一种在鲜花与掌声中长大的学生。但很多时候并不如我们所愿,正如Z同学,从刚开始担任学生干部时的精彩生活,到困惑重重大学疲惫之路,最终成为了固步自封的独行者。下面,分析Z同学从担任学生干部以来遇到的问题。

(一)自我优越感过强

Z同学来自沿海城市,见闻广泛,能言善辩,而且在中学期间曾担任过各种学生干部,因此,相对于大部分刚步入大学校园的新生来,其展现出来的素质无可厚非的,自然,Z同学有更大的筹码担任大学的学生干部。由于爽朗直率的办事风格,Z同学成为同学们的焦点,这种"公众人物"的形象间接让Z同学产生一种与普通同学不同的优越感,而Z同学的性格恰好是直率洒脱、好胜心过强,这又直接把她推向一个更高的"优秀者平台"。于是,由内、外因素导致了Z同学产生过强的优越感。

(二)过分追逐名利

刚开始担任学生干部的Z同学,一心想在大学的舞台上展现自己优秀的一面,为此,Z同学积极活跃在各种校园活动中:"参加年级和学校的各种会议、讲座等活动,担任晚会主持,组织运动会,参加过学院间的交流活动……"因此,Z同学获得了各种荣誉称号,但Z同学却执着地把工作中的快乐建立在这些荣誉称号之上:因为参与的活动"级别"越高,笼罩在Z同学身上的光环就越亮,就越值得为之而自豪。而班集体里面的活动都比较大众化,知名度不高,这就产生了"对于班里面的活动不太感兴趣"的现象。于是,强烈的求胜心理驱使她向更高的荣誉而继续奔波。

(三)脱离班集体

在学生干部的光环中Z同学似乎找到了学生干部应有的气质,然而,在班集体里面却找不到自己的影子。从一方面上看,Z同学把重心放在那些让她能够找到成就感的学生干部工作中,这与上文提到的"自我优越感"和"追逐名利"有很大的关系。从另一方面分析,"舍友们不体谅她晚归"、"同学们应付式帮忙"、"聚会上被冷落"这些反映了Z同学已经开始脱离了班集体,与班集体的成员关系已经疏远了,甚至产生了不和谐的一面。

(四)缺乏应对挫折的能力

首先,在担任学生干部期间,当各种会议、参加各种讲座和接踵而来的工作任务占据了她的私人时间时,当学习成绩开始下滑时,当自己和朋友的关系开始破裂时,当考试期间病倒时,Z同学开始怀疑自己选择的道路是否正确,甚至怀疑自己的能力。从中可以反映Z同学面对挫折时的意志还不够坚定。其次,由于Z同学一直以来都是戴着"优秀者的光环"长大,很少遇到这么多突如其来的挫折,对于缺乏失败磨炼的她一时间乱了阵脚,于是她开始学会逃避学习,逃避生活,逃避工作。渐渐地,Z同学开始把自己封闭在失败的空间里面,并成了校园里一个对周围事情漠不关心、沉默寡言的独行者。从这方面又可以找到Z同学是一个过于在乎她人的目光,渴求成功但在失败面前又具有强烈自卑感,欠缺过硬的心理素质一个脆弱的学生。

三、防治措施

透过学生干部这个点,新生开始看到大学这张网正并不是想象中的那么简单——它需要大学生对学习、社交、工作等方面问题进行统筹规划。从Z同学遇到的问题我们不难发现:从中学进入到大学的过渡时期,要想成为一个学生中的优秀者并不容易,而大学一年级的学生干部又是其中的一个缩影,这就需要我们理清各个问题的联系,抓住重点分析并解决困惑。

(一)放低心态,正确看待荣誉。

学生干部是广大学生的代表,是服务学生的公仆,而不是拥有"特权"并高高在上的先进代表。像Z同学一样,作为学生干部应当放低自我优越的心态,倾听别人的意见,把担任学生干部当作一项培养自己全面发展、服务大众的光荣使命,同时,发挥先进模范作用,积极带头深入到服务广大同学的工作中。虽然,在工作中学生干部需要付出一定的汗水和时间,有时候在学习和工作中难以找到时间的平衡点,甚至有时候自己的付出反而换来别人的误解,但是学生干部要时刻发扬奉献集体的精神,并理性的判断个人得失,正确看待工作中获得各项荣誉。只有在心目中树立起"我先为人"的理念才能够积极完成工作任务,才能够避免Z同学"把工作中的快乐建立在这些荣誉之上"的现象。

(二)主动融入集体,加强人际交往

一滴水要想不干涸的唯一办法就是融入大海,学生干部要想有所发展,就得融入集体,并服从集体安排的任务。集体是大学生在学习和生活中的坚实基础,学生干部的号召力从集体中可以得到体现。人际交往是现代社会人才的重要素质,是衡量一个人能否适应社会的重要条件。成功交往的技能不仅仅需要自我的正确认识,还需要他人或集体对自己的在各方面的肯定。因此,我们不能够像Z同学那样因为害怕"犯错"或"被嘲笑"而回避与他人或集体的交流,更不能因作为学生干部的"等级划分"而藐视她人或集体,这样做只能让自己陷入孤独、封闭的境地。因此,只有主动加强人与人的交往,遵照广大同学们的意见办事,遵循集体的价值观,积极参加到集体活动中,才会增强学生干部的自尊心、自信心,才会对集体的责任感、荣耀感、价值观等有更透彻的了解。

（三）强化执行力，勇于承担责任，积极面对挑战

工作不是简单的谋求利益的过程，而是我们要用生命去做的事，我们应当付出真切的努力。

首先，成功的源泉在于满腔热情地服从指示，立即行动，高效迅速地完成任务。这一点对于学习任务繁重的医学生来说尤其重要，做好这一点才能够使医学生在以后的日常工作，历炼出毫不畏惧的决心、坚强的毅力、完美的执行力以及在限定时间内把握每一分每一秒去完成任何一项任务的信心和信念。其次，要时刻明白，没有不需承担责任的工作，相反，我们的职位越高、权力越大，肩负的责任也就越重大。因此，学生干部要养成勇于承担责任的习惯，担负起自己的职责，相信自己一定可以承担职工作中的责任，一定可以比别人完成得更出色。再次，学生干部应始终保持积极的心态，在挑战来临之前做好强而有力的准备，不要寻找任何借口为自己开脱，专注工作，付出汗水、付出精力，以干净利落的姿态去执行任务。

从自弃到优秀毕业的自强之路

田育进

一、事件叙述

"老师,我读不下去了,我想退学!"小 A 带着哭声在电话中跟辅导员说了自己的想法。

小 A 是刚入学的新生。经历了高考的洗礼,应该说是带着对未来美好的憧憬来到了新的求学环境,让梦想起飞。然而刚开学不久,究竟遇到了什么重大的事情使她有这样的想法呢?

"小 A,我先了解一下你的情况好吗,遇到的问题我们一起解决。"通完电话,辅导员跟小 A 在独立的会议室里进行了约谈。

在跟小 A 的交谈中,她讲述了经历的事情。

她来自梅州的农村,在高中时自己的成绩中上,一直为自己理想的广州某医学院校而努力,但高考失意,没有如愿。录取通知出来后,她很痛苦和内疚,想过复读,但后来在家人的安慰下,才放弃了复读,到学校报到。

在高中时她与一位男生的感情很好,两个人在高考前约定,一起报考广州某医学院校,一起求学。但高考后两个人被不同的院校录取。入学后,两个人的情感渐渐出现了问题,两个人通电话经常因为某些小事情而吵架,有时在宿舍里说话的声音很激动,影响了舍友的休息。久了,舍友有意见,跟舍友的关系也不融洽。军训刚结束,男生就跟她提出了分手。

现在的她,没有考上理想的学府、跟男朋友分手、跟舍友关系不融洽,接踵而来的事情让她内心很痛苦,自己想逃避,想退学。

辅导员在了解她的情况后,分析了她目前的处境,包括入学院校不理想、与男友分手、宿舍关系不和谐等几方面,在如何认识自己和家人、如何调整自己心态和接下来的如何规划方面给了建议,希望她认识自己、确立目标、做出决定、解决问题。

经过交谈和建议,小 A 暂时放弃了退学的想法,但对于大学生活的适应,还是存在困难。在与人相处上,因为之前与舍友关系不好,还是影响了学习和生活。

辅导员一直关注她的情况,看到她经过一段时间还是不能适应,找了个傍晚,在学校体育馆,跟她聊了最近的情况。

"老师,为什么我融不进我的宿舍和班级?我参加了羽毛球协会,跟他们的关系的很好,聊得很开,但一回到宿舍,自己就像回到了一个陌生的环境,自己很难受!"

"你们刚进入大学不久,彼此的认识也不是很深,现在这样的情况,主要是因为你在处理情感问题时与大家有些误会。在合适的时候,大家将误会化解就会好起来的。"辅导员没有马上给她行动建议,而是让她正视她目前遇到的情况,等合适的机会再改善与舍友的关系。

如何让她融入宿舍和班级呢?辅导员带着这样的问题思考如何帮助她。当时恰好有学院的辩论赛,每个班级都要有队员参加初赛。辅导员根据她平常的表现,知道她思维比较活跃,语言表达流利,在高中时比较喜欢阅读书籍,所以鼓励她参加辩论赛,以班队的名义出征学院的比赛。开始她有些胆怯,觉得自己前期一直没有跟班上同学较好相处,现在报名参加,担心同学们不支持。辅导员再次鼓励她,对她的综合条件进行了评价,肯定了她的能力。最后她答应试试。随后,辅导员跟她的班委就班级推选辩手交流了意见,班委也觉得她有能力参加好这项比赛。

经过她自己的努力,在班级初赛中表现优异,与其他班级的3位同学组成了级队,参加了学院的辩论赛,最后获得了第二名。这是她入学后取得的第一个奖项,她很开心。辅导员认为小A同学获奖是改善宿舍误会的一个机会,在给她祝贺的同时,建议她感谢一下舍友,通过小型聚餐的形式表示感谢,并对开学初相处的问题向她们表示歉意。她欣然接受了。

经过她自己的行动,慢慢地改善了和宿舍同学和班级同学的关系。

经过多次的交谈,在辅导员的鼓励下,她从新认识了大学生活,并做出了大学生涯规划。在经历了大一第一学期低迷期后,从大一第二学期开始参加了班级竞选,担任班级的宣传委员,又积极发挥自己的特长,参加了羽毛球协会,还担任了外联部长,在大二时出任了会长,并带队员参加训练和比赛。

在接下来的几年时间里,她慢慢调适自己,在辅导员的指导下规划和调整自己的大学生活,期间申请过助学贷款,获得过助学金,在大学四年的综合测评排名中,她不断地进步。在大五第一学期实习期间,深圳的一家与专业对口的事业单位(参公)招聘,额外条件为羽毛球特长。辅导员将这个招聘信息转达给她,最后她顺利通过笔试、面试,成功地被录用。

新的生活,新的起点,开始了她工作的新旅程。

二、原因分析

面对小 A 同学这样的迷惘、困惑和逃避,作为辅导员在开学初时常会遇到,如何帮助他们,使他们克服困难逐渐成长的过程,需要对其原因进行分析,寻找对策,以帮助学生更好地健康成长成才。对于小 A 同学她所遇到的主要有以下几个方面的原因。

1.录取的学校和专业不理想。高考发挥失常或志愿填报不科学,使一部分学生录取的院校不理想。同时随着院校招生规模扩大和专业的增多,一些新增的专业在新生录取上没能招录到足够的学生,需要接受报考其他专业调剂的学生,使得专业不理想。这部分学生入学后,常表现为厌学、逃避、欲转专业或复读,专业思想不稳定,求学心态不稳。

2.情感失意。随着校园环境的变迁和心态逐渐成熟,一部分同学入学前的情感会发生改变,出现"分手"现象。这些情感也许是他们的初恋,他们会看得很重,一些同学会因情感变故不能调试自己,出现内心痛苦纠结,情绪低迷,对外界事物漠不关心,甚至自暴自弃,自我堕落等。小 A 同学的男友跟她提出了分手,对她来说是情感上的创伤。

3.大学生活不能适应。大学生活是自我独立的开始,一些同学离开家庭与舍友过集体生活,在生活方式、处事方式等方面可能存在差异,一些问题没有处好,会产生误会和留下相处的隔阂。小 A 同学入学后,顾着处理自己情感的事情,忽略了舍友的感受,影响了舍友正常的休息和学生,以致出现误会。

三、教育建议

1.建立良好的心理咨询渠道,及时化解学生出现的问题。心理咨询工作是辅导员开展思想政治教育工作重要的渠道,是辅导员了解学生信息,传递新信息,帮助学生学会新行为,解决新问题的有效方式,能帮助学生认识自己、确立目标、做出决定、解决问题。在日常工作中,需要建立学生与辅导员的信任机制,引导学生愿意主动与辅导员进行交流,实际工作中只要学生愿意跟辅导员讲出自己遇到的问题和困惑,很多问题都能得到及时的解决。

2.密切关注三困学生情况,适时给予必要的帮扶。三困学生包括家庭经济困难、心理困惑和学业困难学生。在遇到困难的时候,一般会经历无力、无助、无奈、无望这四个过程。以困难的过程作为切入点,可以让辅导员的帮扶工作更具有时效。在他们感到无力的时候,如果及时了解他们的困难,给予引导或必要的帮扶,就能避免后续的无助、无奈和无望。

3.鼓励学生做好大学生涯规划,积极充实自己。部分大学生实现了上大学的目标,在一段时间内奋斗目标缺失,失去努力方向,对大学生活缺乏以目标为导向的有效的规划,对专业基本理论知识、基本技能和基本操作的学习没有合理深入的安排,对宽松的课外时间没有做出相应实施方案以促进自身多领域的进步和发展,对自己的兴趣特长等没有进一步提高,使大学在"忙—茫"状态下度过。辅导员应鼓励学生做好大学的整体生涯规划,唤起大学生的自主意识和成就动机,培养大学生自我规划和自我管理能力。加强大学生生涯规划,可以让大学生认识自己、认识环境,并对校园环境和社会环境进行分析,设定阶段目标和实施步骤,将大学学习生活以及毕业就业进行初步安排。

象牙塔里的认知错误

卓殷如

一、案例背景

大学生是国家和民族的希望,是社会主义事业的接班人,他们的思想状况直接关系到学校乃至全中国的希望。随着改革开放的不断深入,处于社会转型期的大学生也由于受到了国内外各种各样思潮的巨大影响,他们的思想也正在发生着新的变化,一些老旧的、被前几代人认为是理所当然的思想理念可能会被他们驳斥甚至全盘否定。大学生同性恋问题一直处在不温不火的状态,一直有人关注,但一直没有放在醒目的位置。一般认为,大学生同性恋毕竟少数,并且就像早些年谈到大学生恋爱一样,大家都"犹抱琵琶半遮面"。其实,大学生同性恋问题是一个不可小觑的问题,因此,全面准确地把握当代大学生对一些颇受社会发展影响的现象——比如同性恋现象的普遍和个人看法,做出实事求是的分析,为大学生的思想教育提供科学依据是十分紧迫和必要的。

二、案例事件

学生A君,男,性格开朗、外向、阳光,有很强的交际能力与工作能力,一直是年级的骨干,是老师的左右手,由于师生关系的融洽,我经常与该生谈心,从工作到生活,无所不谈,他也把我当成学习中的老师、生活中的姐姐看待,出于信任的关系,该生有一天神色凝重地约我出来,说有心事要倾诉,我就赶回了学校,约在映月湖畔石凳旁听他细说。他说,他好像喜欢上了一个男生B君,由于是同班的关系,而且大家都同在一个学生组织工作,又是平时接触得较多的同学,可能在不知不觉中对他有了一丝好感,而在平时的接触中也流露出了关心和爱慕,终于忍不住对B君讲述了自己心里的想法。A君现在最烦恼的就是担心不知道B君会有怎样的反应,而且大家同班又同一个学生组织,他害怕如果处理不好的话会影响大家日后的同学关系和合作关系。

第二天B君主动来到了我的办公室,也不约而同地跟我说起了A君的事情,B君也担心他的拒绝会因此影响了同学之间的关系,从而向我求助。我很庆幸这两位学生都能同时敞开心扉跟我说出他们心底的想法,身为辅导员能让他们在我这里找到信任和安全感,是我最值得骄傲的事情。

A君和B君同时都是成绩非常优秀的学生,都是同时拿奖学金的学习搭档,也光荣地成为了共产党员,事情发生以后,由于双方的观点问题,还是出现了我担心的状况,有很长一段时间A君难以走出阴霾,以致学习成绩下滑,出现了补考的现象,当年也与奖学金失之交臂,后来也辞掉了年级干部的工作。A君与B君在那段时间是零交流,看到昔日的好友如今形成陌路人,我也痛在心里。

我一直不停地在与他们沟通与疏导,经常单独把他们叫到办公室谈心,常常发信息关心他们的生活和学习,慢慢引导A君正确看待事情,引导他认真思考和分析自己的情况。我也安慰B君不要有太多负面的情绪,相信自己,做对的事情,相信老师,一切都会好起来的。在我坚持不懈的努力下,经过了一年多的时间,A君再次用他的努力证明了自己的实力,再次拿到了一等奖学金,而与B君的隔阂也从此解开,通过事件以后,A君也意识到当初自己的这种爱慕原来不是爱情,不是同性恋,而是同性依恋,是被一时的感觉蒙蔽了自己,现在他自己也放宽了心,两位昔日的好友,最熟悉的陌生人又重现了欢声笑语。看到这些,我觉得一切都值得的。

三、案例思考

通过这个案例,我自己感触很深,也思考了很多。随着社会文明开放程度的加深,现代社会的同性恋者已经开始逐渐从隐蔽的社会角落走向人们关注的焦点,但是,关于大学生同性恋群体的社会语境,在当前却仍是晦涩的,他们多面临强大的内外部压力,易出现心理问题和心理危机。时至今日,这个群体的数量有了不同程度的增长,然而,如何正确看待这个问题和处理问题是重中之重。在整个案例的处理中,我有了以下的体会:

第一,首先要让他们分清是同性恋还是同性依恋。

两个要好的同学经常在一起学习,生活,又在同一个类似的区域工作和接触,有时候难免会产生好感,而这种好感到底是不是同性恋呢,可能他们自己都还没有弄清,但是随着时间和年龄的增长,他们会慢慢地意识到这只是他们的一种错觉,其实他们一直都走在正确的道路上。

第二,建立良好的信任关系,保持中立,遵循保密原则。

良好的信任关系是工作得以顺利进行的前提。从一开始两位学生都能主动找我说出事情的起因和发展来看,他们对我是无比的信任,因此我必须紧紧抓住这点来对事情有一个完整的了解和把握。作为感情世界的局外人,我必须保持中立,无条件的尊重当事人,不能把自己的想法强加于他们身上,通过引导和分散他们的注意力来让他们逐步认识到事情的原本性应该是什么,在过程当中,他们也会思考,也会努力去回想和深入自己的内心,最终为自己的心里找到一个平衡点。当然在整件事情的处理上,我必须遵循保密原则以取得他们的高度信任,方便跟进以后事情的发展和进度。

第三,坚持不懈的沟通,疏泄被压抑的负面情绪。

针对导致个案心理危机的原因,接下来我的工作重点主要是两个方面:一是让他们的负面情绪得以宣泄;二是改善他们对自己现在这种是否是同性恋的认知,减轻其内在心理压力。

我经常与他们面谈,会谈内容由浅入深,涉及到他们的学习、生活、经历、爱情、人生、理想等,引导他们把压抑在内心的负面情绪表达出来。通过几次谈话,他表示内心平静了许多,并向我自己会冷静处理自己的问题,并会努力学习。

情绪宣泄是危机解除的重要途径。由于宣泄渠道不畅,他们的负面情绪往往会被自己压抑,这些负面情绪的压抑是导致心理危机的重要原因,因此,必须要坚持不懈的与他们进行沟通并了解他们即时的想法。

第四,帮助树立正确的价值观,有博大的宽容的胸怀。

A君对同性恋的认知得到改善,内心冲突减少,自控能力和自我接纳程度增强,情绪趋于稳定,心理危机解除,认识到自己不是同性恋的同时,他也恢复了正常的学习和人际交往,生活热情提高,心理健康状况明显改善。

这个时候也要引导他树立正确的价值观,鼓励他在以后的人生道路中遇到瓶颈的时候学会冷静正确的思考问题和处理问题,无论何时何地都要多与家人和老师沟通,做任何事情都要有宽容的胸怀,宰相肚里能撑船,相信他将来一定是一名优秀的人才。

四、案例建议

同性恋是非常需要我们关心的一个群体,特别是大学生里面的同性恋。他们的生活充满了痛苦,在同性恋者内部,他们要面临感情的追逐。在外部环境方面,有来自家庭、心理、伦理、法律的诸多困扰。中国社科院李银河博士对中同新闻网说:中国高校作为一个社会的组成部分,它与大环境息息相通、相互影响。同性恋学生这个群体庞大,正确认识和引导民众对同性恋的看法,首先应该从教育抓起。

1. 我认为第一点首先要正确引导学生是否是同性恋,正确把握他们的错误认知的及时性是非常必要的,而不是盲目地认为他们就一定是同性恋者。

2. 学校应该公开地谈,正视它而不是回避它。这将使中国社会对同性恋的态度产生长远影响。

3. 另一方面,大学生同性恋者面临着主流社会的漠视,正是由于这种有意无意的长期漠视,使同性恋者滋长了一种苟且偷安的心境,躲在阴暗角落,不敢也不愿站出来争取自己的权利和合法地位。因此,社会应该抱着科学、实事求是的态度对待同性恋问题。

4. 政府相关部门应该加强对同性恋场所的监管,避免商家误导社会群众尤其是大学生盲目走向同性恋。

5. 高校应当设立专门的心理咨询机构,根据学生的不同情况,在正视学生性取向多元化的前提下,正确引导学生的性取向。

0.3cm 破损带来的伤害

陈诗乐

一、案例经过

"陈老师,刚刚你们年级有个女生打电话过来说流了很多血,我在外面办事,听不清楚她讲什么。我把你的电话给了她,等下你了解下具体情况再和我说。"2014年6月的某一个周日的中午,我接到了同事×××老师突如其来的电话。过了不久,果然一个陌生的电话打了进来。

"喂,您好!请问是陈老师吗?我是××班的学生小Z,我有件事不好意思和我们辅导员说,所以我找了×××老师,她让我找您的。"打电话的是一个女生,她不是我带的班级的学生,是我同事一位男性辅导员A老师的学生。女生说话很温柔,声音很小很轻,听口音应该是外省的学生。

"小Z你好,什么事?你说。"

"我现在下体流了很多血,很痛,我应该怎么办?老师?"小Z突然有点哽咽地说道。

刹那间,我头脑一片空白,心咯噔了一下。做辅导员最怕的就是学生受伤。但我下意识让自己平复下来,轻声说道:"你先别哭,慢慢说,告诉老师怎么回事。"

"老师,我昨天皮肤过敏,到××医院皮肤科做了个检查,当时我外阴道也瘙痒,所以医生建议我顺便做个白带抽检。但是做这个白带检查的时候,医生并没有问我有没有结婚,也没有问我有没有性生活史,就直接用了窥阴镜给我做这个检查。当时我就痛得大喊了出来,后来医生就叫我坐起来。我看到了下体流了很多血。我问医生怎么回事。医生简单地帮我擦了一下血,就指了一下门口,示意让我拿着化验单离开就可以了。"

"老师,我现在下体还流着血,我怀疑是处女膜破裂了,我该怎么办?"学生更加哽咽了。

那一刻,我觉得自己和学生一样无助,我好恨自己不是读医出身的,不知道该如何处理这类伤害。但是我不能在学生面前表现出来,毕竟这个时候她更加信任我。

"小Z,你先别慌。这个事情我必须要跟你辅导员说,因为你是他的学生,他有权知道这个事情。再说,他比我经验丰富,他会处理好的。我等下会给他电话。如果出血情况还严重,你必须要到医院去检查。你家里人知道这个事情了吗?"

"还没,我想等事情搞清楚了再告诉他们。"

"那你舍友她们知道了吗?"

"她们知道了,昨晚就是她们给我拿衣服,陪我回学校的。"

"那好,那现在在你先休息,下午如果出血还很严重,就让舍友陪你去医院做个检查,判断出血的原因。我虽然不是你的辅导员,但是我愿意为你提供任何帮助。如果你有任何需要或者问题一定要告知我,好吗?"

"嗯,我会的。谢谢老师。"

二、案例处理

挂掉电话后,我立马给他的辅导员 A 老师打了电话,商量着要如何解决这个事情。最后决定由 A 老师建议学生先到他认识的某医院的一位妇产科医生那里,做检查,判断下体出血的原因。第二天上班的时候把相关情况和书记汇报后再做决定。晚上,我再次和学生通电话,得知学生并没有去做检查,便和她聊起了天,希望能缓解她糟糕的心情。

第二天一早,我们便和书记汇报了相关情况,书记指示要立刻和医院沟通,了解事情的经过,要为学生争取最大的权益,要妥善处理好这个事情,并嘱咐我一定要密切留意学生的举动,安抚好她的情绪。

接下来,我们就陪着学生,到该医院的妇产科做了个处女膜鉴定检查。检查的结果是"处女膜已破,新鲜,6 点钟的位置有 0.3cm 破损"。拿到结果之后,我们基本可以判断这个事情和那位皮肤科的医生有关。这是一起医疗纠纷事件,在高校学生工作管理中属于突发事件,既关系到学生的切身利益,又关系到学校和医院的关系,所以必须要妥善处理好。

于是,我们带着学生一起到该医院的医务部,找到专门负责接待医疗投诉及纠纷的部门,当时皮肤科的主任也代表出事医生过来了解情况,就这个事情进行协商,他表示当晚做检查的医生也承认确实是自己工作疏忽了,表示道歉,愿意和学生一道妥善解决事情。初步的解决方案有三个:一是和医生私下协商解决;二是走医调委解决(医疗纠纷人民调解委员会,第三方,仲裁机构);三是走正常的法律程序。鉴于第三条走法律程序的道路漫长而且复杂,虽然处女膜有着深厚的道德意义,但其破损并不是身体致残,赔偿额度不会很高,但是走法律程序付出的成本却很高,学生耗不起。我们建议学生还是尽量选择前面两种处理方式。

随后,我又陪着学生到医调委进行咨询,答复是"这起案件只能说明是当事医生工作疏忽造成的,索赔的额度只能按照精神损失费来算,但是这个在中国目前的法律上来讲,赔偿金额不会太多,建议还是和医生私下协商解决。"为了能帮学生争取到最大的赔偿额度,我又咨询了读法律的同学,答复基本差不多。

综合了多种意见之后,我把我的想法告诉学生:和医生协商解决是最好的解决方式。一来成本低,学生正处于考试阶段,事情拖得越久对她越没好处,势必会严重影响她的学习,同时也不利于事情的解决;二来如果通过医调委或者走法律途径,可能会有更多的同学知道这个事情,这是一个女生最不愿意看到的了。

在和院方及当事医生的积极沟通,和学生家长的多次电话沟通,和学生的多次当面谈话后,事件终于顺利解决了:当事医生当面赔礼道歉,同意支付学生小Z的赔偿金额以及处女膜修复手术费用,医院对该医生进行了内部处理。

三、案例效果

事情的顺利解决,基本是进入暑假放假阶段。在期末考结束之后,我找了学生来聊天,鼓励学生要努力忘记这个事情带来的不愉快,乐观面对生活,利用暑假的时间到外面走走,让身体和灵魂至少有一个在路上。同时也可以积极响应学校鼓励学生参加暑期三下乡及社会实践活动的号召,投身志愿及实践活动,发现自身更大的价值和意义。此外,还嘱咐她的舍友,要对这个事情高度保守秘密,给予她更多的关心和帮助。

暑假回来之后,在饭堂意外碰到她,她主动上前和我打招呼,谢谢我的帮助并告知我暑假的时候去了当地一个孤儿院当义工,收获很大。这学期会继续留在×××社团负责有关工作。在她的脸上,我看到的是对生活满满的热情和希望,没有一丝苦恼和伤痛。那是我最愿意看到的结果了,那一刻,我是终于释怀了。

四、案例分析及启示

这是一起医疗纠纷事件,在高校学生工作管理中属于突发事件,既关系到学生的切身利益,又关系到学校和医院的和谐关系,所以必须要妥善处理好。通过这个案例,我感触良多。虽然院方一直强调该医生不存在医德问题,并非蓄意伤害女学生,而只是工作疏忽造成的,我表示非常震惊。从某种程度上来讲,我的学生是不是算不幸中的万幸了?只是0.3cm的破损。但就是因为一句"工作疏忽",这0.3cm破损带给她的心理伤害或者隐形伤害有多大,我们无法估计。抛开医患关系这个沉重的话题,就案例本身,作为一个辅导员,我深深体会到了要处理好这一类突发事件必须从心理和行动上做到以下几点：

（一）保持镇定，临危不乱

作为辅导员，在面对突发事件时，如何保持镇定，努力控制自己是非常重要的。这个时候，学生已经处于极度恐慌当中，她是你信任的人，你要努力让自己平静下来，告诉自己不能慌，要仔细听清楚学生的诉求，并认真思考要如何提供帮助。只有充分冷静下来，临危不乱，才能想出解决办法的对策。一味地恐慌只会导致更加的彷徨和不知所措。努力让事件控制在自己的能力范围是锻炼辅导员心理承受能力的关键，也是处理突发事件的第一步。

（二）以生为本，为学生争取最大权益

关爱学生是辅导员的天职。以生为本，为学生争取最大的权益是我们在学生工作中应该遵循的一个重要原则。就本案例来讲，我知道处女膜对于一个女生的意义，在受到伤害的情况下，如何为她争取到尽量合理的赔偿金就是她最大的权益了。因此，我们用尽了各种方式，通过各种途径，就不同的解决方式的利弊向专业人员进行咨询和分析，力图达到这个目的。并且嘱咐她的舍友时刻关注她情绪的变化，小心翼翼地保护好她。此外，我也多次和她面谈，尽量安抚和转移她的情绪，让她从阴影中走出来。

（三）懂法用法，让法律成为武器

通过这个案例，我最大的收获就是深刻地知道了：作为辅导员一定要懂法，要用法律来维护学生的权益。在日常的工作中，我们很难避免不会出现类似医疗纠纷、医疗事故等等涉及法律的危机事件。因此，作为辅导员，我们一定要善于懂法用法，增强自己的法律知识，让法律成为保护我们及学生的武器。

（四）及时汇报，主动沟通

突发事件发生后，我们要及时向分管学生工作的书记汇报情况并争取书记的指示，毕竟书记经验丰富，能够为我们年轻老师提供更好的建议，更有助于事件的解决。此外，我们还要和多方进行积极沟通。就本案例来讲，我们和学生本人、学生家长、当事医生、医务部、医调委等等相关人和部门都进行了积极有效的沟通，这也是事件得以顺利解决的一个重要因素。

事情已经过去了 4 个多月，对于一名新辅导员，对于新手上路的我，的确是很大的挑战。那 0.3cm 的破损，对于学生是一种伤害，对于我，也有不一样的意义，它就是我工作生涯的成长催化剂。

用激励和关爱"扶贫"

吴笑韬

案例对象基本情况：

小 Y，女，某学院某班学生，是一名来自广东省一个比较偏远的小镇的贫困生，上大学后曾遇到大学生活适应困难并产生自卑心理和人际沟通障碍，经过辅导员一系列激励和关爱措施的引导和影响，最后成功地实现了从一名自卑的贫困生到国家奖学金获得者的嬗变。

案例对象遇到的主要问题：

一、因未能适应大学学习生活而产生自卑心理

在新生入学军训期间，我发现该生内向、少语，同时特别各种兼职和勤工助学信息，遂重点关注并多次找其谈话。在交谈中，我了解到该生的家庭基本情况以及该生入学后的学习、生活等各方面的情况。由于家庭经济困难，该生在上大学前几乎没有用过电脑，也不会上网，甚至连电脑打字都很困难，而进入大学后，不会用电脑不会上网就连基本的学习和基本的与同学沟通都难以进行，遂产生了严重的自卑心理。

二、因家庭经济压力而产生的焦虑心理

由于家庭经济困难，该生不得不通过做兼职来赚取学费和生活费。入学后，为了赚取生活费和学费，该生曾同时打过三份工。兼职耗费了该生过多的时间和精力，导致该生在入校两个月的时候开始出现了学不会、听不懂的情况，这使该生感到万分焦虑。因为从小学到高中，学习成绩好一向以来就是该生自信心的唯一来源和支撑，在因兼职而影响学习的情况下，该生表现出严重的焦虑情绪。

三、因自卑和焦虑心理而导致的人际沟通障碍

由于入学后在学习、生活方面都面临这诸多的不适应和障碍，再加上经常外出做兼职，与同学沟通较少，该生越发变得内向和焦虑，并逐渐表现出不知如何与同学交往的人际沟通障碍。

为解决案例对象的问题而采取的工作措施：

1. 军训期间了解到该生的情况后,我及时与该生谈话、沟通,并积极为该生联系校内勤工助学岗位,使她不至于同时到校外做多份兼职,保证她的学习时间和安全。

2. 积极了解并充分挖掘该生的优势,增强其自信心。经深入了解,该生一贯学习成绩优秀,写作能力较强。于是我介绍该生积极应聘学院传媒中心的学生干部。该生经过自己的努力,顺利通过笔试和面试,成为学院传媒中心记者部的一名学生干部。在工作岗位上,该生充分发挥了自己文笔较好的优势,赢得了老师和同学的好评,自信心逐渐增强。

3. 积极鼓励该生通过争取奖学金来解决经济问题。在如何解决自己的学费和生活费的问题上,该生曾面临这一个难题:要解决自己的学费和生活费,必须赚钱,但花时间和精力来做兼职赚钱又会极大影响学习。我通过介绍国家和学校的相关奖助学金的政策,鼓励该生努力通过表现突出来赚取上学的费用。经过我的鼓励,该生逐渐树立起一个观念:把时间和精力放在学习上,加强自身素质的提高,通过获取奖学金来完成学业。经过一年的努力,该生先后获得了校友助学金、国家奖学金以及校一等奖学金,实现了通过自己的努力获取奖学金来解决学费和生活费的梦想。

4. 积极对该生进行感恩教育,引导该生发挥自身优势,带动周围同学共同进步。在对该生进行帮扶的过程中,我特别注意积极开展对该生的感恩教育,让该生从自卑的阴影中走出来,并通过发挥自身的优势,帮助同学一起进步。在我的引导下,该生主动把自己的课堂笔记与同学分享,并主动为同学收集整理课堂课件,带动营造浓郁的学习氛围。

案例的经验与思考:

1. 对贫困生的帮扶要满怀关爱并积极激励。贫困生由于家庭经济的原因,都不同程度上表现出自卑和焦虑的情绪,对他们的帮扶,说到底最终就是最大限度地减弱由于家庭经济原因而引起的自卑和焦虑情绪。而要消减贫困生的这些负面情绪,就要对他们满怀关爱并积极鼓励,这样贫困生才会对辅导员产生信任感,这也是贫困生接受辅导员帮扶的心理基础。

2. 困生的帮扶要立足于发掘贫困生的优势并真正让学生树立起自信心。事实上,只要我们认真发掘,我们就会发现他们身上其实有很多很好的品质。比如说更成熟、更能吃苦、更会考虑他人的感受等等。要让贫困生脱"困",经济上的帮扶是一方面,但更重要的是自信心上的帮扶。而要让贫困生真正树立起自信心,就要让他们发现并展示自己的优势,但他们的优势被老师和同学所认同,他们也就树立起了自信心,但他们树立起了自信心,由于家庭经济困难而引起的很多负面心理问题就可迎刃而解。

3. 对贫困生的帮扶要注意感恩教育并积极发挥典型带头作用。贫困生通过自立自强获得成功,这是引导优良学风和校风活生生的理想资源。在对贫困生的帮扶过程中,要特别注意对其进行感恩教育,让他们理解他们的成功也有他人的功劳,让他们在获得成功后能自觉地服务他人、激励他人,从而推动良好学风、校风的形成。

奖助学金的"诱惑"

田育进

一、案例概况

新生小 Z 同学是来自粤西地区一位农村家庭学生,家里以种植果树为主,有十几亩果林,家境情况一般。在入学那年,家里果林受灾歉收并负债,她的学费筹措出现困难,入学后办理了国家助学贷款。

入学后不久,学校下发了国家奖助学金评审通知,小 Z 同学根据自己家庭条件,递交了申请。在众多申请同学中,她的贫困情况相对突出,经过评审,获得了第一次的国家助学金 2000 元。入学后小 Z 同学生活上省吃俭用,在消费上根据经济情况量力而行,没有特别突出的消费情况,给同学的感觉是比较节俭。

在第二年国家奖助学金评审时,她提供了村乡县出具的"贫困证明",提及果树无收成,家里还欠债 5 万。结合她大一的成绩,班级和年级组成的评审小组评定后,获得了当年的励志奖学金 5000 元。此外,她还申请了国家助学贷款,并获得了学校二等奖学金。

在后续两年时间了,她家里的情况依然"没有改变",经济条件还是比较困难,又获得了 1 次助学金,同时也申请了国家助学贷款。在毕业前,小 Z 同学找辅导员长谈,向辅导员倾诉了自己真实情况和内心长期的矛盾与愧疚不安。

小 Z 同学家里果树第二年就开始有收成而且盈利了,家里经济也不那么困难,完全有能力支付她的学费和生活费,另外她每年开学的时候,家里叔父、阿姨等几位亲戚经济条件比较乐观,每人都会给她 1000 元左右经济上的支持;春节的时候也能收到 1000 多元的压岁钱,所以,自己经济上完全能够应付大学的学费和生活费。但是因为大一第一次申请获得通过后,自己感觉反正先申请,也没有强制要求一定要,如果条件符合,就获批,就这样,一直让家里开具"证明",获得了后来的几次奖学金和国家助学贷款机会。她说,这几年,其实过得不安心和愧疚,自己想买点什么,如想买个好些的手机和电脑,但不敢,想买几件好一点的衣服也不敢,想吃好一点,也不敢,时刻受着同学的监督,就像有一个精神枷锁,困着自己。当看到比自己困难很多的同学,因为没能获得助学金,生活拮据,自己也曾感到很愧疚不安。这些情况自己不敢说,也不能说,心里还有点小九九,怕说出来,失去了已获得的奖助学金和失去申请奖助学金的机会。她说，经过几年的助学金、学校奖学金、家里给的生活费和亲戚们给的钱，现在银行里存款有2万多元，自己也想用这笔钱去读研究生，但想着银行的存款好些是虚假获得的资助，自己很多时候也都睡不好。

二、解决问题的思路和方法

小Z同学在入学的第一年客观上是贫困学生，后来家庭经济好转，"脱贫致富"后还继续申请各类助学金，有违奖助学金的评审相关原则。鉴于小Z同学即将毕业，解决的重点是让小Z同学能意识到自己在奖学金申请上的不正确做法，在思想上能重新确立正确的价值观和金钱观，在道德上树立诚实守信、乐于助人的品行，在行为上言行一致、坦诚生活，在学习中积极进取，获得"荣誉"型的奖励来取代"资助"型的奖励，鼓励自力更生、自强不息。

1. 深刻认识弄虚作假获取奖助学金是不正确的做法。小Z同学虽然在客观上曾经存在家庭贫困，主观上没有强烈争取奖助学金的动机，但其行为和做法有违各类奖助学金评审中"诚实守信"的原则要求，在行为上是不正确和不给予提倡的。这是需要小Z同学深刻认识和杜绝弄虚作假的。

2. 树立正确的金钱观，树立"君子爱财取之有道"观念。各类奖助学金旨在资助家庭经济困难学生，让他们能减轻经济负担，安心学习，不因经济原因长期勤工俭学、兼职和增加家里负担，这是国家和社会非常好的资助政策。随着资助的力度和比例加大，资助面也大了，申请同学随着增多，案例中小Z同学没有正视自己家庭情况，跟风申请，占据了资助名额，对真正需要的同学带来间接的影响。对于金钱，要树立通过自己的努力劳动去争取的观念，要通过合法合适的途径获得。

3. 树立诚实守信乐于助人的良好品德。诚实守信是道德品质的基本要求，也是社会主义核心价值观的要求，它的对立面即弄虚作假。在面对做人和做事原则性的事情上，要树立良好的诚信品质，并以此逐步树立个人良好的品行。小Z同学大学期间多次获得奖助学金，有2次并不是因为家庭困难真正需要，因此，案例中，辅导员鼓励她认识到错误后要反哺社会和同学，建议通过乐善好施的形式，感恩国家、社会、学校和家庭，树立乐于助人的品德。在辅导员建议下，小Z同学以家庭经济好转，家里资助的名义，向年级爱心资助会捐出了2000元，用以资助年级有临时和特殊困难的同学。此举一方面表达了她对自己行为过错的认识，另一方面，也树立起知恩图报，乐于奉献的典型，引导其他同学在能力提升后回馈社会。

4. 鼓励树立自强不息的奋斗精神,积极争取荣誉性奖金。大学生是成长成才的关键阶段,也是世界观、人生观和价值观逐渐明晰的阶段,鼓励学生树立自强不息精神,有"不食嗟来之食"的态度,靠自己辛劳努力去获得肯定。鼓励她通过自己努力,用学校综合奖学金和其他形式奖学金来取代"助学金",用荣誉型奖金替代资助型奖金,这样不仅能获得经济上的资助,更能获得个人能力的提升。

案例后续:秉着对学生成长过错进行教育的角度和鉴于她本人知错能改的态度,年级和学院没对小Z同学的情况进行通报。大学的这份经历,对她的思想、道德和行为都产生了一定的促进影响,小Z同学在毕业前努力准备研究生入学考试,最后顺利考上了某重点医科大学,继续为医学道路而努力奋进。

三、分析与启示

国家于2007年提出建立学生资助体系以来,国家奖助学金、社会助学金、学校奖助学金和个人助学金等各类资助不断建立和完善,在制度上基本保证了学生不因家庭经济困难而失学,有力推进了教育和社会公平。在各类资助过程中,公开、公平、公正是前提,贫困生资格认定严格、资助程序规范严谨、监督监管到位等过程应成为了资助的关键环节。

1. 以"三公"为前提,做好各类资助评审。国家经过几年时间的建立和完善,高校资助体系日趋完善,学生能安心地完成学习和学业。在评审中,信息公开、条件公开、参评对象公开、符合条件学生公平申请、公平地参评、公正地组成评审小组、公正对待申请学生申报材料、公正地核查核实相关情况等"三公"要求对于评审各类奖助学金尤为重要。该案例中,对于学生本人提出的情况和村县乡开具的证明缺少核查核实,对"贫困证明"持信任态度,造成了后续评审出现偏差。

2. 严格认真做好贫困生认定与更新。学生入学后,对于家庭经济困难学生都会进行认定,主要方式为学生自己根据自身家庭状况提出家庭经济困难认定申请,通过班级、年级和学院等环节组成的认定小组对其家庭经济情况对应相应的贫困生认定办法与标准进行分类认定。认定小组一般根据学生本人撰写的材料、村县乡的贫困证明和学生日常行为消费情况进行认定。在该环节,往往缺少深入的了解,特别是切实考查学生家庭经济情况(如家访等),只根据材料和在校表现进行认定,就会出现如案例中的偏差,导致最后评审结果出现偏差。随着时间推移,学生家庭经济状况也可能发生改变,有由好变差,也有由差变好的,因此,每学年定期更新贫困生资料,能对贫困生奖助贷工作能起到基础性的作用。

3. 严谨执行资助评审程序,信息公开与保护隐私相结合。在贫困生奖助贷工作中,评审环节的公开、公平、公正,对帮扶真正困难学生起着重要作用。在程序上,一般为本人申请、评审小组讨论审议(流程可以为当事人陈述经济情况、小组人员结合经济状况和资助情况进行评分或者投票)、拟定获得名单、进行公示。在评审过程中,材料真实,小组成员无私心,是公正评定的前提。合理恰当选定评审小组,确保材料的真实性,成了公正的关键环节。对于申请人员材料的真实性,存在两种特殊情况,一是夸大和虚报家庭情况,如欠债、受灾等,二是隐瞒和不愿表露真实困难,如单亲家庭、低保家庭等。为此,加强材料审查,深入了解家庭和个人情况,掌握真实信息,能做到资助真正需要同学,同时也能适当保护不愿公开的隐私。

4. 加强资助后的监督和监管,帮助学生树立正确的价值观。在资助后,学生如何使用获得的资助金,对已获得和未来开展类似资助工作有导向作用。助学金主要用于学生在校期间日常生活费用需要,用于生活费开支。但有学生获得后用于物质和娱乐消费,使助学金失去原本的意义,如该案例学生获得后存进银行,这有悖于助学金的初衷。对于资助后的监督与监管,需要及时了解学生生活状况、资助金的主要用途、日常消费行为,通过学生间的相互监督,确保助学金用在真正需要同学身上。

第七部分

情感疏导

让孤独的心灵重焕生机

宋雁秋

【案例前言】

抚平受伤的心灵,化悲伤为动力

近年来,随着高校改革,学校在注重学业调整,结构优化的同时,对大学生心理素质的培养也尤为重视。作为学生工作一线的思想政治辅导员,如何培养大学生健全人格,树立他们正确的世界观、人生观与价值观成为思政教育工作的重中之重。以下是即为笔者在大学辅导员工作中一例关于特殊学生工作的案例。

【案例问题事件】

小芳(化名),女,应用心理学专业某班学生。从学生工作角度看,该学生发生心理问题的诱因如下:

该生从小心理上就存在一些问题,一直以来内心都是比较孤独的,不愿意跟陌生人接触,在高中的时候也是独来独往。高考期间,父亲去世,母亲为了不影响其高考故向她隐瞒了此事。事后,该生曾一度对父亲的死表示无法相信并认为父亲一直陪伴在她身边,同时对母亲的做法产生怨恨与不满。

进入大学后,该生无法适应宿舍生活。根据舍友反映,该生在宿舍中沉默寡言,独来独往,喜欢沉静在自己一个人的世界中,容易失眠且频发噩梦。另据反映,该生认为自己有预测别人生死的能力,平常也总会想一些或者说一些很诡异的事情。

该生曾在学校心理咨询室做过两次"沙盘游戏",效果不甚理想,根据咨询室的老师反映该生并没有主动提出咨询。该生有写作习惯,在其空间"黑暗地平线"上有诸如"如果说每一个人都有一种底色,那么我就是灰色的,再这样孤独下去,会变成浓重的黑色,没人能拯救。"等的消极话语。该生压抑情绪很重、情绪不稳定,曾在大一时向当时大学里唯一的朋友透露过有自杀念头。

【解决问题的思路、方法及效果】

因考虑到贸然找该生谈话可能会增加其心理负担,故采用婉转的方式如走访宿舍、QQ聊天、博客、微博关注进一步了解该生目前情况,用以制定切实有效的解决问题的措施。

在学习上,笔者了解到该生对英语学习有浓厚的兴趣,大二学年以优异的成绩通过了全国英语四六级的考试,于是便鼓励该生发展该方面的兴趣,同时向该生介绍英语各类证书的情况,鼓励其报考以增进一技之长。同时,笔者通过对该生博客、微博的关注,了解到该生文字功底不错,写作能力较强,笔者鼓励该生通过写作表达自我真实感受,并于该生交流写作心得。通过对该生学习上的关心与帮助,促使该生在生活中树立更为积极有效的目标,使其生活有所寄托。该生还表示,她立志考研,希望考取社会学方向的硕士研究生,目前正在紧锣密鼓的准备。

在生活上,笔者从生活上的每一件小事关心该生。比如定期询问其所在班的班委她近期的学习情况、出勤率、生活情况,或是走进宿舍亲自询问她的近况。更是带动了所在班级的热心同学与她进行更多的交流,让她感受到集体的温暖。

在近三个月的耐心关怀与帮助下,该同学性情日益开朗。据笔者的亲身感受与班级同学尤其是该生舍友的反映,该生本学期以来与舍友的集体活动增多,也逐渐加入到班级的活动中,笑容多了,也与同学有良好的互动。最近,通过笔者与该生的沟通交流,该生向笔者表达了内心真实想法,否定了之前种种消极想法与做法,并树立了明确的考研意向,目前正在积极备战中,该生还表示,希望通过心理学专业的学习与今后的不断努力,能够更加深入研究各种社会现象,帮助更多有需要的人。

【思考与收获】

本案例为一例特殊学生的案例,作为一名学生工作者,对待特殊学生问题的处理,笔者有如下的思考与收获:

1. 用心聆听、细心呵护,每一个学生都是一个生动的个案

思想政治辅导员的工作事无巨细,围绕大学生成长成才教育开展工作。但由于一名辅导员时常需要负责两、三百名以上的学生,难免精力不足致使对学生的管理很多时候只停留在常规化的管理模式上,与学生的交流形式更多的局限在集体教育形式上。在本案例中笔者深切地体会到,要想细致扎实有效地做好学生工作,则必须在学生工作中仔细分析每一位同学的个案。只有切实了解到学生的情况,才能采取更好的预防措施与解决措施。只有做好真正用心去体贴、感化自己的学生,用自己的爱心与耐心换来学生的认同。才能把学生工作做实、做强、做好。

2. 积极有效地联合班委、同学、家人及社会的力量,落实全方位、多角度的辅导环节

校园生活中,同学之间的关系是最密切的。当有同学出现问题时,身边同学的态度也很重要。当了解到某一位同学生活或是学习中存在困难,作为辅导员,除了主动找到该位同学真诚地去帮助他,同时应注意调动班委、班级成员,为其提供在生活、学习上更为及时的帮助。同时,家人学生最亲近的亲人,通过家人的力量,能够更有效地帮助解决学生产生的各种问题,通过发挥学生干部、普通学生、家人和老师之间的桥梁作用,更为有效做好问题预防与解决措施。另外,如上述案例中,外界的力量也是不容忽视的,集合一些社会资源如网络、社会信息,资格认可等手段,帮助学生重建信心,树立明确的目标,消除他们消极、被动的思想与行为。

3. 特殊学生需要区别对待,但是不能将其特殊化

所谓的特殊学生只是在身体、心理或者学业生活的某些方面落后于他人,在教育与管理过程中,应该比一般的学生更为重视,教育教学方法应该有所区别,但是要真正起到全面、全方位的教育效果,不能将他们特殊化,不能将他们与一般的学生进行分类。作为教育工作者,应当善于挖掘他们身上的闪光点,正因为学生的特殊问题,才能容易体现出他们某方面的特殊才能,如上述案例中描述的主人公她的英语和文字水平较强。同时,不能因为学生特殊,而让学生形成自己任何事情都可以走特殊途径的心理,要让他们自己完成力所能及的事情,学会通过自身的努力,结合他人与社会的帮扶,实现自己的理想。学会感恩,学会利用自身力量帮助其他需要帮助的人。这才是教育主旨所在。

4. 举一反三、归纳总结,创新工作模式

很多学生个案并不仅是个别学生的问题,而是具有共性的,可能会是一部分学生会出现的问题。作为大学辅导员,在大学生的辅导工作中很有必要认真分析

出现的学生个案,并加以归档分类以进一步总结其规律与解决方式。同时,该做法有利于我们辅导员在深入、耐心地了解学生真实情况的前期基础工作下,防患于未然,尽量避免同类学生个案的发生,以在以后的大学生辅导工作中做得更加完善。

用"心"为学生撑起一片蓝天

张素琼

一、案例简述

新生刚进入校园不久,某班班干部向我反映了一名女生小欣(化名)的情况。小欣是独生女,进入大学,离开亲人,非常不适应,开学初两个星期,每天晚上都睡不着,甚至有时候会在半夜里哭泣,严重干扰同宿舍同学的正常休息。在得知情况后,本人立即找了一个恰当的时间和地点,准备与小欣进行一次详谈。当我第一次近距离接触这名女生的时候,发现她眼圈发黑,精神不佳,是严重缺乏睡眠的结果。当我准备和她交谈的时候,没等我了解她的基本情况,她就开始哭泣,谈话因她一次次的哭泣而不得不中断,这次谈话得到的最后情况就是她很想回家,她不敢一个人睡觉,其他的她一概不肯说。经过这次艰难的交谈之后,我发现小欣可能存在严重的学习困难和心理问题。第二天,再次找到机会和小欣进行交谈,然而像上次那样,她依然哭泣。有了上一次交谈的经验,这一次我找到了谈话的切入点,发现她很喜欢文学,也很喜欢心理学,从她的爱好入手,一步步进入她的内心世界。通过这次交谈,她告诉我她不想读医学专业,问我能否转到人文专业。当问到她为什么不喜欢医学专业时,她又是一阵剧烈的哭泣,最后艰难地蹦出几个字:"我怕血",见到血她就害怕,就想晕。于是迅速做出方案对其进行心理辅导并尽快与其父母取得联系。伊始,小欣并不愿意将其家人联系方式告诉我们,经过一番开导,终于与其母亲取得联系,通过各种渠道了解到小欣小时候曾有过一次车祸,有严重的心理障碍。接下来很长一段时间,本人对小欣进行了长期的心理辅导、学习指导和安全监控,创造各种机会帮助小欣施展其特长和建立自信。小欣两年多以来一直保持稳定、正常的状态,学习成绩优异、学生干部工作出色。

二、本案例的难点和应对策略

(一)小欣家庭情况的特殊性

单亲家庭:小欣父母在其小学时就离异,抚养权归母亲,小欣从小缺乏父母之爱,小学、中学一直寄养在姨婆家中,一直与姨婆同睡,从来没有住校经历,缺乏独立性。小欣父母离异后都各自忙于工作,对小欣的生活和学习都很少关心。小欣对于自己的家庭状况很少对外人透露,以至于一直不愿意我们和她的父母取得联系,增加了我们对小欣进行各方面援助的困难。

对策:本人在这个案例中非常注重通过引导来缓解小欣精神的压抑和焦虑。基于此,本人为小欣制作了一本记录本,专门记录小欣心理转变过程,并有计划地引导她到心理咨询中心接受治疗。与此同时,想方设法与其母亲取得联系,并告知其小欣病情的严重性和将会对她以后生活造成严重危害。与其父母一起共同探讨帮助小欣康复的方案。并且还与小欣其他三个舍友开了个秘密会议,让她们宿舍成员一起共同努力营造家的感觉,并经常约她们几个一起到我宿舍聚餐或与他们班一起到户外郊游活动。在各种小聚会中增进大家的感情和相互信任感,让小欣慢慢融入集体生活,备受集体温暖。

(二)小欣心理(精神)问题的隐蔽性

在小欣小学四年级的时候,曾经遇到过一场车祸,在这场车祸中造成一人死亡,小欣住院一个月。这给小欣幼小的心灵造成了极大的阴影,最终导致晕血、害怕一个人独处。但由于小欣家庭比较富裕,生活各方面都比较优越。开始,由于小欣不善于与他人沟通,更不愿意和别人提及她遭遇车祸一事,同学都无法得知她这一状况,仅简单地认为她只是属于独生子女的娇惯脾气,并没有发现隐藏在她内心深处的恐惧与不安。

对策:在各种谈话中细致地把握谈话细节,从细节中发现问题并重视和跟进这些线索。本人和小欣一次谈话中,发现她对"血"这个问题很回避,从来不敢正视这个东西,发现她还怕见到红色的东西,害怕上解剖课等等。因此,在一次谈话中,引导她,当提及血她想回避的时候,便乘胜追击,用激将法挖出挤压在她内心多年的恐慌,在撕声裂肺的痛哭后终于说出了车祸一事。找到了问题的缘由,寻找对策就比较容易了。一开始,小欣不不愿意接受心理治疗,我尝试通过各种办法说服她,最终在我的陪伴下她走进了心理咨询中心接受心理辅导。我尝试通过心理咨询老师的努力,我们进一步了解到小欣的心理问题,因此对小欣给予了更加全面的关注,对策和思路也更加清晰。我还以学习人体结构为由,和他共同学习人体解剖学,陪她一起到解剖楼上解剖实验课,通过设疑来引发大家讨论解剖知识,并向小欣求解,慢慢地让她感受到她在我们当中的重要性,这种精神的被重视完全超越了她内心对解剖的抵触。

(三)家长刻意回避其病史,造成学院工作的难度

与小欣母亲的多次联系,其母亲均刻意回避我们了解到的小欣的心理问题,并一直隐瞒小欣小时候遭遇车祸后曾有一段时间接受过心理辅导。小欣母亲平

时非常忙碌,没有更多的时间陪伴小欣,或许出于母爱的保护不愿意别人发现小欣心理的不正常,亦或许小欣母亲缺乏治疗心理疾病方面的常识,不懂得及早治疗的重要性,也不知道心理疾病可能导致的严重后果,所以未能对小花的病情予以足够重视。

对策:通过多次与小欣母亲交流沟通并告知其小欣在校的种种不正常的表现,并将学校心理咨询中心的老师对小欣进行开导的情况记录传真给她,让她正视问题的严重性。经过多次联系沟通后,我们与家长达成一致意见:家庭、学校、同学一起共同拯救这颗曾经受伤的心。

(四)综合压力和打击下的自信崩溃

从小父母离异,缺乏家庭温暖,并且还遭遇车祸,让小欣觉得自己是世界上不幸之人。并且高考没有考出她理想的成绩,没有进入重点大学,让她心灵受伤,并造成严重的心理问题。种种的压力和打击导致小欣刚进入大学校园就表现出极不自信。

对策:第一步,通过鼓励其施展特长、帮助其重塑自信。通过大量的交流我了解到小欣非常喜欢文学,也喜欢研究心理学。当了解到她还把自己的作品放在网络日志上后,我马上到网上欣赏和点评了她的作品,鼓励她多去展示自己。并且为她搭建平台,让她担任班上的心理委员,让她借此机会多与同学沟通,多听听同学的心声,让她在开导别人的同学也慢慢得到心灵的安慰。在大一那一年,我经常参加他们班的主题班会,总会寻找机会让小欣在班上发言,让她展示自己的才华,得到大家的认同,重拾自信。

第二步,在初步树立自信的基础上,我开始帮助小欣克服学习障碍。除了单纯的心理引导外,我还在他们班里成立"一帮一"互助小组,并经常在他们班里召开关于学习心得体会的会议,并且陪伴她一起到解剖楼共同学习,在慢慢克服了心理障碍后,接受了护理专业,并一度取得优异的成绩。

第三步,个性化的辅导。学生在校的时间毕竟是有限的,老师不可能保护其一生,因此我最初就明确意识到:对小欣的各种关心和帮助都应该以增强其心理素质和增强能力为最终目标。前两步的努力已基本令小欣拥有了相对稳定的心理和精神状态,在这个基础上我对小花进行了一些生活适应的个别辅导,如人际沟通的辅导、文学写作的辅导等等,让她能够更好地面对社会的巨大压力,增强自己的竞争力。

三、回顾和思考

从处于精神崩溃边缘的问题学生,到一名优秀的学生干部和阳光女孩,小欣的转变令人欣慰和欣喜。这两年来,小欣经常在QQ上,或是通过电话短信和我聊天,通过两年多的在校实践的历练,她明显成熟了,精神状态良好,更加自信和富有朝气。回顾这一案例,我有如下体会:

第一,细心是做好思想政治工作的前提。只有细心的发现问题,及早进行有效处理并确立干预目标。如果不是细心地发现了小欣身上潜在的危险,如果不是通过其他同学和家长的配合、编织出一张立体的安全防范网,如果不是细致地捕捉到学生的需求,后果绝对不堪设想。在具体的辅导、指导过程中,细心也非常重要,辅导员必须在多次的交流中随时捕捉问题学生的反应并及时采取有效对策,才能较好地实现干预目标。

第二,爱心是做好学生工作的必备条件。问题学生的干预和辅导过程极其繁琐,在互动过程中还会遇到很多令人郁闷的问题:例如学生的思维方式的固执性、心理痼疾的长期性和反复性、行为和自控能力的薄弱性等等,都会不时令教育者感受到很大难度和压力、有时甚至会产生厌烦感。因此,只有具备对学生真诚的爱和责任感,具有真切的人文关怀,才可以克服一切困难,将工作进行到底,最终帮助学生在学业上获得成功。

第三,耐心是实现教育目标的重要保障。问题学生的思想教育工作,其难度是不言而喻的,如果没有足够的耐心,缺乏工作的系统性和计划性,教育目标的实现将无从谈起,学生也不可能在学业中胜出。教育者必须用足够的耐心来倾听学生、包容学生、理解学生,才可能从精神层面真正影响学生、令他们心悦诚服地接受老师的指引和帮助,真正有所转变,一步步走向成功。

总而言之,在实际的思想政治教育工作中,我们应当具备足够的细心、爱心和耐心,用细心、爱心和耐心为学生护航,让他们人生之舟保持正确的航向,在成功的彼岸创造幸福美好的人生。

持续的关怀,让她走出了心理的困境

张美艳

一、案例背景

现在的大学生需要面对学习、就业、情感、人际关系等各方面的压力,有的同学还要饱受家庭经济困难的困扰,压力比过去明显增大,心理问题比过去也明显增多。这是一个心理问题学生的真实案例,在我的一系列措施下该学生最后成功走出了心理的困境。

二、案例情节

某某,女,大四年级将要下点实习的学生,独生女,其母生了她之后因重男轻女得了精神分裂症,自小不与她一起生活,与其亲感情甚好,家庭经济一般。她性格内向、自卑,经常无明显原因周期性情绪低落,有时思想很片面且极端,不轻易相信人,人际关系欠佳,学业中等。大学入学后,自己曾多次找学校心理老师咨询,因没有效果去年转向专业心理网站找人聊天、咨询。大三见习时,认识了一个男生,在她满怀希望正准备与该男生进入感情生活时,这位男生却选择了与另一个女生拍拖。再加上专业学习、实习就业等压力,据同学们反映,近期她周期性情绪低落的症状变得较严重起来,表现为间隔期缩短,易哭,情绪低落时爱向周围同学发一些消极的短信来寻求关心安慰,偶会向舍友乱发脾气,甚至提到"人生没意义""欲自杀"的想法,有时为了排解抑郁会网上聊天、看恐怖片到深夜一两点。

2009年6月3日

我第一次收到她的短信,没有署名字,内容如下:这个世界谁管得了谁?谁都为自己活着而忙碌,每个人只能自生自灭。我活着很痛苦,可我怕我死了,爸爸很孤单很可怜。

因前段时间有些同学已向我反映了她的情况,对其情况已有些了解,考虑到为了不给她增加压力,且她发来的短信没署名,可能她本人也还不愿意让老师知道真实身份,故我主要以陌生朋友的角色给了她问候、关心、鼓励。

她最后发过来的短信是:谢谢你的鼓励,谁也帮不了我,也许我该去看医生,可能要吃药,只是这个用钱堆积的社会不知该去信任谁,并告诉了我一个网址让我上去看一篇文章。这篇文章是在一个抑郁症心理专业网站上发表的,描述了她心情抑郁时一天的生活及心理状况,下面还有一些网友的回复鼓励。

2009年6月5日

向上级汇报并获得指示后,我先进一步向周围同学广泛了解了她的情况,并咨询了心理、精神方面的专家一些相关知识,我联系了她一起聊天。

我先从那天的话题聊起。

我:"由于手机上没存你的号码那天把你当陌生人了,后来在年级同学的通讯录查询下才发现原来是你。是不是最近碰到什么问题了呢?还是期末考试压力很大呢?"

某某叹了口气,欲哭状:"怎么说呢,我不知怎么说好。"

我:"没事,我们慢慢来",停顿了片刻,让她缓解下,"现在心情好点没呢?"

某某:"没事了",欲言又止,一副挺委屈的样子。

我:"老师以前也是学医的,期末考试的压力我也经历过。我们学医的相对于其它专业确实比较辛苦。不过挨过来就好了,且你成绩还可以吗,不要给自己太大压力。"

她笑笑。

我:"我看了你的那篇文章了,我们都是学医的,且你也会在那个网站发表求助,就不避讳了。我想确认下你有看过医生确诊过为忧郁症吗?有什么症状可否告诉老师呢?"

某某:"就是心情挺长时间都很糟糕。"又停止了话语。

停顿片刻后,我鼓励道:"不要有压力,慢慢说,老师真的很想帮你忙,可是前提得详细了解你的情况啊。"

得到鼓励后,她打开了心扉,慢慢地向我说了她的症状:无原因地周期性心情低落,有时感觉很有气无力,觉得世人都只顾自己、没有谁真正了解关心过她,生活没啥意义……

后来我们一起就她的表现症状——做了原因分析及解决对策探讨。例如:与舍友相处不好,自己有没原因呢?是不是有时自己也该主动与她们聊聊天、融入她们,从多看一眼、一个微笑、一句话做起。总之,"要想别人怎样对自己,得先怎样对别人"……

最后一起商讨的结果是:不看医生先,先自己主动调节下心态克服,具体措施如下:

1. 规律作息、生活;

2. 向周围人打开心扉；

3. 多做运动；

4. 多参加集体生活；

5. 心情低落时,不要任意放纵自己来寻找短暂的解脱,要有意识用积极的心态来克服。如心情不好时少看点恐怖片,看些积极向上的生活片或励志类的书籍；

6. 试着从客观、全面、积极的眼光来看周围的事物；

7. 就以上措施,制定阶段性目标、详细的实施计划；

最后,我告诉她,"其实老师、年级、班里的同学都很关心你,有什么困难我们都很愿意帮助你,同时自己也考虑下能为他们做些什么？"

谈话完后,我打了电话叮嘱她的舍友与班委一起多关心、协助她,并及时建立了她的档案。第二天,她的舍友及班长都向我反映,回去后她心情好多了,还会主动与她们说话了。

2009 年 6 月 8 日

得知她的进步后,我及时鼓励了她,同时希望她再接再厉,并向她转达了老师、同学都很替她感到高兴。并建议她能否制定个目标、详细的实施方案,我们大家一起协助她实施,可是被她拒绝了。

最后,我向她介绍了几部励志的电影:《美丽心情》、《当幸福来敲门》、《活着》,让她看书累了或想看恐怖片时看看这些电影。

2009 年 6 月 15 日

我再次找她谈话。

我首先问道:"最近心情怎样？那几部电影看了没呢？感觉怎样？"她反映最近心情一直都比较好,那几部电影都看完了,都是主人公战胜困难最后获得幸福的故事,挺鼓舞人的。

从这个话题入手,我们一起探讨了什么是幸福、怎样获得幸福及恋爱方面的一些人生价值观。

后来,周围同学反映她好了很多,有时还会与他们一起上晚自修。

2009 年 6 月 22 日

因接下来将开展实习分配工作,我考虑到某某的特殊情况及实习后她将要与她熟悉的舍友、班级分离融入新环境,不方便我们及时掌握她的动态,故想事先做些安排部署。于是,我就实习及以后的工作意向找了她谈话。通过谈话了解到她主要有两个意向:一是回湛江实习,那是她出生、成长的地方及家庭人脉所在地,有利于以后就业;二是想到一个陌生的谁也不认识她的城市去,重新开始一切。后来我结合现实与理想和她一起分析了情况,最后她选择了回湛江实习。这次,我借给了她一本周国平的书——《人生哲思录》,让她期末考完有空看看。之所以选择这本书,是因为这本书描写了作者关于人生情感、婚姻、幸福、孤独、真性情、读书等方方面面的体验与看法,觉得可能对她会有帮助。

2009年6月23日

这天晚上,我就她的心理情况与实习意向第一次电话联系了她父亲。她父亲是一名下乡知青,高中毕业,普通工人,还是比较容易沟通。从谈话中得知,她父亲不知道她的心理情况,不过他表示:某某一直性格偏内向,朋友不是特别多。

通过与她父亲的这次联系,决定分配她回湛江实习,一是为了方便她以后就业;二是因实习后学校老师、熟悉她的同学都不在身边,让她父亲多点关心、掌握她的动态。同时,与她父亲达成了一致的意见:不让某某知道我联系过他。

2009年7月5日

这一天,某某第一次主动来办公室找了我。一是还了我书,并简单说了下对书的看法:"挺实用的,涉及人生的方方面面,不过还是避免不了作者、文学家们偏于文字、叫卖的成分,不过总的来说比其他作者真实。";二是真诚感谢了我这段时间对她的关心,并表示她没事了;三是就快要离校前往实习单位了,向我告别。

2009年7月14日

这一天是全年级同学离校下点实习的日子,学校包了车送他们到各实习单位。作为年级辅导员,我一一送行了他们。其中,送行她那班车时,刚好她坐在靠窗边的位子。车启动时,她向我挥手并笑得特灿烂。

2009年8月15日

到实习单位实习已有一段时间,为了了解她的情况,我联系了她的实习组长。通过实习组长了解到,她的总体情况良好,能完成实习的各项任务,与实习带教老师、组里同学都相处得还不错。

2009年9月4日

学校新学期正式开始上班的第一天。我拨通了她的电话咨询、了解了她的近况,并表示了关心。她的一切情况都良好。

2009年9月10日

这一天是教师节,出乎我的意料与惊喜,早上醒来收到的第一个祝福竟来自于她。

三、启示

1. 有的心理问题是长期、慢慢积累造成的,情况复杂,需要工作人员长时间持续、耐心的关怀。

人的心理是个复杂的工程,有些心理问题是患者有或无明显原因,经过长时间内心的挣扎都不能得到解脱慢慢积累成的,它需要工作人员详细了解、分析情况,需要工作人员长时间持续的关注,与患者共患难,根据情况不断调整治疗方案。同时,这样更能让患者感受到你真诚的态度与关怀,会给他们带来巨大的力量去克服困难。

2. 辅导员有必要掌握一定的心理知识。

辅导员是一线、与学生最密切的老师,她工作中会遇到各种心理问题学生,特别是现在的学生要面对学习、就业、感情、人际关系、家庭经济困难等各方面的压力,压力比过去明显增大,心理问题比过去也明显增多,故辅导员若掌握一定的心理知识会有助于开展工作。

3. 善于发动周围同学,用集体的力量来帮助困难同学

大学生的成长离不开集体,集体的规章制度引导他们自律,集体的氛围、力量让他们遇到困难时感到温暖,集体的利益让他们树立崇高的理想、拥有宽阔的胸怀等等,集体的力量对大学生的成长起着重要的作用,且现在高校的辅导员一般师生比是严重失衡的,故我们要充分开发、善用集体的力量来助学生成长。

4. "正人者先正己",由于工作的特殊性质,辅导员应该具备乐观、积极向上健康的品格。

辅导员的工作实质一定意义上说是以人格去塑造人格。辅导员是全程陪着大学生度过大学生活的人,是他们最亲密的人,她们对学生的健康成长起着巨大的影响作用。有学者就曾一针见血地说过:"一个怎样的辅导员就会有一帮怎样的学生!""正人者先正己",故辅导员应该具备乐观、积极向上的品格。

选择适当的时机和方式进行危机干预

林丽霞

一、特殊学生基本情况

小C,女,家中经济来源主要是父亲在广州当司机所得,母亲为家庭主妇,有一弟一妹正读高中。该生身材高挑,长相秀丽,学习刻苦努力,对生活和学生充满了憧憬。但由于学习方法不当,学习效率不高,导致学习成绩偏下等,补考科目较多。2008年5月,小C感到身体不适——指关节疼痛,双下肢水肿,最后经某市人民医院确诊为系统性红斑狼疮,狼疮血液系统改变。从此,小C必须坚持每天吃药,每月定期住院进行治疗。由于患病后积极配合治疗,并保持乐观的心情,2010年底,病情较稳定后只需服药治疗。

二、危机发生的背景

2011年3月8日,小C发了一连串飞信给辅导员,大意是自己想暂时离开学校,想离开这个现实环境,但也不是回家,还说不要联系家里之类的,而且就要坐车走了。

在收到飞信后,辅导员第一时间联系小C,为了缓和气氛,在电话里,辅导员以"聊聊"为由,加上以往的感情基础,使她在去往车站的路上停留下来。辅导员与党委书记一起与她谈话。

从谈话中,可以了解到小C当时面临着以下四个难题:

第一,系统性红斑狼疮有所反复,脸上、身上斑点明显增多,服用两个星期中药仍不起效,也不想去医院治疗,怕因激素治疗导致肥胖而找不到工作;

第二,与男友关系出现问题,之前男方家里反对,但男友依然坚持,而最近由于男友的奶奶以死相逼,男友屈服了,近几天向她提出分手;

第三,近几天便血,不敢去看医生,怀疑是肠癌之类的大病;

第四,学业成绩跟不上,两天前重修了两门感觉都在及格边缘,很担心,先后几次找教研室老师查分遭到拒绝,自尊心受伤害。——小C主要课程成绩达不到68分,补考也已超过五门,根据学籍管理规定已经确定无法获得学位,如果本次两门考试不通过,连毕业证都没有。

以上种种难题不敢与家长说实话，特别是无法获得学位的事情不敢跟父母提，因为她从小在家都是乖乖女，担心父母无法接受这个事实，加上得病的事情已让家里负债、操心，怕雪上加霜。

三、危机分析

小C在刚开始发现自己患系统性红斑狼疮的时候，也经历过强烈的思想斗争，但由于有家人和男友的支持，以及在南方医院治疗时病友们的相互鼓励，她积极地去面对，病情控制也比较好，从侧面说明该生的毅力还是比较强的，也是比较乐观的。但由于四个难题凑在一块，一时很难自我调适，心结难以打开，也给疏导工作带来了较大的难度。因此辅导员和党委书记采取了缓和措施，起码让该生不至于逃避现实环境，小C想关闭手机，到一个没人知道的地方——连她自己都不知道去哪，且其身体状态虚弱，不知道什么时候可能会病重。因此，第一要点就是要让其心甘情愿留下来。

四、危机干预过程

针对四个难题我们做了如下几个步骤的干预：

第一步，学院党委书记用自己身边的故事———一位亲人如何战胜比小C更严重的病魔的故事，来说明良好的心态应对疾病是多么的重要。而我们最重要的就是要积极配合治疗，以乐观的情绪去应对，这样才能够对疾病的控制有所帮助，也是对亲人的一种解放。

第二步，辅导员与小C交流，全面了解她与男友之间的关系和发展情况，以一位知心朋友（平时小C经常关注辅导员博客，并在网络上与辅导员聊天）的身份客观地去分析他们之间的爱情，灌输健康的恋爱观，不给其答案，但是明确一点，让时间去考验，如果男友真的爱她，或许有一天还会回头，但如果不爱她，或者顺从父母之命，那强求也终将是个悲剧，希望她能够暂时放下。

第三步，根据小C所说的便血情况，初步判断是痔疮，但小C不相信，不敢看医生。在第二天小C情绪有所缓和并答应去看医生的情况下，辅导员当机立断，亲自带小C到医院找熟悉的医生看病，为其省了一笔医药费，小C被感动了，感觉到老师和领导的关心，同时联想到父母的爱，终于放弃了出走的想法。

第四步，与学科教师进行沟通，提前帮其查询成绩，结果一门勉强通过，一门74分，将喜讯告诉她，让她稍安心。

第五步，家校联动。在几天的情绪调整之后，小C自己主动要求请假回家治疗系统性红斑狼疮,在家的几天辅导员坚持每两天打电话与她联系,不谈及学习的问题,避开感情问题,就像知心朋友一样的谈心,后来小C主动将事情的发展状况与辅导员进行沟通。半个月后,小C在其母亲的陪同下在某市中医院住院进行系统性治疗,辅导员到医院探望时委婉地与其母亲沟通了小C的学习情况,将无法获得学位的情况告知其母,并与其母分享了自己的看法。目的有两个:第一,打开小C隐瞒父母的心结;第二,争取获得其父母的理解和支持,一起鼓励小C渡过难关。果真其母很配合,跟小C坦言,"身体对于父母来说比一张学位证要重要得多,只要小C控制好病情,家人就会很开心。"

三个月后,小C顺利毕业,虽然没有学位证,但是她渡过了难关,也接受了病痛,无学位证,失恋等事实,毕业后自主创业,在家人的帮助下经营一个陶瓷店。一年后,小C终于取得男友家人的认可,如愿结婚。

结 语

在本案例中,党委书记和辅导员选择了适当的危机干预时间,也采取了先缓和,然后步步深入的策略,使得危机渐渐消除。从本案例中,我们可以看到,首先,辅导员在平时应该与特殊学生深入交流,本案例辅导员通过QQ、飞信聊天,以及有影响力的博客,与小C建立了信任的情感;其次,在处理危机的时候,辅导员一定要先冷静思考,制定干预策略,竭尽所能去帮助困难学生,在自己无法判定或者处理时,要及时向上级领导求助;最后,要注意危机触发时,劝说语言的技巧和行为技巧。

"大学冷漠症"

——新生"环境不适"问题案例分析

周慕丹

一、案例主题

大学新生进入大学的象牙塔后,经历了个人与社会环境的全方位改变,相当一部分学生思想上出现了迷茫、困惑等问题。大学第一年的经历很大程度上影响整个大学阶段的学习生活。假如第一年适应不良,可能导致新生学业兴趣淡漠、学习参与度降低、学习成绩不佳、人际关系出现障碍、精神和健康状态不良,甚至中断学业。不少学生克服重重困难进入大学校门,却因为不适应大学生活而终结自己的大学梦。因此,新生第一课——适应性教育,要求辅导员在新生生活适应、人际关系、专业认知、心理辅导与职业生涯规划等方面给予正确的引导,帮助学生以积极的心态尽快适应大学生活,避免"大学冷漠症"的出现。

二、案例背景

小X,一位来自安徽的姑娘,性格文静内敛,不擅于与人交往,做事情我行我素,经常不参加班级活动,学习欠认真。第一学期期中考试结束时,该生有两门科目不及格。

第一学期期中考试成绩出来后,笔者向班干部充分了解小X平时学习生活情况后,找来了小X进行沟通交流。通过交谈发现,一开始的时候,该生不愿意说话,像高度警惕一样。由于笔者了解到小X平时经常跟母亲通电话,就从谈母亲对她的关爱切入,慢慢地似乎得到了小X的信任,她也活跃地交谈起来。通过本次交谈发现,小X本质上并非孤僻与不求上进的学生,出现现在的状况,分析其原因总结如下:(1)她对广东的生活环境不习惯,包括气候与饮食,一直没法适应,半学期就生病几次。宿舍成员均是广东人,经常以粤语交流,让她觉得无所适从。(2)她对学校和所学专业比较失望。医学院校的志愿报考并非她的初衷,她本人喜欢学习外语。而且受当前紧张医疗环境的舆论影响,觉得就业前景不明朗,没法树立专业信心。(3)她对新的人际关系不适应,期中考试后她是宿舍里唯一挂科的同学,觉得同学们都很优秀,自己却很一般,由于自卑心理不愿意跟舍友交流沟通,整天情绪低落。(4)她对未来很迷茫,高中时一心想要考上一所重点大学,所以努力读书,但是却事与愿违,只上了二本院校,从此萎靡不振。

总的来说,小 X 的主要问题是对大学生活的不适应,导致学习目标、生活目标不明确,人生定位不清晰,对未来充满疑惑和迷茫,出现了"大学冷漠症"。

三、解决问题的思路、方法

实际上,这位女生遇到的问题不仅仅是个别的情况,相当一部分的学生都存在由于大学生活不适应而引起的学习目标不明确、学习动力不足、人际关系不和谐等一系列的问题。为了帮助小 X 摆脱困境,笔者采用的具体措施如下:

首先,解决地区差异和人际关系的问题。学生从小一直没离开过家乡,所以一下子来到湛江这样一个海洋气候的城市,笔者表示理解,有所不适在所难免,只要增强身体锻炼,可以慢慢适应的。但学生又过于关注广东人的生活习惯和性格上的差异,因此在人际关系上表现得很被动。学生自述(中学时期从来未出现过这个问题,可见不善于处理人际关系并非她的本性和本意。对此,笔者向她说明了舍友关系的重要性,自己应该主动地迈出第一步与人交流,听不懂广东话但又想融入大家的话题的时候可以善意地向舍友说明情况,相信同学们都会乐意地使用普通话的。另外,成绩一时的落后,我们应该从中发现问题寻找原因,不能因此而自卑不与别人交流。

其次,解决学校与专业方面的困惑。通过交流,笔者了解到小 X 并非对学医完全没有兴趣,只是无法达到自己的初衷,一直思想转变不过来。谈话中小 X 也多次谈及觉得在学习解剖学、生物学等科目时慢慢地发现其趣味性。笔者提出了让小 X 思考一下既然不能"选我所爱",不如尝试"爱我所选",兴趣是可以慢慢培养的,一直抱怨自己的学校和专业对自己的发展百害而无一利,与其自怨自艾不如奋发努力。一个人的成功与否与其所读大学的档次没有必然的联系,专业也不是禁锢一个人发展的主要因素,现在应该更深入地了解本专业,学好本专业。只要正确面对现实,珍惜当前学习的机会,就可以通过学习实现梦想。同时,帮助小 X 制定职业生涯规划,引导她思考对未来的定位、规划,并且逐步付诸行动实现目标。

再次,笔者也找来了小 X 的舍友,告知小 X 在生活习惯、语言环境中存在的适应困难,请舍友们多关心小 X,在宿舍里尽量使用普通话来交流。在学习上帮助小 X,分享学习心得寻找大学的学习方法,共同寻找本校本专业的归属感。在生活中鼓励小 X 多参加大学异彩纷呈的活动,感受大学生活的乐趣所在,尽快转变角色,转变思想。

四、教育效果

经过一个学年的跟踪,小 X 对大学不再冷漠,逐渐走出了人际关系的困惑,跟同学们的关系日益亲密,积极参加班级活动,合理安排好自习时间,适应了大学的生活,适应了广东的生活饮食习惯。重要的是,她对自我认知有了深刻的思考,能够独立规划人生之路。大一学年结束时,小 X 获得了学校二等奖学金。

五、案例启示

小 X 表现出的"大学冷漠症",例如生活环境适应困难、人际关系处理不当、对学校、专业不满意、职业生涯规划无序等问题,在很多新生身上都会有类似的状况。大学新生入学之初,在思想上都有很大的转换。有的学生因为没有进入理想的院校或专业,感到灰心失望,从而一蹶不振;有的学生认为大学完全是发展和张扬个性的场所,忽视学业,主业和辅业不分,整天热衷于过多的课外社团活动;有的学生对所学专业的要求不适应、不习惯大学的教学方法,导致学习效果不理想。针对新生适应性教育,笔者有以下几点认识:

第一,加强新生对学校、专业的归属。针对新生的特点,及时开展针对性教育活动,缩短学生的适应周期。通过开设校史教育、专业思想教育、就业形势等专题教育引导学生认识学校、了解专业前景。

第二,加强新生心理辅导。在新生中做好心理健康普查,能尽早了解心理状况、发现问题。在新生中开展朋辈心理互助或高年级传帮带活动也是帮助新生尽快适应大学了解学校的有效策略。我院已开展多届的传帮带活动在大学新生入学适应中具有独特优势,有助于打破大学新生之间的陌生感,为新生提供一个良好的互动机会,创造了一种温暖的、信任的、尊重的团体氛围。

第三,加强职业生涯规划教育。辅导员应该让学生认识到,职业生涯规划可以激发自我潜能,增强个人实力、发展的目的性和计划性,提高成功的机会。因此,对于面对目标缺失、生涯困惑的大一新生来说,我们需要给予他们正确的引导,要针对大学生需要与社会发展的需要,因人而异,确立职业生涯规划指导。

总之,大学新生的不适应可能表现在各个方面,但归根到底都是因为缺乏对自己和目标的理性思考。作为辅导员的我们,应该动用一切可行的力量,积极科学地引导学生主动思考,努力实践,帮助他们正确制定人生规划,找到适合自己的发展方向,力求让学生不再出现"大学冷漠症"。

大学生情感突发事件案例的探析

陈锦菊

一、案例回顾

案例当事人小 H，男。大二上学期在一次宿舍走访中，我发现他性情有异，情绪表现非常低落，向舍友及同学了解得知其母亲因为子宫病变需要手术、其与女友刚刚分手的情况，于是我马上联系他的两个好朋友，让这两个学生时刻关注他，发现情况及时报告，并对这件事暂时保密。

后来在晚上一次考试时，我去巡考，特意关注了小 H 的情绪，依然比较低落，考试结束收卷后，我发现了小 H 交了白卷，于是赶紧联系他的两个好朋友，想要了解小 H 现在的状况，结果两个学生反馈说，晚上考试结束后就没见过小 H，宿舍的同学说他一个人出去了，我打电话一直联系不到他。于是我和那两个学生立即到他常去的地方四方查寻，直到深夜十二点多钟才在步行街的喷泉广场找到他。当时已经夜深，深怕在不完全了解情况的状况下一些言语上的不当会刺激到小 H，我只能佯装毫不知情，表示他深夜未归我很担心，所以和同学一起出来找他，并和他一起吃了宵夜，简单聊聊就让他和同学回宿舍早点休息了。接着，这两个学生陪小 H 回宿舍后，在小 H 的睡席下找到一封类似遗书的信件，于是我提高了警惕。

二、处理过程

当晚，我偷偷电话联系了小 H 在某高校就读的前女友，进一步深入地了解了小 H 的家庭情况和感情问题。得知小 H 曾经带着小刀到某高校找女友要求复合，女友没有答应，他就用小刀在女友面前自残身体，用小刀划伤自己的胸部，后到医院止血包扎无大碍。之后还多次要挟要死给女友看，女友很恐慌，不知所措。

由于小 H 已经出现过激行为，且有自杀的倾向，我马上致电学生党总支刘书记，汇报了当时的具体情况。刘书记了解情况后，立即布置了具体工作：1. 我要尽快接触小 H 家人，从侧面了解家庭及情感情况；2. 安排小 H 的两个好朋友多陪陪小 H，密切关注他的一举一动，防止再次出现过激行为；3. 安排小 H 班里的干部、知情的舍友、同学默默关心开导小 H，暂时转移其情感伤害的注意力；4. 我要尽快接触小 H，做好思想引导和感情教育。随后，我立即开始执行具体工作。

第二天中午，等小 H 睡醒后，我给他打了个电话，约他在学校附近一起吃午饭聊聊天。小 H 性格有点内向，平时话语不多，加上最近的事情让他情绪低落，所以开始的时候比较困难。闲聊中，我先关心他昨晚考试的情况，他告诉我心情不好，没有心思复习，交了白卷。然后我接着他心情不好的话题，了解到他家人的情况以及与女友分手对他的打击。他告诉我，他和家人交流得比较少，最疼爱的妈妈现在生病要手术，女友又要和他分手，他感觉所有不幸的事情都发生在自己身上，天都要塌下来了，压力很大。他说的这些基本与我从同学、女友那里了解到的情况大致相符。

为了让他能够明白我能理解他的感受，我把自己的人生经历和他做了交换，找准切入点对他慢慢开解，引导他重新出发，重过新生活。午饭后，我又暗中联系了他的父亲，把小 H 目前的情况做了反馈，并让其父亲和妹妹过来学校探望他，让他感觉到家人的关心和温暖，使他早日走出感情的误区，安心地复习功课。

三、工作效果

经过一个寒假的联系和继续开导，这个学生已经恢复了正常的学习和生活。让我感动的是，大二下学期开学初，学生给我发来短信，"陈老师，感谢您在我人生最低落的时候把我救了回来。虽然那些事情在别人看来不算什么，但是我确实受伤了，伤得很严重。这些日子我的世界一直是灰色的，是您让我看到了阳光，看到了生活的希望。感谢您为我做的一切，我会勇敢坚强地走下去。"后来这个学生毕业了，找到工作后更是第一时间给我打电话报喜，电话那头充满着兴奋与激动。

四、案例思考

通过这个案例，我感触很深。当前，大学生因为家庭变故、失恋、人际关系、学习压力、就业压力等问题而导致的心理问题日益严重。在这个案例里面，小 H 更多的是因为无法承受失恋的打击而做出过激行为。和小 H 相似的大学生还有很多，他们多数没有恋爱的经验，面对失恋，短时间内会感到无所适从，可能会做出伤害自己甚至伤害他人的过激行为。要做好大学生的恋爱交友工作，特别是对于遭受恋爱失意后的学生心理辅导工作，是辅导员工作中很重要的一部分。对于这个案例，我有以下体会：

第一，在日常的教育管理中，我们要真诚真心关爱学生，做学生的知心朋友，帮助学生树立正确的恋爱观。大学生正处于青春期,心中对爱情充满了美好的憧憬,他们渴望爱情,渴望了解异性,但是在心理上还不够成熟,没有完全做好恋爱的准备,把爱情看得太高太重,以至面对失恋时不知所措。因此,辅导员在日常和学生的交流中,应当引导学生树立正确的恋爱观,爱情只是人生中的一部分,并不是最重要的一部分,我们还有亲情、友情。失恋并不是世界末日,我们的生活还在继续,那只是我们人生中一份宝贵的经历,勇敢地跨越过去,我们将会看到更美的风景。在大学,除了恋爱,我们还有更重要的事情要做,我们要学习知识,要培养自己的素质和能力,要为将来的生活做好一切准备。同时,我们要了解每个学生的性格特点,学会倾听学生的心声,引导他们把烦恼说出来,缓解心中的压力,释放不健康的情绪。

第二,学校应为辅导员提供加强心理知识学习和培训的机会。在这次事件里,在和学生沟通的过程中,开始是比较困难的,这就需要我们懂得如何去找谈话的切入点,掌握一定的心理技巧。因为之前有自学过心理学和沟通技巧的相关书籍,所以这次的沟通还是比较顺利的,而且在这个过程中,我运用了共情与倾听这两个技巧,设身处地地理解他的心情和感受,理解他的问题和需要,使得他能感受到自己是被理解、被关心的,于是,才慢慢放心地说出自己心底最真实的想法,也愿意慢慢跟随我的思路调整自己的状态。所以,要做好学生的心理辅导工作,学校应该多为辅导员提供心理知识学习和培训的机会,让辅导员在系统的学习里不断完善自己的知识框架,正确地运用心理学的知识为学生做好心理辅导工作。

第三,注重与家长的沟通联系。要做通学生的思想工作,不能只注重与学生的联系,也要重视家长对教育工作的影响与作用。辅导员与家长沟通联系,不但可以了解学生在家的具体情况,了解家庭对学生成长的影响,也可以让家长了解学生在校的情况,让家长配合学校一起做好相关工作。这些沟通联系有利于对学生情况的把握和教育工作的进一步开展。

第四,发挥骨干学生干部的优势,强化自然班心理危机与干预制度建设。我们应该注重对骨干学生干部的心理知识及心理应对素质的培训与培养,通过班长、团支书、心理委员、舍长等干部,随时留意班内心思敏感同学的动态,通过组织一些活动,有意识地接近敏感人群,掌握好这些同学的情况,及时向辅导员汇报,帮助辅导员做好监护与疏导工作。遇到紧急情况要快速反应,立即上报辅导员、学院,以作应对处理。

最后,对于学生的情况,我们要时常细心关注,对于一些突发事件,我们要时刻保持高度警惕并快速做出反应。对于突发事件的处理方法并不是一成不变的,辅导员应学会对发生的案例进行分析思考,防患于未然。在日常工作中,辅导员间应该注重交流,对于一些有代表性的案例,辅导员可以一起探讨,交流经验,共同学习,共同进步,这样才有利于提高我们整个学工队伍的素质,提高我们的工作质量和效率。

第八部发

学业帮扶

留级学生转化教育中的共性与个性思考

梁锦坚

一、案例简介

随着学分制和留退学制度的日渐完善,留级学生人数也在逐渐增加,这也给学校的教学管理和学生的思想政治教育带来了新的难题,如何做好留级学生的转化教育工作,将直接影响我们对大学生的素质培养,成为大学教育的一项重要课题。

二、案例问题事件

小C(男生),高中时期学习刻苦,成绩良好,性格比较开朗,与同学相处融洽,老师和学生认可度高。进入大学以后,性格变得逐渐内向,甚少与老师、同学们交流,甚至是同宿舍的交流也很少,学习成绩一直不理想,直至大四第一学期因累计未通过课程达到六门而留级。得知留级后,学生本人情绪比较低落,当我找他谈心时发现学生对自己进大学后为什么学习一直跟不上没有比较清晰的认识、对今后学习信心非常缺乏、性格内向少语,有时甚至有封闭自我的表现、虽然表示愿意继续尽力读下去但是很迷茫等情况。对此,我悉心安排该学生到年级男生最为活跃、相处比较融洽的班级,运用同学带动、老师谈心、家长鼓励、同年龄段兄长引导等多种方式,最终该学生经过一年的努力,未通过课程降至一门,最重要的是已经基本重获信心,性格较之前开朗了很多,常主动与其他同学或者老师接触、谈心,整体精神面貌改观非常明显。

三、解决问题的思路、方法及效果

（一）多方位了解该学生留级的成因

在初次与学生谈心后,我心中有了一点模糊的认识和很多的疑惑,因此需要从不同的方向进一步了解该学生的情况以便对其实际情况进行分析进而帮助学生摆脱困境。首先,我找到了该学生原来所在班级中与其同宿舍的同学了解情况,得知小C除了日常少言内向外,喜欢独自看小说,但还不算迷恋,少运动,不喜欢参加集体活动,尤其是文体活动较少,没有文娱方面特长;接着,我尝试联系其父亲,由于语言沟通上存在一定的困难,所以只能简单了解到该生在大学之前学习积极性较高、成绩也挺好,日常生活比较懂事听话,是独生子女,其父亲对其期望较高;为了获取更多的信息,我了解到小C的表哥也是我们学校的学生,刚毕业,是我们另外一个兄弟学院的学生,叫小李,现在广州一个不错的事业单位工作,小C与小李年龄相差不大,平时也比较谈得来,于是我找到了小李了解情况,小李告诉我,他与小C关系不错,小C的其他几个表兄表姐都十分关心他,并为其留级感觉到担忧,小C一直不太喜欢说话,他曾经替小C分析过,认为其留级主要原因是小C进入大学后未能适应大学学习的节奏和方法,朋友很少,不愿意主动与他人表露自己的想法,有时会借助看小说逃避。

（二）思考成因中的共性与个性并针对性加以应对

1. 成因中的共性问题:

（1）学生性格内向,少语,与人交流甚少容易造成性格孤僻;

（2）学生内心是渴望进步并获得家人认可的,但是学习自信心严重不足,影响接下来的学习;

（3）学生常看小说,借此逃避困难;

（4）学生缺乏朋友,缺乏倾诉对象,遇到苦难时缺乏引导,容易造成进一步封闭自我。

针对以上原因,我做出了以下应对:

一是悉心安排学生进入年级中男生最为活跃的班级,挑选班级中自立自强比较突出而且乐于助人的两名男生小肖和小马负责在日常生活中多带动他,尤其是班里几个男生一起小聚的时候拉上他,尝试一起聊聊家乡特色,边聊边吃点东西,让小C慢慢地接受在类似小聚时的宽松环境下谈谈自己感兴趣的事情或者说说对一些事物的看法等,培养其习惯在小范围内多发表自己的看法,这样有助于增强小C与他人沟通的能力,满足作为人的基本需求——表达自我的需要,避免其

走向孤僻,这种小聚会的形式和内容都比较灵活,有时也可成为情绪宣泄的一种途径,有利于小 C 进行自我的心理调适;

二是在学习自信心培养上,我结合自己当初学医的经历,给他谈一些他感兴趣的事情,志在培养其学医的兴趣,激发其自身学习的内在动力,与小 C 一起挖掘其过去出色完成的实例加以分享,树立正面例子以此作为鼓励,学习方法上则通过与其同班同学一起辅助他,培养适合他自己的学习方式,通过看书和做题相结合,复习与上课同步,逐步消化所学知识点等途径提高学习状态;

三是介绍学生多看对励志成才有益的书籍如《卡耐基成功学全书》,结合书内的事例与小 C 分享双方的想法等等,减少学生对看小说的依赖程度;

四是尝试以师兄的身份跟学生交朋友,经常以很多故意制造的"碰巧"机会与学生接触,包括饭堂吃饭、散步、走访宿舍等,减少学生对"老师"身份的排斥,尽量以"大朋友"的形式与其交流人生经历,同时让小 C 谈谈对日常事件的看法,逐步建立学生对自己的信任;

五是与小 C 的表兄小李合力引导学生通过实践体会激发其学习的动力和鼓励小 C 设立适当的进步目标并为之努力,如让小 C 到医院的检验科见习一周,体验将来工作的环境与性质;让小李与小 C 分享其目前工作的甜与苦、成功与困难等,以身试教的形式小 C 容易接受,效果也较好。

2. 成因中的个性问题:

(1)小 C 父亲和堂姐、表兄表姐们对其期望较高,容易造成学生心理压力大,一旦达不到期望值自己的心理落差感就会放大,进而打击自信心;

(2)学生没有文娱特长,不愿参加文体活动和锻炼,容易造成与同学接触减少,进而加重不愿意与他人交流的心理。

针对上述原因,我做出以下应对:

一是与学生家长、学生的堂姐、表兄表姐加强沟通,让对方认同留级只是给予进一步提高的一种方式,并非惩罚性措施,要从思想上摆脱留级给家人及学生本人带来的思想负担,同时明确当前主要任务是:一通过多方努力让小 C 的性格渐趋开朗,建立信心,能更好地适应大学生活,二是改善学生学习方法,提高成绩,建议家长给予适当的期望并经常给予鼓励;

二是建议学生多跑步,既有助于锻炼身体也可以通过运动调整情绪和学习状态,适当培养一项文体爱好,如打羽毛球、乒乓球等运动。

(三)制定多方位多维度的跟进措施,适时调整

1. 建立定期的评估制度,对小 C 的学习、生活状态每两周进行一次评估,并根

据其实际情况决定是否需要调整引导方式;

2. 保持与学生家长联系,并适当的把小 C 的进步告诉学生家长,同时提醒学生家长多给小 C 鼓励;

3. 每月与小 C 一起总结本月的学习状况,适时给予建议,重视做好考试月前的思想准备,让同班同学协助其做好复习资料的准备,制定好复习计划;

4. 继续深化与学生交朋友的关系,重大节日时给予关心并提醒其给家里打电话,加强其自主地与家长联系,增进感情的同时更有利于增加学生的学习动力。

四、分析与启示

自信心是大学生所需具备的必要素质之一,没有很好的自我认知和自我评价,没有适当的人际交往,就很难适应大学的学习与生活,进而产生厌学、弃学等严重情况,从以上案例可以得到如下几点启示:

1. 每位留级生的留级原因都相似,但是要找准其关键点,并以给予关爱的方式让其自主地"动"起来;

2. 多方位创造关爱的环境才有助于学生摆脱困境;

3. 在营造关爱学生氛围中要注意发挥同年龄段的兄弟姐妹们的帮助,学生更容易接受;

4. 在给建议时,要适当运用实例和切身体会,以分享的方式给出引导更有效。

五、有待探讨的问题

在加强与留级学生沟通过程中有两点是必须注意的,也是很难把握的,一是尽量避免谈及原来辅导员的做法是否合适,以免引起学生的反感,影响进一步的沟通;二是辅导员应该以一种合适的身份跟学生沟通,尽量避免说教型或灌输型的教育,尽量与家长、同学一起营造关爱学生的氛围,尤其注意同年龄段的兄弟姐妹们的帮助,学生更容易接受。

关于留级生管理工作的思考

郑小鑫

一、案例背景

在 2013 年 10 月份,我接收了 9 名留级同学,该批同学中,每个人都有自己的原因导致忽视学习,导致挂科情况非常严重,最后留级。该批同学所有未过课程达到 71 门次,平均每个人约有 8 门次未通过,有一人挂科达到 12 门,一人 11 门,一人 10 门。经过一年的努力,9 名同学中,通过积极地对其寻找原因,寻求棒法进行帮扶,已经有 8 名同学顺利跟上学习节奏,避免再次留级。

二、案例分析

作为辅导员,在接手了这 9 名留级同学后一一地跟她们进行谈话,发现了隐藏在她们背后的问题:

1. 对于学校关于留级、退学的规定认识不清

在 9 名同学中,共有 6 名同学不知道学校有关于留级、退学的相关规定。虽然学校每年在新生入学的时候都会对新生进行校规校纪教育,也有相关的考核,但很多同学以应付的态度来对待,导致很多同学为了考试而学习,而考完试后,就忘得一清二楚。这直接导致了学生对挂科数目没有一个直观的认识,等到收到留级通知的时候,惊慌失措,一时无法接受,而结果也无法挽回。

2. 沉迷游戏、沉迷影视剧,逃课严重

在 9 名同学中,有 2 名男同学,7 名女同学。2 名男同学和 1 名女同学均沉迷于游戏中,6 名女同学沉迷于影视剧或者小说之中。究其原因,大多数同学是由于缺乏自身追求,在游戏中寻求刺激,寻求肯定或者在影视中寻求自己的理想人物或者盲目追星等等,寻求的是对于自我的满足。正因为沉迷于网络,导致了她们经常逃课,知识学习不全面,考试时无从下手。

3. 家庭的关注度不高,家校沟通过少

在 9 名同学办理留级手续过程中,通过跟学生家长的联系才知道,原来家长并不清楚学生在学校的情况。家长由于工作忙对学生的关注度也比较少,学生回到家也没有告知家长相关情况,学校老师也没有很好地与家长建立良好联系,这

也在一定程度上激发了家长对学校的不满,家长们都认为子女在学校的学习生活有什么状况应该第一时间通知家长。

4. 参加集体活动少,朋友少

在9名同学中,有5名同学很少参加班级、年级的活动,导致在班级、年级不能建立良好的人际关系,真正的朋友比较少,在自己落后掉队的时候,没人去拉她们一把,导致自己跟同学们的距离越来越远。

5. 部分同学没有很好处理工作与学习之间的关系

在9名同学中,有1名同学在学校、学院和班级担任学生干部,工作压力比较中,而本人责任心较重,因为工作忽略了学习。有1名同学参加了学院、学校、省三级的辩论赛,作为辩论队的主要队员,花费在辩论队上的时间过多,导致忽略学习。

6. 男同学对于专业认可度不高

护理学专业男女比例大约在1:9,男生往往是专业调剂过来的,导致专业思想不是很稳定。2名留级的男生也有这样的情况,护理专业并不是他们自己喜欢的专业,导致在学习的时候缺乏积极性。

三、案例问题的解决

针对以上的问题,我采取了以下的处理方式:

1. 针对学生对于校级校规不熟悉的情况,重新对9名同学进行了校规校纪教育,明明白白告知他们为何而留级,同时也告知他们退学的相关规定,告诫他们务必在接下来的一年时间里好好学习,尽可能多地把未过科目考过,争取不再留级,更不要因此而退学,浪费了自己的青春。

2. 针对学生沉迷网络的情况,深入到学生宿舍中实地考察,发现有拉外网的学生进行了批评教育,责令其限期取消外网改用学校内网;调整其到本年级宿舍当中来,积极发挥党员和学生干部作用,对其加强监督和督促,监督他们不再沉迷网络,督促他们按时到课。

3. 针对学生缺乏理想信念的情况,加强学生理想信念教育,帮助学生寻找动力,例如通过讲述家长如何含辛茹苦供他上学,让他们明白父母的辛苦,让他们为了父母为了自己继续读书、读好书,让父母成为他们一个强大的动力。

4. 针对家庭关注度不高和家校沟通过少的情况,定时跟学生家里联系,汇报学生在校情况,加强家长对学生的关注度,同时让家长要增强对学生信心,加强对学生的帮助,对他们取得的成绩予以积极的肯定,对他们的失败要予以及时的安慰和鼓励。

5. 针对参加集体活动少,朋友少的情况,积极发动留级学生参加班集体和年级的各项集体活动,发挥党员和干部的作用,积极地与留级学生接触,交朋友,让留级学生很好地融入了班级、年级,并使年级中成绩较好的同学对留级学生进行"一对一"或"多对一"的帮扶,在留级生的成绩提高上取得了良好的效果。

6. 针对部分同学没有很好处理好学习和工作之间的关系的情况,积极地做学生的思想工作,让学生明白学好知识技术的重要性,让学生明白以后工作与人的生命相关,如果学不好,以后很容易出人命。同时也不否定学生干部对于学生锻炼的积极意义,让学生要在学习好的情况下去多方面地发展自己。

7. 针对男同学专业思想不稳定的情况,积极地做专业思想教育,让他们正确看待护理学专业,肯定男生在护理方面的重要性,突出男生在护理行业的发展前途,同时从反面告知他们如果放弃了自己,那么浪费了青春,更是给自己的人生留下了一个很大的遗憾。

四、案例启示

很多同学在进入大学后,总会遇到大学路上的迷茫,不知道自己的路要怎么走,没有自己人生的目标,没有动力,有一部分人会积极地去面对、去寻找,又会有一部分人选择逃避、去堕落自己。对于选择逃避的同学,这时候需要有人能够帮她,这个人就是辅导员。辅导员在大学生的发展中起着一个很重要的地位,既是人生的导师又是学生的益友,这也就要求辅导员要对每个学生有很高的关注,特别是对于后进的学生。对于后进的学生,辅导员应该积极地去了解学生为何落后,积极地去寻求方法去帮助学生,更要积极地去跟学生家里进行联系,寻求家长的帮助,形成家校两级帮扶机制;同时要积极发挥党员和学生干部的作用,开展班级、年级的帮扶活动;更重要的是创建良好的班风、学风,塑造积极向上的班级文化;最后,要鼓励学生做好大学生职业生涯规划,让学生在规划过程中认识到自己的专业,唤起学生的自主意识和成就动机,使学生在迷茫的路上找到出路。

用心灌溉　指引成长

——留级生教育转化工作案例

钟家华

前言

教育关爱每一位学生是教育的应有之义。我们不能把所谓的问题学生丢在路上。用心温暖每一位学生,对学生一视同仁。每一位问题学生最终的转化都是一个生命重塑的过程,生命亦因此而精彩。

一、案例简介

S同学,女,公共事业管理专业某班学生。该生家庭条件很优越,父母在市教育局工作并担任领导职务。因为是家里唯一的孩子,备受宠爱,生活无忧。该生是2009年9月入学的,由于重修科目超过了六门,按学校学籍管理相关规定,于2011年9月留到了10级。刚接手时,该生在学习方面存在着不少亟须解决的问题,主要体现在以下几个方面:

1. 爱好文体,无心向学。该生有文体特长,热衷于参加各种文体活动。有主持、唱歌、演讲等特长,是校园小有名气的主持人,参加过校园主持人大赛并获奖。曾担任学校学生会文体部部长。与此相对应的却是,惨不忍睹的成绩和重修科目。该生刚留级到10级时,我就找了学生过来谈话,通过谈话,了解到学生自入学就对专业学习不感兴趣。缺失学习的动力,找不到在大学奋斗的目标和方向。加上来到大学后,课程相对较高中轻松,管理也相对宽松,给予学生自主安排的时间和空间比较大,长期的无心向学和懒散导致积累太多问题,形成恶性循环,最终造成了留级。

2. 沉溺恋爱,一蹶不振。该生入学后,在参加各种问题活动中,认识了不同学院的一位男生并迅速堕入爱河。用情很深,并以这位男生为中心。因此,当这位男生认识了别的女生,向该生提出分手后,她久久无法走出失恋的阴影,从而影响了正常的学习和生活。

3. 纪律观念淡薄。该生留级到10级的初期,仍然是经常迟到早退,甚至旷课。原因之一,觉得自己是留级生,面子过不去,自卑心理作祟。此外,脱离了熟悉的集体,要重新融入一个陌生的集体,需要一定的时间和勇气。

4. 自信心受挫。该生当时是09级的唯一一位留级的女生。长期疏于学业，导致学生一时找不到改善的方式和方法，不知该如何入手。

二、解决问题的思路、方法及效果

没有问题学生的教育只是一种良好的愿望，但却不是真实的教育，真实的教育一定存在着问题学生。好的教育的前提是尊重差异。因此，要做好对问题学生的教育，老师首先要保持平和冷静的心态，否则只会让你做出有所偏颇的判断，教育效果必然会与自己的期望背道而驰。针对S同学存在的问题，我是从以下几个方面来开展工作的：

1. 懂她。没有充分了解学生的思想工作，是纸上谈兵。我们说的话敲不开学生心门，触动不了他们的心。谈话时教育少不了的方式。只有了解该生特点，采取相应的沟通技巧，谈话才是实现我们想要的效果。该生刚留级那会，与他谈话时，我总会避开留级这个沉重的话题，放低老师的姿态，卸下她的心防，让学生感觉到老师并没戴有色眼镜，也无意责怪或批评，而是想帮助她。在轻松的氛围中，学生自然愿意说出心里话，从而让我轻易就找出了问题存在的原因。在一次次的谈话后，我们之间也建立了较为深厚的感情。在学生参加比赛时，会去到现场为她打气，在比赛结束时及时给予肯定。学生喜欢老师，自然会遵循老师的要求。

2. 明确纪律观念。软硬兼施，在晓之以理、动之以情的劝说同时，在该生出现违纪行为后，及时纠正与批评，让她感觉老师的严格要求。并让她明白，只有参与课堂，认真听课，才能将那颗偏离学习的心慢慢地拽回来。

3. 借助家长的力量。学生来到大学后，远离了父母的实现。学生习惯性地报喜不报忧也让家长无法掌握学生在校的情况。在S同学表现出现偏差时，我及时与其家长取得联系，反映该生在校的情况，提醒家长教育的方法和方式，联合家长双管齐下做好学生的教育工作。

4. 发挥集体的作用。要求新班级组织集体活动时要通知该生参加，所有相关通知都务必要告知她。并在班里找了几位学习成绩好的女生，将自己课堂上做的笔记，拷的课件与她共享，及时帮助她在学习中遇到的困难。在参加主持人大赛、演讲比赛等活动时，班里都会组织啦啦队去到现场为她加油打气。这些举措，能让学生感觉到自己就是新班级的一分子，帮助她尽快地熟悉新集体里的同学，尽快地融入新集体里。

5. 抓住关键所在。在谈话时，发现学生虽然在学业上不够用心，但内心仍渴望能顺利毕业就业。这也是扭转局面的关键所在。我们要做的就是，有效地调动该生的学习积极性,激发她的学习热情。首先必须从认真听好每堂课开始。此外,我会就该生的特殊情况主动与任课老师沟通。定期给学生订立一个小目标。明确提出我的期望,使她感受到自己被重视,被尊重。比如零挂科,这学期通过几门重修考试,每门课程的分数多少等。大三第一学期课程考试结束后,学生查询成绩后,欣喜若狂地告知我,她终于实现了零挂科。

6. 善于发现闪光点。该生留级初期表现的确差强人意。但我也看到了她身上的乐观、积极与乐观,看到了她的善于沟通,看到了那颗懂得感恩的心。看到了她在努力过程中一点一滴的进步,看到了她在各种比赛活动中的努力和付出。每看到这些,我都会及时为她这一点一滴的进步以肯定和鼓励。这些肯定和鼓励成了她积极前行的动力之一。

我的付出得到了回报。大学四年,该生补考重修科目高达是十三门,但最后顺利通过所有考试,顺利拿到了毕业证和学位证,并顺利在中国人寿保险股份有限公司就业。她常给我发信息,在微博、微信上@我,在毕业时给我写信,她总说在学校最幸运的事就是遇到我。这句话就是对我最大的肯定。

三、分析与启示

留级学生就像天上的星星一样,同样熠熠发光,只不过是在运行的过程中出现了偏离轨迹的现象,需要在外力的帮助下,回到正常的轨道。若单凭一己之力,太难也太痛苦。

从上述的案例中,我得出了以下几点启示:

第一,用心温暖,用爱灌溉,营造学生健康成长的环境,做学生求学道路上的引导者。辅导员要懂得关爱、舍得关爱和敢于关爱,让学生感受到你的爱。只有和学生心贴心,学生才能和你交心。学生一旦体会到了这种情感,就会"亲其师、信其道",那么辅导员的学生工作才会越做越顺,越做越好。

第二,多鼓励少批评,善于发现学生身上的闪光点。对学生,我们应该多一点关爱,少一点训诫,多一点鼓励,少一点鄙薄,相信一切皆有可能,相信学生是可以进步,可以转变的。再顽劣的学生都在意老师的评价。若学生认为自己被无视,被歧视,则可能会破罐子破摔。正如S同学,学业虽不好,但她很善良、积极、开朗,文体表现很出色。因此,不要因为学生某方面的不足,全盘否定学生,不要因为某方面的表现,就随便给学生下个定论。

第三,相信自己的努力和付出。

作为一名辅导员,总会遇到不同的问题学生,要有足够的耐心,教育是持续性的,不要指望一口吃成大胖子;要有敏锐的洞察力。只有这样,才能及时发现问题,并提出有效对策解决问题。

第四,关注每一个可喜的转变,并及时给予肯定。这能让学生感受到老师的时刻,对她有所期望。这种期望,往往就是促使学生转变和不断进步的动力。

四、有待探讨的问题

大学辅导员负责的学生数量众多,工作琐碎、复杂。教育对象特点的不确定性,令辅导员在帮助问题学生转变的实践中会遇到很多挑战。辅导员的个人能力和工作经验与教育工作成效有着密切的联系。因此,必然需要每一位辅导员强化自身的理论学习,学会主动用心思考才能有效解决自己所带学生队伍中存在的问题。

优秀 VS 平庸究竟谁说了算

乐海霞

一、前言

何为"优秀学生"？

"三好学生"？"一等奖学金"？"优秀学生干部"？"优秀共产党员"？他们是优秀的代名词吗？下面这个案例,让笔者对优秀的评价标准产生了些许疑惑？

优秀 VS 平庸,究竟谁说了算？

二、案例基本情况

小 L,男,24 岁,我校 08 级临床医学专业学生,广东雷州人。

小 L 在大学期间始终无缘和"优秀"挂钩。在校五年,他没获得过一次奖学金,没有收获各类先进表彰,正规的学生干部名册中没有他的名字。按照通俗的评价,他只能流于"平庸"。

小 L 尽管学业成绩平平,但是其他表现却让很多"优秀"学生黯然失色。就业面试时,小 L 陆续收到过十多家三甲医院的面试机会,据其他同学的反映,他的面试表现让很多医院领导、面试考官对我校毕业生刮目相看;实习期间,曾经一个人同时分管 64 个病人,即使发高烧也坚持在病房第一线;曾顶住医患紧张的高压,忍辱化解医患纠纷,让带教医生赞赏有加。最后,凭自己的努力在珠三角地区找到了满意的就业单位。有些"优秀学生"甚至用"无法超越"来评价他。

三、问题

为何小 L 在学校传统评价和社会评价中会有这么大的出入？

面对当前严峻的就业压力以及大学生社会化水平日趋下降的现状,如何使大学生综合素质和社会需求接轨呢？

四、研究方法

在选择研究方法的过程中,笔者尝试用社会科学研究的质的研究方法进行。所谓质的研究是把研究对象放置在丰富、复杂,自然的流动自然环境中考察,把语言作为表述的主要手段,通过开放式调研访谈或观察等方式进行。

笔者选择该方法主要基于以下原因:首先该生和笔者已经建立师生关系长达5年,联系密切,彼此信任,建立了良好的沟通和互动关系,该生愿意把内心真实的想法表达出来,符合质的研究的要求,体现了对研究关系的重视。其次,该生从大学新生开始,其平时的一言一行都受到了研究者的关注,了解其成长发展的全过程,也符合质的研究要求。因此,关于小L的同学的现实情况,主要来源于大学五年笔者对小L成长过程的观察互动,另外就是下面的这份调研实录,笔者是在小L实习期间以电子邮件的形式调研的。为了让读者更直观感受小L的情况,笔者把调研实录原貌呈现,包括其中的黑体字。

五、调研实录(记录于2012年12月)

1. 说说你的个人成长经历和家庭基本情况

家中有6人,父母亲和一个姐姐一个妹妹和一个弟弟,姐姐和妹妹均在读大学,弟弟在读高中。父亲常年打工,母亲2009年前身体状况尚可,可以做点小生意贴补家用,2009年3月手术后身体状况一直不是很好,每个月都花大量的医药费用。

本人学费及生活费主要靠暑期及平时兼职所得,2008年暑期的时候主要是骑三轮车批发一些水果卖,最大的一次挫折是赚了一点点钱之后就学人家从下面镇运了一大三轮车的凤梨眼回市区批发,结果人家都不想要,把那个暑期赚的一半的钱都亏损掉了。这个教训实在很深刻,后来专门学习了市场调研和沟通方案,取得了一小部分的成功,它告诉我要达到自己的目的,就要去把握人心取向及最核心的利益,要有互赢的方案才能取得成功。08年寒假在珠海某酒店当过服务员和清洁人员。因为之前看过很多那些骗人的案例,所以去的时候还是很谨慎的。到了之后第一个星期很害怕,很难睡着觉,担心睡着后会不会来割我的肾。后来慢慢地熟悉了那里的人和那里的工作,慢慢地体验到底层的生活是很重要的,比如说我拿的小费就比我同学拿得多,因为很多时候都是站在满足顾客的心理需求去思考,及时满足他们。2009年暑期在新会的一些市场和广场当过促销员。是通过湛江市人才网获得这份工作的,确认不是骗人的后才去的。那时候要把那些产品的促销词背的滚瓜烂熟,还要不断地回答顾客的质疑,从中学到每个行业都有潜规则。2009年寒假在肇庆市区爱华超市当过跟单业务员,主要是核对商品数目和生产批次,处理一些小纠纷。还负责着一组7个超市的搬运工,他们给我制造了很多麻烦,不过,后来想想,其实最大的问题还是在我身上,我没有站在他们的角度去考虑问题。我开始认识到换位思考的重要性。2010年暑假跟雷州市国汇电脑城的师傅学习了专业的电脑的组装,软硬件等障碍处理与维修,手机的基本维修和软硬件应用与开发。2010年10月,通过了国家4级数据库工程师考试。

2. 大学五年自己觉得在哪些方面成长了？或者哪些能力得到了很大提高？

五年来我觉得人际交往能力组织和管理能力创新能力学习能力都得到了不少的提高。做人方面,学会了更好的处理各种关系,如何控制好自己的情绪,学会原谅和包容。做事方面,学会了怎么全面去把握一件事的基本信息及前后影响,未雨绸缪,多渠道多方案处理问题,有耐心和有效率的完成每一个环节。

3. 哪些人或是事对你的成长影响比较大,或你通过什么途径获得了这些成长？

我觉得入党以后对我的影响是比较大的,开始接触这一集体中很多优秀的人才,开始意识到理论武装头脑的重要性,开始用辩证的观点去思考问题,开始用将高级的抽象的理论转化为自己所用。至于什么途径,主要是自我思考和用于实践,反馈再思考,身边的同学和朋友,互联网和各类数据库摄取经验,还有就是一些讲座和培训。

4. 实习后,和原来想象的差别大吗？自己在哪些方面还需要进一步提高？

实习后,和原来想象的差别还是很大的。经过一年实习,我深深地感受到,在临床,如果是被动地去跟着临床医生去实习,那么收获是微乎其微的,要把自己当成一个主管医生的身份去管理一个病人,而不是协助式的。虽然很累,可是出来工作后很快就能融入临床的正式工作。很明显的一个很大的缺点是,基础不够扎实,包括基础医学和临床医学基础理论不够扎实,很多在学校学过的很多东西来到临床后都忘了很多了,因此要不断地巩固自己的基础,这样才能更好地掌握好临床的各类疾病处理,另外就是和病人及其家属的沟通,要注意和学习这方面的技巧。还有就是和周围的上级医师和其他医务人员关系的处理等等。

5. 你认识的同学、朋友中,你认为谁比较出色,他们的哪些品质吸引了你？

我觉得我认识的每个人都是有自己的亮点的,比如凝神专注、换位思考、大局观念、耐心、无论遇到多大的事都能保持镇静等等,我经常会去思考我应该怎么去学习他们这些比较出色的品质,来完善我自己。

6. 对自己的就业有哪些想法？

目前,先就业,我明白自己应该怎么定位,即使是一家不怎么样的医院也好,也要先待着,拿到执业医师资格证,我才有资本去选择。另外,一直都在准备考研,起码,那会给我多一个选择的机会。

六、讨论

面对当前严峻的就业压力以及大学生社会化水平日趋下降的现状,如何使大学生综合素质和社会需求接轨,是社会转型期提出的新课题。该学生的案例却给笔者一种警示:

1. 目前,学校对学生的评价标准和社会的评价标准存在错位的现象。

评价是教育教学活动中极为重要的一环,对教育和教学活动具有极强的导向作用,有效的学生评价能促进学生健康、全面的发展。小L同学在学校现行测评标准中只属于平庸的行列,但在社会评价甚至大部分学生眼中却是优秀的,显然,学校的测评结果和社会的测评结果存在较大的误差。

仅就综合测评为例,目前很多高校的综合测评仍然沿袭了传统的方式,以考分作为衡量学生智育水平的评判标准,测评比例中权重较大的智育分数引导学生过于追求各门功课的均衡发展,不少学生为取得各门功课的高分忽视了全面综合素质和能力的培养,现行的评价标准尽管肯定了学生知识积累上的差异,但智育应该是学生的学习能力而不仅仅只是学习成绩。而用人单位注重的也恰恰是对学习能力的素质要求,学习分数在面试时只具有参考的意义,具体比重占多少,相信很多面试过的考官和学生都清楚。小L同学在采访中谈到实习时学习方法,他说"如果是被动地去跟着临床医生去实习,那么收获是微乎其微的,要把自己当成一个主管医生的身份去管理一个病人,而不是协助式的。虽然很累,可是出来工作后很快就能融入临床的正式工作。"目前,我们培养的学生进入临床后,恰恰缺乏的就是这样的学习思考能力,而不是缺乏漂亮的学习分数。

当前,严峻的医患关系对我们的医学教育也提出了新的课题,我校目前强调对医学生的生命教育和医学生的人格培养,是适应时代需求的最好体现,但在学生的评价体系中,我们还缺乏与之对应的环节。

国家对人才培养标准的变革决定了评价内容、评价标准、评价的方法等一系列的变化。对学生评价不仅要关注学生的学业成绩,而且要发现和发展学生多方面的潜能,了解学生发展中的需求,帮助学生认识自我,建立自信。发挥评价的教育功能,促进学生在原有水平上的发展。因此,学生评价体系的优劣,关键在于是否有利于学生素质的全面提高,是否有利于学生创新能力和再学习能力的发挥。

学生评价体系不应是单一的,一成不变的,学生培养的方法也不是单板的,程序式的,而是要立足于社会对人才质量需求,培养出符合国家人才标准的多元化人才。

2. 辅导员应着力抓好学生成长的双翼：主动性和实践性。

抓主动性是核心。如果把小L的学习模式和一种学习理论挂钩，那就是建构主义理论。建构主义把学生的学习视为主动建构知识的过程，是学生在自身的经验、信念和背景知识的基础上，通过与他人的相互作用而实现的。有效的学习应该学生在以往的生活、学习和交往活动中，逐步形成自己对各种现象的理解和看法，是自己独特知识结构的创造者，并具有利用现有知识经验进行推论的智力潜能。因此，我们培养的学生应该是知识的主动建构者，而不是知识的复印者。

小L在学习成长过程中，都突出了主动性这个特质。他的知识建构能力是非常突出的，他自己也说，他的学习途径"主要是自我思考和用于实践，反馈再思考，另外，主动从身边的同学和朋友，互联网和各类数据库中摄取经验，还有就是一些讲座和培训。"知识的学习是一种真实生活的应用，有意义的学习是需要自我主动反省和调整的。作为辅导员，激发出学生的主动性是我们培养学生的核心内容。

搭实践平台是关键。小L丰富的实践经历让很多学生汗颜，而他的成长和成熟也来源于在实践中的摸爬滚打。在大学期间，小L的实践平台主要来源于两个方面：一是自己主动经历的寒暑假打工实践，二是学校搭建的各类党团活动锻炼平台。特别是入党后，他在党组织中表现非常活跃积极，作为党小组的组长，帮助党支部进行组织架构的建设，辅助支部书记对党员进行素质拓展，积极开拓校外资源，建立社会实践联系点等，他说"我觉得入党以后对我的影响是比较大的，开始接触这一集体中很多优秀的人才"。正是通过不断的反复的社会实践，小L的人际交往能力，组织和管理能力，创新能力，学习能力都得到了很大提高。

作为辅导员，我们的角色可以是实践舞台的搭建者和旁观者，导演和演员的角色应该让学生自己扮演，真正体现以学生为中心，充分发挥学生主体性的教育理念。正如建构理论认为学习的本质是社会及特定情境的，教师是学习者与知识之间的中介者。

多元化的社会对人才需求也是多元的。现代社会所需要的人才不仅只是学业成绩优异，还需要有应对社会竞争和挑战的综合素质。培养适应社会需求的独立成熟大学生，是社会赋予大学的重要责任。

非医学专业学生的专业思想教育案例思考

裴金涛

一、案例背景

D同学,男,医学英语专业学生,是一名来自广东省的一个普通农村家庭的贫困生,家中三姐弟上大学。家庭经济来源主要依赖于父母务农的低微收入。由于本人英语基础较差,对医学院校的英语专业就业形势不乐观,而且因经济困难想毕业后找一份比较稳定的工作,以此来改变家庭的贫困状况,所以希望转学到护理学专业。

二、问题分析

从理论上来说,专业思想是指人们对自我专业总的看法和观点。积极稳固的专业思想是推动人们学习知识、掌握技能的内在动力。有无良好的专业思想不仅关系到学生在校期间的学习生活,还关系到学生未来就业的素质基础和职业发展。

近年来,不少医学院校开始招收与医学相关的专业,甚至是与之无关的非医学专业。医学院校里的医学专业学生很容易对自我专业形成认同感和自信心,而非医学专业的学生普遍认为自我专业在医学院校里属于"边缘专业",得不到同等的重视,对所学专业的就业方向不清楚,对就业前景显得较为忧虑,或者根本就不乐观。此外,非医学专业的学生相对于医学专业学生,信息来源少,传播速度慢,校园生活环境比较闭塞,显得相对比较孤立。因此,非医学专业的学生对自我专业认可度普遍较低,部分学生甚至是纯粹抱着转专业的目的而来。

综上所述,非医学专业学生专业思想教育对于学生日常管理和职业规划指导具有重要的意义,其培养和巩固是一个循序渐进的过程。学生的专业思想问题,对于不同的学生个体,可能还附加着贫困问题、学习兴趣志向、专业认知以及就业前景和职业发展等问题。

三、解决问题的思路、方法和效果

首先,辅导员通过和学生的沟通了解。学生主要是由于家庭经济困难引起的就业担忧和焦虑，以及对本专业的教学、就业等情况不了解，才想转专业。鉴于此，辅导员详细介绍了本专业开设的主要课程及专业特点、该专业的考研、就业情况、师资情况以及学风教风等，并且，对其想转入的专业的就业情况、职业发展前景结合其自身的实际情况进行针对性分析，以帮助学生总体上了解本专业的情况，先稳定学生的思想。

然后，辅导员邀请本专业优秀毕业生、高年级的师兄师姐与学生面对面交流，介绍自己的学习经历与成果，畅谈专业学习的酸甜苦辣，为学生答疑解惑，并用其他优秀毕业生的案例进行示范引导教育，以进一步帮助学生稳定思想，激发学生的专业学习兴趣和动力，树立专业学习的信心，促使学生以积极的心态看待本专业并全心投入学习。同时，还介绍和组织本专业的第二课堂活动，以此鼓励学生结合自己的实际情况参与相关活动，以实现自我肯定、自我提升、自我完善。

再者，由于该生的专业基础比较弱，大学的教学方式和高中又有很大的不同，为了帮助学生尽快适应大学的教学方式，跟上整体的教学进度，树立专业学习的信心，明确学习的目标和大学生涯的规划，辅导员鼓励学生积极主动和师兄师姐沟通、向科任老师请教学习，尽快建立适合自己的有效的学习方法，做好大学学习生活的规划以及毕业后3-5年的职业发展规划，以帮助自己找准自己的专业坐标、确立学习奋斗的目标导向。

最后，该生通过大学四年的不断努力，学业成绩逐年进步，专业能力不断提升，其毕业论文还被评为我校2013届本科优秀毕业论文。

四、分析与启示

开展专业思想教育，要紧密联系学生的思想实际特点，对大学生专业思想教育从内容、层次、时间上都做了系统的计划安排，从学生进校直至毕业不间断地进行。

（一）学校各层面都要高度重视学生的专业思想教育工作

很多时候，新生入学教育内容主要是介绍学校的基本概况及规章制度。至于专业思想教育方面，很多人把新生专业思想教育理解成为一次或几次座谈会类型的师生互动，教育方式简单化，教育内容不能精细化，学生不能从教育中寻找到理想的答案，不能构建起对此专业的学科体系认知，不利于专业信念的构建。很多非医学专业的学生都是被调剂专业的，对所调剂的专业一无所知并且有很大的厌学情绪。稳定这部分学生的专业思想是首要的，否则，他们对专业知识学习的迷茫会加剧，看不到未来的就业前景，四年的大学生活也毫无规划可言。

加强专业思想教育,首要的是要认识到位。首先,专业思想教育要了解学生的个体具体情况,做到有的放矢,对症下药。其次,要组织专业人士与新生进行细致沟通,解决为什么学、学什么、怎么学和学到什么程度的问题,以明确学习目的和目标。再次,专业思想教育要深入到学生的思想中去,让学生充分认识自己和专业的契合度。

(二)专业思想教育要和就业教育紧密结合

很多学生之所以存在专业思想不稳的问题,主要是担心毕业后找不到工作、找不到好工作,对自己择业的惧怕心理造成的,我们应根据不同学生个体的不同特点,从学生一入学就开始职业常识、职业规划与发展和就业形势等教育,让学生了解自己所学专业和职业的关系,了解职业演化、发展、分类级职业队人的素质的要求,引导学生转变角色,尽快适应大学生活,促使学生树立牢固的专业思想,培养学生理性的就业和创业意识,使学生对未来的专业前途充满信心。可以邀请校内外优秀职场人士开展就业观念、求职方法、人才需求信息、用人单位对人才的知识、能力和素质的要求等方面的讲座,以解除学生的一些疑惑,促使学生有针对性地培养自己,完善自己。鼓励学生充分利用所学的专业知识,尽可能参加一定的社会实践,并在实践中找准发展方向,不断完善自己。

第九部分

班风舍风建设

优化班级管理　创设良好班风

——关于班级管理的个案研究

吴春丽

一、个案研究的背景

"班级"一词源于著名教育学家夸美纽斯《大教学论》,他在该书中提倡教学组织班级化。在我国高校,班级不仅是学校对学生实施教育、教学的基本组织,也是学校行政管理的最基层组织。它是学生在校学习期间最基本的组织归属平台,是做好大学生育人工作的有效阵地,每个学生的成长成才都与之息息相关。做好班级管理,不仅是辅导员工作的基本职能,是学校管理的重要内容,而且是学生成长与发展的重要平台,有利于培养学生团结互助精神,增强学生的集体感和责任意识,促进学生的全面发展。

随着高等教育改革不断深化,尤其是高校扩招和学分制实施以后,高校班级管理面临着新的课题和挑战。高校扩招带来了学生人数急剧上升,班级数也相应增加。由于每个班级成员来自不同的地区,生活习惯、性格特征、知识和能力结构等存在一定的差异性,这给辅导员管理班级增加了难度。高校学分制改革后,传统的以班级为管理团队的教育模式受到严重冲击,师生之间、班级同学之间的交流大大减少,班集体表现出高度的离散型和虚化性。但是,班级的存在及管理仍然十分必要,这就要求我们顺应时代潮流,创设条件,拓宽班级管理的渠道,探索班级管理的新途径。

二、个案的基本情况

(一)基本情况

班级概况:×院校××班,医学检验专业,总人数30人,分别分布在10个宿舍。从性别看,男生12人,女生18人;从地缘看,外省4人,本省26人;从政治面貌看,党员1人,团员27人,群众2人。该班男生大多性格内向,和女生之间沟通很少,班级凝聚力不强,参与活动的积极性不高。班委成员为此十分苦恼,曾开展以"相亲相爱一家人"和"如何规划好我的大学生活"为主题的班级活动,但是组织不力,效果平平。该班学生第一学期考试虽然没有不及格情况,但是平均分排名年级最后一名(全年级12个班,共365名学生)。该班入党积极性高,27名团员全部递交了入党申请书,2名群众也递交了入团申请书。

(二)其他情况

1. 班主任:大一上学期由一名兼职辅导员担任班主任,现由1名专职辅导员担任,该辅导员同时担任年级其他11个班的班主任。

2. 上课情况:除实验课、英语、计算机以外,课程安排都是大班教学,该班开始有学生旷课。

3. 班干部:该班共设9个班委职务,包括:班长、团支书、学习委员、宣传委员、女生委员、文体委员、生活委员、心理委员、自律会委员,分别由9名同学担任上述职务,班干部是由个人自荐、竞选演讲和民主选举相结合的方式产生。

三、个案分析

通过对该班级基本情况的分析,学生主流积极、健康、向上,总体上呈现健康、良好的面貌,但是仍然存在一些问题:

1. 班级目标不明确

班级目标,是一个班级的理想和前进的方向,班集体如果没有共同追求的目标,就容易失去前进的动力。在实现目标的过程中,能培养班级成员的集体主义精神,增强班级的凝聚力。在学生入学之初,该班级没有制定符合班级实际情况的目标,班级学生在大一上学期的学习生活比较茫然,多以宿舍为单位参与活动,整个班集体较为松散,学生的责任意识和主人翁意识不强。

2. 班风不正

良好的班风一旦形成,对学生有着潜移默化的作用和强大的感染力,不仅能约束班级成员的行为,还能为学生的成长、发展提供一种有效的动力和压力,促进班级亲切、和睦和互助的关系形成。在个案中,该班班风不正,纪律比较涣散,部分同学上课不认真听课,甚至有个别学生有早退和旷课现象;学习氛围不浓厚,学生课余时间多用于上网、娱乐等活动,但是该班同学表示有强烈上进的愿望。

3. 缺乏规范的班级管理制度

班级管理制度是班级管理的重要制度保障。规范的班级管理制度一方面能调节集体和个人的行为,保证共同活动目标的实现,另一方面也能维护个人在班级中的权益,使个人获得发展。该班虽然在开学初制定了班级的学习和活动的管理制度,但是班级大多数同学认为这些制度只是主要学生干部制定的,没有征求班级同学意见,并未体现班级民主,制度在实施过程中形同虚设。

4. 学生干部的工作积极性不高

学生干部是辅导员开展学生工作的得力助手,是沟通老师和学生的重要桥梁。据同学反映,该班部分班干部功利思想严重,言行不一,不注重工作方法,在工作面前说得多,做得少,在同学面前摆架子,合作意识淡薄。第一学期组织的两次班级活动的失败充分说明了这些问题,同时,也让班上同学对本届学生干部很失望。

5. 班级学生个性较强,班级凝聚力不强

该班学生基本是"90后",他们以自己的价值实现和个性展示为目标,对集体事务重视不够,厌烦被约束,不愿意参加集体活动,班级凝聚力不强。但是部分同学表示:他们渴望有展示的舞台和属于自己的空间,希望自己被班级成员重视,被老师认可。

6. 学生和老师的交流很少

在班级管理中,学生和老师的沟通和交流是重要而且必要的。和谐的师生关系是班级管理的重要抓手。该班前任班主任是一名专业课教师,承担了较重的教学任务,个人精力有限,缺乏学生管理工作经验。在工作中,往往是把工作任务交给班干部,对于学生的情况缺乏深入的了解。部分同学表示遇到问题只能自己解决,班主任给予的帮助很有限。

四、干预和辅导过程

针对该班的实际情况,笔者采取了以下方法进行干预和辅导:

1. 制定班级目标和规章制度,加强学生自我管理的能力

经过和部分学生谈心了解,该班学生学习愿望比较强烈,笔者认为狠抓学风,积极构建学习型班级是该班的班级目标。通过个人自主学习和团队共同学习,努

力实现共同目标,以实现个体能力的不断提升,为班级创造良好的氛围。在此目标指引下,制定班级规章制度约束班级成员行为是关键。根据该班的实际情况,班委集体讨论并拟定了《班级管理规章制度》、《班级晨读计划》、《班级"一帮一"互助计划》、《阳光宿舍公约》等制度的讨论稿,在班会上民主表决。在班会上,同学们一致认为构建学习型班级符合班级的特点和实际情况,表示赞同。关于班级的相关的规章制度,同学们提出了一些修改意见。在第二次班会上全票通过,并集体宣誓服从班级规章制度。通过班级目标和规章制度的制定,该班同学还设计了班服,确立了《相亲相爱一家人》作为班歌,"我们在一起"作为班级口号。

2. 开展学生干部系列培训,提高班干部的综合素质

班集体的有效管理、先进班集体的形成、思想政治工作的深入开展离不开一支综合素质好、团队协作能力强的学生干部队伍。学生干部不仅是辅导员处理学生事务的得力助手,更是学校和学生之间沟通的桥梁和纽带。在个案中,该班学生干部相对其他班级,整体能力和综合素质不高。班委成员是在自我推荐、竞选演讲和民主选举的基础上产生的,在大一第二学期不宜更换学生干部。开展系列培训,提高班干部的综合素质是解决问题的关键。笔者针对该班开展了关于学生干部基本素质的培养、工作方法、公文写作、档案管理等内容的培训。同时开展了班干部的工作汇报活动,要求班干部轮流汇报班级工作情况和班级基本情况,每周一次,每次至少15分钟。通过汇报工作,既锻炼了学生干部的口头表达能力,又让辅导员也了解到最新班级动态。

3. 举行丰富多彩的班级活动,增强班级凝聚力

班级活动是促进班级学生全面发展的重要形式,是组织建设良好的班集体的有效方法,有助于正确的集体舆论和良好的班风。在班级活动中,辅导员能更全面了解学生,有针对性地对学生开展集体教育和个别教育,学生也能在活动中寻找快乐,获取知识,提高各方面的能力。在笔者的指导下,该班顺利组织开展了"雷锋月"的系列活动、年级专业基础知识大赛等活动。在活动中,除了要注重活动的目标的实现以外,还要注重班级成员的团结协作和挖掘个人的潜力。一名在班级很不起眼的学生在笔者的鼓励下,承担专业基础知识大赛活动制作电子书和操控多媒体设备的任务,完成的非常出色,保证了活动的质量。活动后,该生也表示通过参与活动获得了班级同学的肯定,学到了更多的电脑知识,增强了自信心,同时也感受到集体的力量是强大的。

4. 关爱学生,帮助学生答疑解惑

没有爱就没有教育。在班级管理中,辅导员要把解决学生的实际问题和思想

问题结合起来,在爱学生、严管理上下功夫,对学生不仅要严格管理和要求,更要关心、理解和支持学生,努力成为学生的良师益友、学生健康成长的引导者和引路人。在实际工作中,笔者通过走访学生宿舍、和学生一起去图书馆学习、开展谈心活动、积极参与班级活动等方式拉近和学生的距离;通过 QQ 群、飞信、心语信箱等途径加强与学生的沟通,倾听学生的声音,并帮助学生解决思想上的困惑和生活中的困难。通过近两个月的努力,笔者和班级同学建立平等和谐的师生关系。

五、个案思考

要构建一个和谐向上的班集体,使班级健康良好发展,笔者认为应从以下几个方面着手:

1. 树立正确的学生观是前提

学生观是在一定的社会背景下对学生的全面认识与客观评价的总和。在班级管理中,学生工作者要把握学生的思想特点,充分发挥学生的主体作用,应从社会发展的角度观察大学生,认识到大学生问题的发展性和特殊性,客观评价当代大学生,其实大学生一代又一代的特点,他们视野开阔,勇于创新,独立性强,个性突出,承受压力,适应性强。树立科学的学生观,这就要求学生工作者坚持用辩证唯物主义和历史唯物主义的观点去看待学生发展中的问题,坚持以生为本,全面发展的原则,充分信任学生,对他们积极培养,热情关爱。

2. 抓好党、团组织和班委会建设是关键

在班级建设中,要处理好班委会和党支部团支部工作的关系。以党支部工作为核心,发挥党支部领导作用,认真抓好党员的培养、发展和管理工作,做好班级学生的思想引导,激发班级学生树立远大理想,提高学生的组织素养和理论水平;以团支部工作为抓手,突出团支部服务和育人功能,开展素质拓展、社会实践、志愿者服务等形式多样的课外科技文化活动,为班级学生提供才艺展示平台;以班委会工作为基础,提升班级成员的归属感和凝聚力,加强学风、文明宿舍建设等工作,开展课外文体活动,做好学生的学习生活服务工作,为班级学生提供健康成长成才的和谐环境。

3. 塑造班级文化、完善班级管理是保障

塑造积极、健康向上的班级文化,是提高班级管理水平的一个重要举措。班级文化的建设包括班级的制度管理、各类活动的开展、班级风气的形成、宿舍文明等方面。要把班级文化建设好,首先要营造良好的积极向上的班级氛围,主要体现在物质文化建设和精神文化建设两个方面。文明宿舍建设与评比、班级宣传栏、班级网页建设等属于物质文化建设。班徽、班旗、班风、同学们成长成才的目标等属于精神文化建设；其次是创新各类班级活动，开展学生喜闻乐见的班级活动，不仅在内容上有所创新，而且在形式上也要有所突破；最后是开展实实在在的凝聚人心工作，关爱学生，培养学生集体主义精神的养成。

4. 抓好阶段性的中心工作是重点

做好班级管理，需要有大局的观念，从整体上把握各个阶段的中心工作，这样，就能避免"眉毛胡子一把抓"的混乱局面。从大学四年整体来看，应努力抓好新生入学教育工作、毕业前教育工作、社会实践工作、年度综合测评与评优评先工作、配合学校开展的中心工作、自主开展的中心工作等。

总之，高校班级管理是一个系统的工程，这就需要我们在实际工作中，把握学生的思想特点，不断探索总结，这样才能顺应时代发展，打造一个积极健康向上和谐的班集体。

从"落后班"到"先进班"的华丽转身

乐海霞

一、案例传真

某学院08级14班共有31名同学,男生18人,女生13人,均来自广东省,其中粤西地区生源占45%,粤北和粤东生源占32%,珠三角地区占了23%,这样的生源比例在08级中和其他班级比较没有什么特别之处,新生入学分班时也没有高分落户,但就是这样一个不起眼的班在我所带的08级学生中创造了一个奇迹。

该班学习成绩成绩从大一第一学期的排名第三十一到大二时学习成绩排名年级第四到大三年级排名第一实习了完美的"三级跳";从大一全班只有一个预备党员到大四党员比例超过一半;从全级"留级同学最多"的"落后班"到大三学年实现全班"零补考""全校先进班"和"优良学风班",从大一全班一盘散沙到现在整班一盘棋的"广东省先进团支部",这令人惊叹的华丽转身背后,到底隐藏着什么秘密?

二、案例分析

作为辅导员,通过对年级四年工作的梳理,对该班几届班干部和普通同学的采访,用同学们内心最直接感受告诉大家这一串串数字背后隐含的真实故事。

1. 大一第一学期成绩为何这么糟糕?

大一第一学期该班平均成绩在全级34个班中排名倒数第三,个别科目甚至倒数第一。经过认真总结,分析原因主要有四点:

第一,大学新生学习压力小反而不适应。大一第一学期从课程设置上来说是最轻松的。教务处设了9门课,只有4门考查课,而且均是公共基础课,比如有马克思主义原理、英语体育和医学物理学,这对经过高考重压之下的大学新生无疑是放松的好机会,好多同学表示:"大一第一学期基本都是在玩,把高中没玩够的一咕噜全补上了。"

第二,班委工作重心偏移,全班凝聚力差。通过民主选举,成立了第一届班委后,班委的工作重心没有放在学风建设上,各班委对自身的工作职责不明确,缺乏工作目标和计划,而且班委也缺乏团结,组织了几次活动但同学们参与热情低,大一时"同学们行事基本以宿舍为单位,缺乏沟通,特别是男女生之间彼此存在较大的隔阂,在生活和学习中没有多少交流和互助。"

第三,缺乏榜样。班上综合素质较高的个别学生竞选了年级的干部,对班级的情况和班上的活动几乎不过问,也很少参加,和班上同学几乎处于脱离状态。班委的榜样作用也没有发挥应有的效果,个别班委甚至出现拖后腿的现象,比如存在上课迟到、逃课等问题。

第四,问题学生突出。班上个别学生无心向学,有的整天沉迷在网络游戏中,有的整天寻思着开网店赚钱,虽经过多次沟通但成效不明显,其中一名学生在大一结束后就留级了。

2. 大二为何能进步得那么快?

大二时课程安排比较多,学生普遍反映学习压力大。大二学年共安排了17门课程,其中考试课就有12门,所谓的"四大名补",药理、生化、生理、病生等都集中在大二学年。可喜的是,全班到大二时的整体状况有了很大的好转,根据我级的先进班的评比条例测评结果显示,14班学业成绩排名跃居年级第四名,班各项综合排名第九位,并有5位同学获得了一等奖,共8名同学获得了奖学金。这些成绩的取得是和辅导员及班委工作方式转变密不可分的。从大一第二学期开始,辅导员和班委就意识到了问题的严重性,采取了积极的措施。

从班层面上:(1)大一第二学期,先对部分班委进行了调整,改选了班长;(2)召开了班会,及时总结经验,大家决定要改变14班在年级中的"耻辱地位";(3)对班学风建设采取了措施,比如成立了兴趣小组,实施了两周一小考的制度,由同学自己出题,自己改卷,发挥学生的能动性;(4)班干部以身作则,在班级建设中起到了良好的带头作用,比如针对逃课问题,班委开会表态首先从自身做起,如出现违纪,纪律委员自己先检讨,同时和逃课严重的同学进行私下沟通,如屡教不改者上报给辅导员;(5)注意树立各方面的榜样,实行了表彰制度,对每学期在工作、学习、问题克服等方面取得突出表现的同学进行班内表彰,肯定同学们取得的每一点进步。

同时,年级也采取了一系列措施促进学风建设。最重要的是实行了每周汇报制度,要求班长对每周的工作都要进行书面总结并于下周一上报给辅导员,内容包括班级开展的活动情况和存在的问题,或个别特殊学生的情况等等,辅导员阅读后加上评语,并有针对性的对个别班级进行指导,或对特殊学生进行谈话。

其次,实行每月班长或团支书例会制度,搭建各班委之间沟通和学习的良好平台。通过例会制度,班长们对各自工作中存在的问题和值得推广的经验进行了零距离的沟通,辅导员也及时对工作进行总结和布置,通过每月例会制度,班委们在解决实际问题中培养了工作能力。

第三,年级通过综合测评等手段激励学生。召开各班长制定了具有本年级特色的先进班评选细则,进一步细化了我校先进班评选的各项条款,使先进班评选在公开、公平、公正的基础上也体现了可操作性。同时为激励全级的学风建设,也尝试了新的综合测评加分条款,如在年级的综合测评细则中规定"全学年无补考,全班同学思想品德分均可再加1分"等等。

第四,充分发挥党员的先锋模范作用。为鼓励学风建设,年级把党员发展和学风建设结合起来,通过自荐和他荐的形式,对学习优秀生和学风优良班在党员发展上适当倾斜,以此促进学风建设。

3. 大三如何在保持领先地位中又有新的飞跃?

大三的综合测评结果显示,全班综合测评在大班中排名第一,全班共有12名同学获得奖学金,占了大班获奖学生的1/3。更为难得的是整个班创下了全学年"零补考"的记录,并荣获了"校级先进班"和"优良学风班"的荣誉称号。同时,学生党员人数也发展到了17人,占了全班人数的54.8%。是什么促使14班能在保持领先的状态下有了新的飞跃?

首先是"一分耕耘一分收获,大二的付出,使同学们获得了回报,大家也感受到了班级整体成绩上升带来的喜悦,可以说是一洗前耻。"

其次,大三时同学们的心更贴近了,目标更加一致,也更加坚定。在采访中好多同学都提到某次以"感恩父母"为主题的班会对他们印象非常深刻,在班干部的带头下,每个人都敞开心扉讲出自己的故事,和同学们分享自己的成长经历。经过那次主题班会以后,同学之间的感情更深厚了,那些平时较自卑的同学也主动融入班集体建设中。

最后,要得益于领导联系班指导的实施。自大三下学期开始,学校实施了领导干部联系班级制度,14班成了学院学生党总支书记的联系班。在书记的带领下,全班同学再接再厉,鼓足了干劲。作为书记的联系班,他常告诫我们:青年成长需要磨砺。记得那次和书记进行班会交流,他给我们班每个人都送了一本有关'励志'的书,并以自己持续学习、磨砺成长、羽化成才、回馈社会、努力前行的实践告诉大家:仔细去找,前面总会有路;至于说能达到什么目标,脚会告诉你。书记送的礼物,对于我们班每个同学来说都意义深刻。也就是和书记的那一次班会,激励并坚定了我们班前进的步伐。这是14班班委在一次采访中说的一段话,表达了联系班制度给大三阶段的14班带来的变化。

三、案例启发

通过对 08 级 14 班近四年来学风建设案例的总结,结合自身的工作体会,对班级的学风建设形成个人的一点体会,主要总结为五个方面:

1. 要充分引导和发挥学生干部的责任意识——"我不能把一个烂摊子交给下一届班委"。

"我不能把一个烂摊子交给下一届班委",这是 14 班前团支书陈同学的一句话,听后令人既震撼又感动,这也是一个班委责任心的充分体现。14 班从大一第二学期以后取得的成绩,最重要的一点就是充分发挥了学生干部的核心作用。只有班长和团支书带头,整个班委团结,才能把这种力量辐射到整个班级,才能给其他同学树立可效仿的榜样,才能使其他同学真心融入班级的建设中,才能真正实现大学生的自我管理和自我教育。

2. 认真贯彻落实领导联系班制度——"领导老师重视,我们也更积极了"。

联系班制度虽然实施时间不算太长,但通过对几位联系班同学的访谈,个人认为这项学风建设的措施应该坚持下去。如果领导干部能真正落实联系班制度,对学生的成长是非常有帮助的。有同学说,正因为"领导老师重视,我们也更积极了","联系班制度从精神层面给了我们很大的帮助。"

3. 通过激励机制形成一个良性竞争的氛围——"现在的大学缺乏一些对比"

有同学说,"现在的大学缺乏一些对比,我校现在除了综合测评以外很少有其他的评比活动,我们需要有比较,这样才能找到了和其他同学的差距,才有了追赶的目标和方向,学习也能从被动盲目到主动提高"。良好的学习氛围需要学校有目的的营造和创建。可喜的是,我校现在又多了一项评比制度,"优良学风班"的创建和评比。但从第一届评比的情况来看,这项制度还有很多值得商榷的地方,比如,在学生的认同度、参与热情以及评比条例方面均有很大的改进空间。

4. 形成班级自身学习模式,习惯成自然,坚持就是胜利——"坚持月考制度,同学轮流出题,对我们帮助很大"。

其实,每个班都会形成自身的学习经验,能否取得成效最关键的因素就是坚持。其次,班委要有很大的耐心和决心。14 班的每两周一测制度,一开始执行时也不是一帆风顺,也有部分同学参与热情不高或有抵触情绪。但班干部并没有气馁,对没来参加考试的同学,他们亲自把试卷送到同学手中,他们的举动感动了很多同学。这项制度一直坚持到现在仍在进行中。"通过每个同学的参与和付出,大家都尝到了甜头。"

5. 要善于搭建学习交流的平台——"师兄、师姐给了我们宝贵的经验。"

在学习的方法和经验上面,"师兄、师姐给了我们宝贵的经验,比如实行考试制度就是他们给我们的建议",现在每年对新生都有传帮带活动,已经实行了很多年,取得较大的成效。据社会学的调查研究表明,朋辈对大学生的影响力甚至超过老师。基于这点,学生工作要善于充分发挥学生中的榜样引领作用,要搭建同学们相互学习和沟通的平台,让大学生在放松、自由的氛围中取得实效性的锻炼和提高。

一个优秀班级的成长之路

——基于班级目标管理的个案研究

刘吏婷

一、研究背景

"目标管理"是由美国管理大师彼得·德鲁克于1954年在其名著《管理实践》中提出的一种管理方法,是通过设置目标、进行目标分解和控制目标实施,通过对目标完成情况的检查,以奖惩为手段对员工进行自我管理,来实现组织目的的一种管理方法。该方法被公认为是一种加强计划管理的科学方法,波及各行各业。

而班级是学校为实现一定的教育的目的,将年龄相同、文化程度大体相同的学生按一定的组织原则和学习需要建立起来的教育组织。班级目标管理是目标管理在教育领域的延伸,它是以班级作为载体,将班级目标与个人发展相协调,在共同完成班级目标的同时,强化学生对班级目标的认同,通过控制成员共同完成班级目标的过程而提高学生自我教育、自我管理及自我服务的能力,最终实现班级管理的目的。班级目标管理具体包括以下三方面的内容:设定班级共同愿景及各学年班级目标,分解班级目标并引导学生设定个人目标,班级目标的评价、总结及反馈。

二、个案的基本情况及分析

（一）基本情况

某医学院校某学院,临床医学专业2011级某班,入学时共26人,大二接收1名09级学生复学生（男,重修2门课程）,大二接收2名转专业学生（男,1名法医学学生、1名医学影像学学生）,现共有29名学生,其中男生11人,女生18人,共分布在8间宿舍。学生均来自广东省,7名贫困学生,4名学生家庭情况优越,1名学生党员。

该班共设6个班委,分别为班长、团支书、学习委员兼科技委员、生活委员兼心理委员、文体委员兼自律委员、宣传委员兼组织委员。入学时配备辅导员助理2名,一男一女。大二时,学院官院长成为该班联系班领导。该班所有学生均为英语快班学生,除英语、体育及计算机外,均为大班授课（6个自然班组成）。

（二）入学情况分析

该班学生英语成绩较好,高考录取分数与其他班级持平,男女比例失调,经辅导员及辅导员助理的深入了解,该班入学初主要存在以下几个方面的问题:

1. 专业思想较稳定,但学习目标不明确,学习动力不足;
2. 不适应大学的学习方式;
3. 学生干部工作积极性较高,但缺乏有效地管理经验,导致班级目标模糊;
4. 男生性格普遍内向,与女生交往不多;个别女生个性较强,不愿意参加集体活动;班级学生家庭情况的差异或多或少会影响到宿舍及班级同学之间的交往,班级凝聚力有待提高;
5. 部分学生盲目地忙于各类学生组织的招新,热衷于各类社团活动,有的学生甚至身兼数职,或同时参加几个社团,疲于应付,而导致学习、生活的失衡;
6. 个别学生或因高考失利或因志愿填报不当,无法进入理想大学而陷于沮丧。

三、管理的思路、方法及效果

该班存在的上述问题,大部分是新生班级面临的主要问题,面对一个全新的班级,面对陌生的生活、学习环境,管理经验尚浅的学生干部难免束手无策,因此一套有效科学且易于掌握的管理方法尤为适用,在前期调研的基础上,笔者指导该班实施班级目标管理,主要思路及实施过程如下:

（一）建立班级愿景

班级愿景是一个班级的发展目标,是班级同学愿意为之奋斗并希望达到的图景,是一种集体愿望的表达。它是由班级成员所制订,借由团队讨论,获得组织一致的共识,形成大家愿意全力以赴的未来方向。

在班委组建之初,笔者对全体同学进行了"班级目标管理"的专题培训,指导班级干部如何有效地制定班级目标,分解目标并制定可行的管理措施,针对性地讲解了关于 SMART 原则的具体应用,并通过实例进行了具体的分析。在辅导员助理的协助下,班级干部首先分析了班级的基本情况,同时深入了解了每个同学的具体情况,通过主题班会的开展及班委的讨论,班级成员一致认同"优秀班级"作为该班五年的奋斗目标,即班级愿景。

（二）根据班级共同愿景制定各学年班级目标

不同的学习阶段对于"优秀班级"的实现应具有不同的内容,其具体的发展目标应根据大学生不同阶段的特点及发展规律来制定。笔者在总结多年工作经验

的基础上,根据医学生的学习特点及发展规律,引导班级将班级愿景扩展为四个阶段,即:

大一适应期,规范班级管理,加强习惯养成,建立和谐向上的班级,力争获得院级集体荣誉;

大二拓展期,鼓励班级同学提高个人综合素质,稳中求进,力争获得校级集体荣誉;

大三、大四专业知识学习期,创建零补考班级,学业及综合测评力保第一,力争获得市级集体荣誉;

大四、大五专业技能学习期及求职准备期,以全省临床技能大赛为目标,扎实技能学习,组织考研小组,并组织求职活动,力争获得"省级优秀班集体"。

(三)制定完善的班级管理制度及有效地评价指标

没有制度不成方圆,没有评价难以前进,因此,要保证一个班级的正常管理及高效运转,一套完善可行的班级管理制度是必不可少的,为此我们制定了《班级行为准则》、《班干工作及管理制度》、《班级活动制度》、《班级奖惩制度》、《班级监督制度》等;同时,为了客观而全面的反应班级发展情况,我们制订了一系列的评价指标,如学业成绩、综合测评成绩、四六级通过率、成绩优良率、奖学金获得率、科研文体类获奖情况、文明宿舍、出勤率、补考率、重修率、集体获奖情况等。

(四)分阶段制定班级发展计划

制定计划就是将班级阶段目标进一步细化的过程,主要依据各阶段发展目标及前阶段班级情况总结进行,具体细化为四个方面班风建设、学风建设、党团建设及个人素质。如该班大一的班级工作计划简要如下:

班风建设:每周班委例会,主题班会,制作班服、班徽和班歌,每月一次主题活动

学风建设:集体晚自修,学习经验交流会,每日知识点飞信,一周学习进度表,每周知识点小测,每月课程自测,基础知识竞赛

党团建设:承办一次团日活动,准备五四评优

个人素质:户外拓展,学生干部面试技巧经验分享会,组织同学参加体育锻炼,组队参加暑期三下乡活动

(五)加强过程监控并及时进行反馈调整

在班级目标管理体系中,各类量化的评价指标能够客观地显示班级同学的日常表现,对于管理过程的监控就要求管理者依据考核指标对班级进行指导、评价及总结,使学生明白现实与目标的差距及缩短差距的方法,同时也能让学生不断

体验到实现某一阶段目标的喜悦,从而保持长久旺盛的内在驱动力。通过监控及评价总结,将目标的达成情况进行反馈,从而为下一步计划提供依据。该班坚持每个学期一次的目标考核及每月一次的学习效果评价,笔者在此过程中指导班委完成班级目标的评价及反馈,并跟踪学生个体的发展情况,从而引导学生积极进行调整,实现班级各方面的协调发展。

(六)班级阶段目标达成情况

三年来,通过坚持实施班级目标管理,该班在一步一步地实现当初入校时设定的目标。相关指标统计如下:

	平均成绩	综合测评	四级通过率	六级通过率	成绩优良率	奖学金获得率	补考人数	党员比例	集体荣誉
大一	78	79.06	96.30%	——	42.30%	69.20%	3人	3.84%	院级红旗团支部 校级先进班集体
大二	80.00	79.94	100%	42%	62.06%	72.40%	4人	11.11%	校级红旗团支部 校级优良学风班 校级先进班集体
大三	81.33	——	100%	58.62%	65.50%	——	0人	20.70%	校级红旗团支部 湛江市红旗团支部

三年来,该班同学在其他方面的获奖也硕果累累,1人获得国家奖学金,4人在全国英语大学生竞赛中获奖,1人连续两年参加全省大学生田径锦标赛获奖,2人获得校级科研立项,65人次在校级各类比赛中获奖,无留级、违纪情况。

四、启示

三年来,在组织该班级坚持实施目标管理的过程中,笔者不断地进行总结和归纳,作为一名辅导员,在班级目标管理中应该扮演引导者和救火员的角色,同时还应注意以下几方面的问题:

(一)重视班级干部的培养

班级干部是班级目标管理组织和执行的主要人员,他们缺乏系统的管理经验,尤其是每年一次的干部换届,管理工作的衔接存在一定的问题。因此,选拔干部时应重点考察干部的工作能力、工作热情及工作韧性,要对他们进行系统的培训,坚持在进行跟踪指导和定期反馈,尤其注意干部工作交接期的空档期,避免因此而造成的延误。

(二)关注班级目标与个人目标的协调

90后学生普遍存在的个人主义、小团体主义与班级目标管理相悖,因此辅导员在引导班级制定班级目标时,应立足于个人目标之上,同时注意二者的关联性。在开展工作时,应从整理的概念进行宣传,避免对单一目标或个体的过分关注,只有二者协调发展,才能体现管理的最佳效果,只有每个同学的全面发展才能推进班级愿景的实现。

(三)引导班级干部开展有效的班级活动

班级目标管理不仅需要有效地管理评价体系,同时还需要辅导员引导班级围绕班级目标开展针对性地班级活动,如主题班会、交流会、分享会、讲座或拓展等活动,让学生在参与活动的过程中得到锻炼和提高,同时也能让他们在活动中参与到班级目标管理中来,为班级目标的实现创造条件。

(四)充分发挥联系班领导的指导作用

在该校实行的处级干部联系班活动中,所在二级学院官院长成为该班的联系领导,主要在专业学习上对学生个体进行指导,同时参与班级每学期的目标评价、情况反馈及计划制定,联系班领导在推动班级目标实现的过程中起到重要的指导作用。

学习公约 刚柔相济

胡勉强

一、公约缘由

当前,逃课和学风不正的现象在大学校园里已司空见惯,部分无心向学的大学生对校规校纪缺乏敬畏之心。据调查显示,高校基础课逃课率为8%以上,专业课逃课率5%左右,哲学、政治、思想道德修养、中国革命史等公共课逃课率在20%左右。根据抽样调查,我校学生逃课原因为学习方面约为6%、上网和谈恋爱方面约为54%、玩游戏为39%、参加校内活动方面约为6%、睡觉方面约为5%。此外,迟到、早退的和吃早餐,上课时候玩手机、考试作弊、晚睡晚起、"宅男宅女"等等学风不正现象,也给大学生的成长成才带来了巨大的负面影响。究其原因,当前大学生的学习缺乏"契约式"的主动约束,即使有严格的校规校纪,如果得不到切实的落实和执行,同样会出现学习动力不足、作息颠倒、沉迷网络、体虚神疲、学风不正,同时也是心理问题、宿舍矛盾、学习困难等众多问题的根源。

二、公约内容

《学习公约》细致地约定了具有可操作性,涉及学生学习各个方面的行为规范。如:晚上11点30分熄灯睡觉,作息规律;不在宿舍长时间玩游戏;科学合理和理性上网;课前提前10分钟到课室,不旷课,不迟到,不早退;不作弊,不抄袭作业;不做宅男宅女,走出宿舍,走进课室,走进操场,"为祖国健康学习工作50年"等等。公约有效期5年,一式三份,班长作为见证人签字,学生本人、班委和学院各留存一份。本公约为大学生学习要求,对本公约的遵守情况,将作为年级和学院评价学生、入党培养、选拔干部、评优评先、推荐研究生、推荐出国、优先推荐就业等工作的重要依据。

三、公约实施

为让《学习公约》得以有效实施,我们在相应的学生教育管理工作中,进一步细化配套规则,构建了服务于学生学习的学生工作体系,并以"制度硬约束"+"文化软实力"相结合的方式,通过签订学习公约、建立保障机制、设计落实措施、策动多方合力和营造环境氛围等过程,推进《公约》的贯彻落实。

四、公约理念及思路

《大学》有云:"物有本末,事有终始,知所先后,则近道矣"。"培养什么人、怎样培养人",是我国社会主义教育事业发展中必须解决好的根本问题。十八大报告提出"把立德树人作为教育的根本任务",明确回答了这一事关党和国家前途命运的问题。德是做人的根本,是一个人成长的"根基"。紧紧围绕"立德树人"这一核心理念,《学习公约》既是对"法治理念"的贯彻,对"禁于未发"的运用,更是对"择善而固执之"的坚持。

第一,法治理念的贯彻

我们不乏各种规章制度,关键在于能否落实。有制度而得不到彻底的落实,或者朝令夕改,在高校学生工作中,尤其是辅导员日常思想教育工作中,是很头疼的大问题。因此,一方面,我们尊重学生的"主体意识"、"意识自治"、"缔约自由"。另一方面,我们也强调学校的"教育引导"、"权威确认"和"制度约束"。

第二,禁止未发的运用

《学记》有言:"大学之法,禁止未发之谓豫。当其可之谓时,不陵节而施之谓孙,相观而善之谓摩。此四者,教之所兴也。"先声夺人,以"迅雷不及掩耳盗铃之势"防患于未然,我们在新生入学阶段第一次年级大会后,在师兄师姐的传帮带下,就已经让全体学生签订《学习公约》,让自觉和坚守成为良好的习惯。

第三,择善固执的坚持

《中庸·第二十章》曾说道:"诚之者,择善而固执之也"。我们认为,一切成就皆源于自控。人与人之间的智力有差异,但距离不大,真正的区别在于严格自控的能力:让自己聚精会神而不散乱的坚毅、勇气与魄力。我们给学生的建议:记录你一天的自控经历,并反思失败的原因。我们主张,一个人的自主学习能力,知识迁移能力,学习自控能力是大学生区别于未接受高等教育的人的最大差异。

五、公约效果

自《学习公约》实施以来的九年时间里,两届学生都出现了学习"五多五少"("五多":考研考证多、考公务员多、获得国家省市级校级奖励多、考试高分多、综合素质高的学生多;"五少":旷课少、晚睡少、挂科少、违规违纪无、迷茫无聊的同学少)的良好态势,出现多个"零挂科"班级,出现了"把自主学习作为一种习惯"的"学霸主席"、"学霸部长"、"学霸班长"、"学霸师姐"等校园学习领头人物,考研和考公务员创历史新高,就业率和就业满意度高,良好的学风带动了校风建设。

六、公约经验和启示

(一)学生工作的目标在于教育

学生工作的目标在于教育,而非管理与服务。我们辅导员和学生思政工作者应警惕和避免:淹没于事务性工作中,沦为纯粹的机械的管理员,或丧失应有权威,对学生一味顺从与退让、甚至迎合。我们应该始终谨记:学生工作应以教育为其目标本位,管理和服务是我们工作内容的一部分,但那只是教育的手段,或者说是教育的过程,而不能与教育并列。教育是生命影响生命的共同成长的过程,而不仅仅是知识、技能的传授。

(二)刚柔相济,服务于学生学习

刚柔相济,硬的要更硬、柔的要更柔。要有碰不得、摸不得、动不得的原则、底线;也要有直达学生内心最柔弱部分的浓情、蜜意。我们坚守重视学习崇尚专业的这一条红线,碰不得!我们坚守培养良好的学风雷打不动,"老虎屁股"摸不得!我们坚守培育"爱学习、会学习"的优秀毕业生是太岁头上的土,动不得!我们应该始终谨记:我们要能满怀爱与情感融入学生的生命,同时也要让学生能融入分享我们自己的生命,在这相互融合的过程中实现共同成长!

(三)归"根"铸"底",实现学生真正自由全面发展

大数据时代的到来、"慕课"的出现,让传统大学课堂面临严峻的挑战!大学教育实践中,我们要让学生认识世界的无限性;更重要的是,让其懂得世界的限定性。一所学校应该有体现其生命智慧的校规,要有其坚守与信仰、体现其权威与价值的共同行为规范,让学生能在一个坚实平台上实现高水平的、真正的"自由"。坚守这一自由的"边界",是我们的学生能真正地"自由"发展的基础,而优秀毕业生,也必根植于此!

(四)筑情感之基,构建"情感共同体"和"人生共同体"

好的辅导员一定是个性情中人。

构建与学生的"情感共同体",与每一个学生都建立"一对一"的情感联接,是我们一切学生工作的基础。带着对学生的深厚感情去工作,构筑起师生间的"情感共同体",是我们工作取得成效的最基本,也是最关键的一点。我不仅给予承诺,并为之创建更有文化品位、更具专业水准的环境氛围。筑情感之基——构建"情感共同体"、融入学生;行不言之教——创建"人生共同体"。生命与生命之间的影响,情感是其必要的条件。只有当学生真诚地感谢我们、肯定我们的时候,我

们才能省悟自身的价值,省悟这一工作的价值。

(五)学生工作的"简"与"繁"

貌似"简单"的学习公约,背后大有深意。通过学生的自我承诺及相关制度的强力保障,一方面,强力引导学生养成良好的学习态度、学习思维、学习习惯、人际规范;另一方面,强力寻到学生养成诚信、重诺的良好品质,是对大学生最基本的大学生涯规划教育和诚信成人教育。说来"纷繁"的目标指向,回归简朴本源,找到纷繁复杂问题的关键,直指核心,集中全部力量攻其一点,其余相关问题多可迎刃而解。学生通过《学习公约》诚信重诺了,学习自主性发挥出来了,作息也就规律了,人际关系和谐了,爱学习会学习了,"文明其精神,野蛮其体魄",学习好了身体也棒了,学业优良、品行端正,从而他们的就业有谱、人生事业有成!

从规范学生学习动机和行为的"根本"着手,同时以优美的文化环境氛围养育和滋润之,这就是我们体悟出的"学生工作之道"。

"后妈"角色的扮演与转变

邓佳倩

一、案例背景

在高校学生事务管理中,会碰到更换辅导员的事情,对于新接手的辅导员来说就像是"后妈",要面临的问题很多。任何人都会有先入为主的思想,学生也这样,对于中途出现的"后妈辅导员",他们的态度一般是从敌视到轻视再到不置可否,能得到他们的认可甚至是拥护,那要比平常付出很多倍的努力才行。很"不幸"的是,2013年,作为一个新进辅导员的我遭遇了当"后妈"的经历。当时的心情,怎一个"忐忑"了得?"亲妈"是如何带他们的呢?他们会怎样看待我这个"后妈"?初出茅庐的我能"hold"住那帮"大孩子"吗?再审视一下自己:不到一米六的身材,娃娃脸,乍一看就像他们的师姐。看来,对付这帮学生只能智斗,不能武斗。于是,在忐忑与摸索中,我开始了自己的"后妈辅导员"生涯。

二、案例过程

(一)初见面,留下良好印象

一般而言,良好的开端会起到事半功倍的效果,所以我很注重师生第一次见面留下良好印象。同时,我们不能忽略学生对原辅导员的依恋情节,他们已经适应了原辅导员的管理方法,毕竟原辅导员已经陪他们走过大一的"青葱岁月"。因此,我在与学生第一次见面的时候除了衣着端庄整洁,举止大方得体之外,尽量做到言语温婉亲切,做好自我介绍,凸显自己的特长、优点,用一些网络热词拉近双方距离,并放"低"姿态,肯定原辅导员工作的方式方法,告诉学生自己愿意与他们一起成长一起进步,同时也希望今后他们能够适应和配合我的工作,毕竟我们将"同舟共济"余下的四年大学生活。

(二)先摸底,切勿轻举妄动

俗话说"磨刀不误砍柴工",作为中途接手的辅导员一定要先预知自己所面临的困难与挑战,并对这些问题有一个正确的认识,切不可一开始就"大刀阔斧"的鲁莽行动。因此,在进入年级之前一定要对所带年级有一个了解与认识,比如年级学风,学生的个性,级干的工作能力,学生的家庭情况等。我当时在正式接手年级之前主要是翻看学生的档案,看学生的照片、家庭情况等,同时向学院领导、原辅导员、其他年级辅导员以及原年级学生干部了解年级整体情况,学生的优缺点,学生之间有无矛盾冲突,学生宿舍与宿舍之间关系如何,哪些学生令老师比较头疼,表现在哪方面,级干班干的工作能力如何等,尽管不能按照原来的做法来管理学生,但是作为一个参照,也为自己今后的工作打下一定的基础。

(三)定基调,抓准情感支点

管理定位是关键,定位准确,班级管理工作则事半功倍。民主式、放任式、粗暴式,用哪一种管理方式将决定于辅导员的管理风格及年级的基本情况。在综合了解年级整体情况的基础之上,结合我自己的管理风格,我突出了"严"与"爱"的两极做法。第一要把握一个"严"字。因为在换辅导员的过程中,有些学生会乘机作乱,有些学生会放松要求,从而导致年级管理难度加大,这个时候一定要严,并且要严而有章,严而有理,不能是面相严肃,用凶狠的表情吓唬学生,要真正做到有理有据,做好解释说明工作;第二要把握一个"爱"字。管理过严,容易造成学生个性压抑,甚至会造成学生的逆反心理,直接导致师生关系僵化,这是不利的,因此,对学生也要严中有爱,例如学生犯错误,可以严厉的批评,但同时要让他明白,老师是出于对他的关爱。

(四)选干部,发挥骨干作用

学生干部是一个年级和班级的"领头羊",同时是辅导员的左膀右臂,在辅导员与学生之间起到了桥梁纽带的作用,只要抓好学生干部管理,能够得到学生干部的帮助与认同就可以把年级和班级凝聚起来,并相当于是做好了一半的年级和班级工作。刚接手整个年级时,正好面临着学生干部换届,立马换届肯定是不现实的,我只能启用原级干和班干。继续任用原学生干部有两点优势:一是原学生干部熟悉年级和班级的情况,可以帮助辅导展开工作;另一方面利于我抓住时机对我们年级的学生干部进行摸底考察,同时物色得力助手。通过将近一个月的运作,了解与走访,我基本了解了学生干部情况。同时,为确保在年级干部竞选中落选的学生能够有机会竞选班级干部,我决定先召开年级大会公开竞选年级干部,再召开班会竞选班级干部。(年级干部和班级干部不能兼任)另外,为保证有一批得力的班干部,11个班的换届班会,我均到现场考察。

(五)补缺漏,完善年级制度

制度是管理中的重要保障,意识到这一点,在年级学生干部委员会成立之后,我立刻召集他们商讨我们年级制度,让年级管理制度化。根据年级实际情况,我们出台的制度涉及学习、生活、纪律、活动和礼仪五个方面。例如,在学习方面,我们对于学习优秀、进步较大的同学基于年级奖励;每班每个礼拜安排一次自习;在活动方面,每班每学期至少举办一次有主题、有教育意义的大型班会,如有必要可请辅导员参加;在纪律方面,每星期的考勤,累计缺勤人数最多的班要在下星期的一个课间时段罚唱一首歌等。

(六)抓活动,带动"级品"建设

到大二下学期,我已经带了他们一个学期了,在这一个学期的运转中,我意识到学生中普遍存在一些学习、礼仪素质方面的问题,为此,我以活动为抓手带动年级品格建设。在学习方面,举办了四六级备考讲座,同时邀请了2009级优秀毕业生给我们年级的学生做学习经验交流,以解学生学习的迷茫;在礼仪修养方面,我开展了为期三天的"知礼明仪,你我同行"系列礼仪活动,本次活动分为"弘礼""知礼""致礼""行礼"四个篇章,希望通过此次活动能够增强学生礼仪礼貌意识,提升整个年级的品格。

三、案例效果

通过学生干部队伍培养工作、学风建设工作、年级品格建设等一系列工作的开展,目前,我们整个年级全面工作正常,学风良好,纪律较好,同学们对于我这个"后妈"也开始欣赏并喜欢了,尤其值得欣慰的是,有个班级成绩由全年级倒数第二上升到顺数第二。

四、案例反思

要扮演好"后妈"的角色确实不易,在一年的时间里,有收获有成效果,也有泪水和怨怒,感慨颇多。心理学上有一种叫心理契约的理论模型,将其迁移到我的"后妈"工作中大有裨益。施恩在其1980年的著作《组织心理学》中,将心理契约定义为"每一个成员与其组织之间每时每刻都存在的一组不成文的期望",并认为它是影响员工态度和行为的强有力因素。在高校中,辅导员与学生之间隐含着一种隐性的合作,辅导员既要发挥引导作用又要了解掌握学生的心理期望并满足学生的心理需求,学生也要服从学校的管理与组织,双方达成一种隐性的约定,并通过行为方式来完成共同的期望和需求,我们把辅导员与学生之间的这种隐性约定称作心理契约。反思自身,根据心理契约理论,要扮演好"后妈"的角色以及实现角色的转换,需要注意以下几方面。

(一)贴近学生,注重师生之间的有效沟通

有效沟通可以充分表达师生双方对彼此的期望,能够准确交流双方的心理活动,有利于师生之间心理契约的建立、履行和完成,所以,教师和学生双方都要认识到有效沟通的重要性,多进行有效沟通。正如魏书生所言"走入学生的心灵世界中区,就会发现那是一个广阔而又迷人的新天地,许多百思不得其解的教育难题,都会在那里找到答案"。师生之间的有效沟通,作为新进"后妈辅导员"要处理好两类学生的沟通问题。一是学生干部群体,在管理学生工作中接触最多的是学生干部,要深入了解他们真正的需求及工作中遇到的困扰,除工作外要多进行交流沟通,从沟通中产生与学生干部心理上的共鸣,加深与他们之间的情感交流,拉近彼此之间的距离,使学生干部对辅导员从心里产生亲近感和一定的信任感,有利于以后的管理学生工作。如果辅导员只是纯粹的给他们安排工作,缺乏交流与沟通,容易造成学生干部对辅导员产生抵制情绪,不利于工作的顺利进行;二是非学生干部群体,为了摸清班级以及学生的基奉情况,笔者在刚接手的半个月中经常深入学生的宿舍与学生畅聊,增加与学生相处的时间,把学生心里的疙瘩去除。

(二)保持激情,充分表达对学生的期望

每一个学生都希望得到辅导员的尊重和重视,这有利于学生在成长过程中树立自尊、自信。如果学生感受不到辅导员老师和学校的重视,他们会对学校和辅导员失信并产生挫败感,对学习不感兴趣或厌学,影响学习成绩。因此,我们对学生进行有效管理时,要及时准确地表达自己和学校对学生的期望,用积极的心理契约关系来帮助他们增强自信,让他们积极努力地去实现自己的预期目标。我在接手工作时,即便发现了学生存在这样那样的问题,也以积极的心态应对,给学生树立信心。同时,要注意的是,在对待学生问题上,作为"后妈"不能"新官上任三把火"烧完就了事了,要有持久的激情、热情。其实能够把兴趣爱好当成职业,把职业当成事业是一件幸福的事情,辅导员工作是琐碎繁杂的,需要时刻保持工作的热情激情,特别是在被学生不认可的时候。

(三)身正为范,促使学生心理认同

著名教育家陶行知说过一句名言:学高为师身正为范。作为管理学生思想工作的我们既要有精深的专业知识,又要有广博的科学文化知识。90后学生的需要与学生所提出的问题越来越趋于多元化,有些时候甚至会超出我们的认知水平,因此,我们要做到在工作中不断加强自身的综合素质。不断提高自己的专业知识水平和工作能力,为学生树立一个好的学习带头榜样,处处为学生之表率,用自己的实际行动来影响他们,让学生在潜移默化中受到感染,养成良好的行为习惯,学会做人、学会做事。孔子说过:"其身正,不令而行,其身不正,虽令不从。"辅导员做好了学习榜样,学生也就服从管理听从指挥,使他们从心理上对"后妈辅导员"

认可。

(四)多管齐下,培育年级组织文化

组织心理学认为:组织文化作为信念、道德与心理的力量对组织成员行为具有支配与引领、规范与调解的作用。即使是我带的大二的学生,也尚未形成科学的价值观,易受外界不良因素的引诱,导致其违背对年级共同体的承诺行事,造成心理契约的破坏进而影响到年级的正常管理。因此,健康的年级组织文化是构建年级心理契约的支撑,是规范学生行为的一种无形力量,它能协调学生的期望和班级的目标,促年级共同体成员价值观的趋同,增加年级成员之间的吸引力及其对年级组织的向心力,促使学生团结合作、相互督促、协同共进,我们在年级管理中必须重视对优秀年级文化的培育和建设。

破茧而出，成就美丽

——关于女大学生宿舍人际关系问题的处理

罗 易

一、前言

宿舍关系修正是辅导员工作中经常遇到的问题，尤其多见于大一新生。因为有个别学生可能在上大学前从未体验过集体宿舍生活，加上来到一个全新陌生的环境，父母家人不在身边，因此有可能出现宿舍关系不和谐的情况。如果这种情况不能及时调解，就有可能造成宿舍关系完全不能逆转的状态。作为一名辅导员，如何更好地帮助同学处理好宿舍人际关系，引导学生健康成长，是对我们的严峻的考验

二、案例简介

一天早上凌晨六点多，一条短信将我从美梦中惊醒，我打开手机，看到小 Y 发过来的短信："罗老师，抱歉这么早打扰您，昨晚因为宿舍的关系一晚没睡，我给您写了一封信发到了您的邮箱，把我们宿舍之间的问题向您说明，也表达了我们的一些想法，希望您在百忙中能抽空看完这封信。"于是，我打开邮箱，仔细地阅读了这封信，在看完这封信后，我大概知道了宿舍产生矛盾的缘由。其实在此之前，我也听该班的班长反映过这个问题，宿舍矛盾"冰冻三尺，非一日之寒"，要解决也不是一天两天可以解决的，而且现在只是听到其中一方的阐述。结合自己大学的亲身经历，我给小 Y 回了短信："小 Y，你好！我已经仔细阅读你的来信，其实之前也有听班长说过关于你们宿舍矛盾的事情，看了你的信之后我就已经大概清楚矛盾源于何处了，其实你现在这个角色也曾经是我大学的一个角色，所以感同身受，我十分理解你现在的心情。你看这样好不好，找个时间你们三个舍友跟我一起聊聊？"

就在我准备找小 Y 她们三人谈心的时候，一件意外的事情发生了，宿舍的另外一名女生曾某某摔倒了，在摔倒的过程中，眼镜的镜片碎了，弄伤了眼角，流血不止，在班上几位同学的极力协助下，第一时间把曾某送到了医院，并且缝了针，幸好碎片没戳伤眼睛，不然后果将不堪设想。因为这件意外的事情发生，更加激发了宿舍小 Y 三人与汤某的矛盾，小 Y 三人在这件事情发生的时候，汤某居然可

以不闻不问,这让她们三人感到寒心,受伤的曾某也因为伤心受伤,请假回家休息,因此我们的谈心只能推后。

三天后,我找到小Y她们三人谈心聊天,据小Y她们反映,她们和汤某的关系恶化是从班级举办团日活动开始,宿舍的气氛突然变得很僵,双方之间也不能像以前一样有说有笑,和谐相处,汤某出门时总喜欢大力关门,别人休息的时候她讲电话,而她在傍晚六点休息的时候要把宿舍的灯关了,不允许别人说话等等一连串让小Y她们三人不能接受的行为,小Y她们三人也尝试与汤某沟通,但最后都是不愉快收场,而且双方的矛盾有愈演愈烈之势,在宿舍关系紧张的时候曾某又发生了意外,据曾某反映,她受伤的那天班上的同学都忙出忙活,大家都想办法帮她,而汤某作为她的舍友居然就坐着在宿舍不闻不问,无动于衷,这让曾某感到很伤心,背地里不知道哭了多少次。这让我意识到问题的严重性。

随后,我立即找到汤某了解情况。据汤某所述,她们之间的关系也是团日活动开始发生变化,汤某在这个活动中担任主持人,不知道是不是由于这个缘故,汤某认为是小Y三人故意疏远、孤立她,有一次汤某参加学院大创会干部招聘,成功被录用,当她高兴地回到宿舍把这个消息告诉她们的时候,换来的却是她们三人的不理不睬,这让她很受打击,发现跟她们没有什么共同话题。此后,汤某也破罐子破摔,关系就越来越差了。

通过与双方的交谈,我得出了以下的一些信息:

(一)双方矛盾的产生是当刚出现问题时,彼此缺乏有效的沟通,才会导致关系越来越紧张甚至恶化;

(二)双方之间的矛盾并不是不可调和,只是彼此之间存在着误解;

(三)双方都很看重彼此之间的友谊和关系,都有意愿希望能调解关系,而且也曾经尝试过,但是效果不太好。

我明白到要调和她们的关系,需要第三者的介入。于是我在了解双方的想法和意愿之后,首先把对方的想法都告知她们,本来我计划约她们宿舍四人一起吃饭聊天,但汤某觉得她孤身一人面对着她们三人会觉得尴尬,经过我的开解和劝导,她提出自己主动先找她们谈。经过双方的交谈沟通后,双方的误解解开,关系也得到了缓和,随着时间的推移,彼此的关系慢慢变回以前一样。宿舍四人在这学期也成了学院或年级的主要学生干部,在这次非临床专业转临床专业的5名学生中,小Y和汤某成绩突出,争取到了其中的2个名额。此外,她们还参加了"我的家·我的梦"宿舍文化创意PPT大赛。

三、解决问题的思路、方法及效果

（一）向矛盾双方了解关系紧张的成因，不偏帮某一方。在这个案例当中，是小Y等三人与汤某的矛盾，而且是小Y她们三人先主动找的我，这很容易会让人先入为主地认为是因为汤某的问题才引起了矛盾。我深知作为学生最信服的人，我一定要清醒地认识到"一个巴掌拍不响"的道理，不能在与双方的交谈中去指责谁的错误，尤其是在与汤某交谈过程中，注重引导她们主动清晰地表达自己的想法和说出问题的原因。基于此，我得以真实全面地了解了这个事情的来龙去脉。同时也注意引导双方反省自己在与人交往中的不足之处，认识到自己在事件中也是负有责任的。

（二）情感上获得认同和信任。作为一名辅导员，我为学生能主动找我解决问题而感到高兴，这说明学生对我还是比较信任的，这对于解决问题有很大的帮助。我告诉学生，老师在读大学的时候同样遇到宿舍关系矛盾这样的问题，其实问题的产生根本是源于沟通不到位，我也把我处理问题的经验告知她们。这一做法获得了学生情感上的认同，她们一致地觉得原来老师也是过来人，也有这样的经历，距离又拉近了不少，所以她们能毫无顾忌地敞开心扉表达自己内心的想法。

（三）引导学生正确对待"误解"。努力让学生明白在与他人的交往中，免不了产生误解，甚至受到委屈或某种不公正的待遇。在这种情况下，不能因一时的冲动鲁莽行事，那样于人于己都很不利，而且也不易澄清事实。凡事都要学会"冷"处理，不能完全意气用事。

（四）鼓励学生积极主动化开"误解"。在与汤某的交谈过程中，我得知其实她也很想主动找小Y她们三人好好地聊一次，但是她觉得如果是她主动会让别人觉得是因为她的错，所以她才示弱，而且会觉得很没面子。于是，我用旁观者、第三者的身份向她说出我的想法。如果是她主动找她们聊，那么我会认为她是一个非常大度的人，会很佩服她的勇气，因为这不是一般人可以做得到的，这是有广阔胸襟的人才可以做到的。我也结合自己几年的工作体会，告诉她这些问题有可能在今后慢慢的人生路上尤其是踏上了工作岗位上也会遇到，如果不能很好处理，那就不会收获一份良好的社会关系，这样就很难在社会上立足。交谈后，汤某也很同意我的说法，向我表示自己愿意好好地找她们聊一次。

四、分析与启示

宿舍关系是我们大学阶段最基本的人际关系。来自不同地域，不同家庭的四个人组成了学校的一个"家"。在这个"家"当中,如果家庭成员之间没有形成一种融洽的关系,必然会对每个同学的生活、学习造成很大的影响,严重的甚至会给生活涂上一层阴影,带来一系列负面影响。

从上述的案例中,我得出了几点启示:

(一)用心、耐心地倾听每一位同学的心声

辅导员在工作当中经常会遇到与学生谈心谈话的情况,尤其是当学生出现问题需要辅导员协助的时候,其实这个时候她们更多的是需要别人的理解,所以我们必须用心、耐心地倾听他们的想法,尊重学生,不能觉得这些都是小事而表现出不耐烦的情绪,这对解决问题是非常不利的,而且会失信于学生。

(二)积极倡导学生构建和谐的宿舍文化

在大一新生刚入学时,应及时把握时机,通过开展主题班会、宿舍评比和宿舍特色活动等校园文化活动,引导学生关心、关爱他人,形成既良性竞争又团结互助的氛围。

(三)用爱心创造良好的环境,促进学生健康成才

在一个充满爱心和谐的大家庭中,每位成员可以得到健康的发展。作为辅导员,是这个大家庭的家长。家长必然要起到凝聚每位成员、带领大家营造和谐家庭的作用。因为大多数辅导员与学生的年龄相差不大,有些甚至是刚走出校园的大学生,所以在沟通上不存在问题,也很容易与学生打成一片,建立融洽和谐的关系。平时要积极地去了解每位同学的情况,多与学生交流,让学生感受到辅导员对他们的"好",努力营造大哥哥大姐姐的形象,用自己的爱心创造良好的环境,为学生健康得成长提供广阔的空间。

五、有待探讨的问题

大学辅导员并不像中学班主任一样,因为其负责的学生数量多,有些还兼职了学院的一些行政工作,各种工作琐碎、复杂,在帮助学生解决人际交往问题过程中会遇到很多不同的情况,也有很多不确定的因素,如何合理有效解决遇到的问题,这与辅导员的个人能力和经验有着密切的联系。因此辅导员在平常的工作中应该注重积累经验,及时总结,并且要强化自身的理论学习,学会主动用心思考解决自己多带学生队伍中存在的问题。